Die wahre Geschichte der Geisha

Mineko Iwasaki
mit Rande Brown

Die wahre Geschichte der Geisha

Aus dem Amerikanischen
von Elke vom Scheidt

Marion von Schröder

Die Originalausgabe erschien unter dem Titel *Geisha: A Life*
bei Atria Books, a Division of Simon & Schuster, Inc., New York

This Edition published by arrangement with Atria Books,
a Division of Simon & Schuster, Inc., New York

Der Marion von Schröder Verlag ist ein Unternehmen der
Econ Ullstein List Verlag GmbH & Co. KG

Gesetzt aus der Sabon und Auriol bei
Franzis print & media, München
Druck und Bindung: GGP Media, Pößneck

ISBN 3-547-71006-5

In Japan, der Inselnation im Osten Asiens, gibt es besondere Einrichtungen, *karyukai* genannt, die dem Genuss ästhetischer Freuden gewidmet sind. Es handelt sich um Gemeinschaften, in denen als *geishas* bekannte, professionell ausgebildete Künstlerinnen leben und arbeiten.

Karyukai bedeutet »Welt der Blumen und Weiden«. Jede Geisha ist wie eine Blume, schön auf ihre eigene Art, und wie ein Weidenbaum, anmutig, biegsam und stark.

Keine Frau in der dreihundertjährigen Geschichte der Karyukais ist jemals an die Öffentlichkeit getreten, um ihre Geschichte zu erzählen. Ungeschriebene Regeln, die Tradition und die Unantastbarkeit unserer exklusiven Berufung verboten uns das.

Aber ich habe das Gefühl, dass es an der Zeit ist, mich zu äußern. Ich möchte, dass Sie erfahren, wie das Leben einer Geisha wirklich ist, ein Leben voll höchster beruflicher Anforderungen und reicher, glanzvoller Belohnungen. Viele sagen, ich sei die beste Geisha meiner Generation gewesen; gewiss war ich die erfolgreichste. Und dennoch empfand ich dieses Leben als zu einengend, um es fortzusetzen. Am Ende musste ich mich davon verabschieden.

Dies ist eine Geschichte, die ich schon lange erzählen wollte.

Ich heiße Mineko.

Das ist nicht der Name, den mein Vater mir gab, als ich geboren wurde. Es ist mein Berufsname. Ich erhielt ihn, als ich fünf Jahre alt war. Ich bekam ihn vom Oberhaupt der Frauenfamilie, die mich in der Geishatradition erzog. Der Nachname dieser Familie lautet Iwasaki. Im Alter von zehn Jahren wurde ich adoptiert. Nun war ich die legale Erbin des Namens und des Unternehmens mit all seinem Besitz.

Ich begann meine Laufbahn sehr früh. Gewisse Dinge, die passierten, als ich erst drei Jahre alt war, überzeugten mich davon, dass dies meine Bestimmung sei.

Ich zog in das Geishahaus Iwasaki, als ich fünf war, und begann meine künstlerische Ausbildung mit sechs. Ich liebte den Tanz über alles. Er wurde meine Leidenschaft und Gegenstand meiner größten Hingabe. Ich war entschlossen, die Beste zu werden, und ich schaffte es.

Das Tanzen war das, was mich aufrechterhielt, als die anderen Anforderungen des Berufs so schwer wurden, dass ich sie kaum noch tragen zu können glaubte. Und das meine ich wörtlich. Ich wiege knapp über vierzig Kilo. Ein kompletter Kimono mit Haarschmuck kann leicht um die achtzehn Kilo wiegen. Daran hat man schwer zu tragen. Ich wäre glücklich gewesen, ausschließlich zu tanzen, doch die Regeln des Systems zwangen mich, mit fünfzehn Jahren als *maiko*, als heranwachsende Geisha, zu beginnen.

Das Geishahaus Iwasaki lag im Bezirk Gion Kobu in Kioto, der berühmtesten und traditionellsten Karyukai von allen. In dieser Gemeinschaft lebte ich während meiner gesamten beruflichen Laufbahn.

In Gion Kobu bezeichnen wir uns selbst nicht als Geisha (was Künstlerin heißt), sondern benutzen den spezifischeren Begriff *geiko*, »Frau der Kunst«. Eine Art von Geiko, in der ganzen Welt als Symbol Kiotos bekannt, ist die junge Tänzerin, die Maiko oder »Frau des Tanzes« genannt wird. Entsprechend werde ich im weiteren Verlauf dieses Buches die Begriffe Geiko und Maiko verwenden.

Im Alter von zwanzig Jahren »wendete ich meinen Kragen«. Das ist das Ritual, das den Übergang von der Maiko zur erwachsenen Geiko bezeichnet. Je mehr Berufserfahrung ich sammelte, desto mehr Illusionen verlor ich angesichts der Unerbittlichkeit des archaischen Systems. Ich versuchte Reformen einzuführen, ich wollte den Frauen im Geishahaus eine bessere Ausbildung ermöglichen, ihre finanzielle Unabhängigkeit und ihre beruflichen Rechte stärken. Doch es gelang mir nicht, Veränderungen zu bewirken. Das entmutigte mich dermaßen, dass ich mich schließlich entschloss, meine Stellung aufzugeben und mich zurückzuziehen. Zum Entsetzen des Establishments tat ich das dann auch, und zwar auf der Höhe meines Erfolgs, als ich neunundzwanzig Jahre alt war. Ich schloss das Geishahaus Iwasaki, das mir damals unterstand, packte die unbezahlbaren Kimonos und Schmuckstücke zusammen, die dem Hause gehörten, und verließ Gion Kobu. Ich heiratete und gründete eine Familie.

Während der Sechziger- und Siebzigerjahre hatte ich in der Karyukai gelebt. In dieser Zeit des radikalen Wandels entwickelte sich Japan von einer postfeudalen zu einer modernen Gesellschaft. Ich dagegen lebte in einer anderen Welt, einem besonderen Reich, dessen Aufgabe und Identität von der Bewahrung der altehrwürdigen Traditionen bestimmt waren. Und ich widmete mich ganz dieser Verpflichtung.

Maikos und Geikos beginnen ihre Laufbahn, indem sie in einer *okiya* (eine Art Logierhaus) genannten Einrichtung, die gewöhnlich als Geishahaus verstanden wird, leben und lernen. Sie unterwerfen sich einem extrem strengen Unterricht mit ständigen Lehrveranstaltungen und Proben, der ähnlich intensiv ist wie der einer Primaballerina, Konzertpianistin oder Opernsängerin im Westen. Die Besitzerin der Okiya gewährt der Geiko volle Unterstützung bei ihrer Ausbildung und hilft ihr, nachdem sie ihr Debüt gegeben hat, ihre Karriere zu managen. Die junge Geiko lebt während eines festgesetzten Zeitraums in der Okiya, gewöhnlich fünf oder sieben Jahre, und in dieser Zeit zahlt sie der Okiya deren Investition zurück. Danach wird sie unabhängig und stellt sich auf eigene Füße. Sie unterhält allerdings zu der Okiya, die sie gefördert hat, eine Beziehung wie zu einem Agenten.

Anders ist das bei einer Geiko, die zur *atotori* bestimmt ist, zur Nachfolgerin und Erbin des Hauses. Sie trägt den Nachnamen der Okiya, entweder durch Geburt oder durch Adoption, und lebt während ihrer ganzen Laufbahn in der Okiya.

Maikos und Geikos treten bei sehr exklusiven Banketten auf, die in so genannten *ochaya* stattfinden – oft wörtlich übersetzt als »Teehaus«. Dort unterhalten wir regelmäßig bei privaten Gesellschaften ausgewählte Gruppen geladener Gäste. Außerdem zeigen wir uns bei einer Reihe jährlich wiederkehrender Veranstaltungen in der Öffentlichkeit. Die berühmteste dieser Veranstaltungen ist das *Miyako Odori* (Kirschtanz). Die Tanzprogramme sind ziemlich eindrucksvoll und ziehen begeisterte Zuschauer aus der ganzen Welt an. Das Miyako Odori findet jeweils im April in unserem eigenen Theater, dem Kaburenjo, statt.

Der Begriff »Geisha« oder, wie in meinem Fall, »Geiko«, ist von vielen Geheimnissen umgeben und mit Missverständnissen behaftet. Ich hoffe, dass meine Geschichte zur Aufklärung beiträgt und dieses einzigartige Stück japanischer Kulturgeschichte lebendig werden lässt.

Bitte, reisen Sie jetzt mit mir in die außergewöhnliche Welt von Gion Kobu.

1. Kapitel

Ich fand immer, dass in meiner Berufswahl eine gewisse Ironie lag.

Eine erstklassige Geiko steht ständig im Scheinwerferlicht, während ich mich als Kind am liebsten in einem dunklen Wandschrank versteckte. Eine erstklassige Geiko setzt all ihre Talente ein, um ihrem Publikum zu gefallen und jedem Menschen, mit dem sie in Berührung kommt, ein Gefühl des Wohlbefindens zu geben, während ich mich am liebsten allein beschäftige. Eine erstklassige Geiko ist wie ein exquisiter Weidenbaum, der sich im Dienste anderer beugt, während ich von Natur aus immer dickköpfig und widerborstig und sehr, sehr stolz war.

Eine erstklassige Geiko ist Meisterin darin, eine entspannte und unterhaltsame Atmosphäre zu schaffen; mir dagegen gefällt es nicht sonderlich, mit anderen Menschen zusammen zu sein.

Eine Star-Geiko ist nie, niemals allein, aber ich wollte immer für mich sein.

Eigenartig, nicht wahr? Es scheint fast so, als hätte ich bewusst den für mich schwierigsten Weg gewählt, den Weg, der mich zwang, mich meinen persönlichen Hindernissen zu stellen und sie zu überwinden.

Ich glaube, wenn ich nicht in die Karyukai eingetreten wäre, wäre ich buddhistische Nonne geworden. Oder Polizistin.

Es ist schwer zu erklären, warum ich als kleines Mädchen den Entschluss fasste, in die Karyukai zu gehen.

Warum entscheidet sich ein Kind, das seine Eltern anbetet, sie aus eigenem Antrieb zu verlassen? Denn ich war diejenige, die sich für diesen Beruf und diesen Arbeitsplatz entschied und damit ihre Eltern im Stich ließ.

Ich möchte berichten, wie es dazu kam. Vielleicht werden die Gründe beim Erzählen klarer.

Wenn ich heute auf mein Leben zurückblicke, sehe ich, dass ich nur zu einer einzigen Zeit wirklich glücklich war: als ich mit meinen Eltern zusammenlebte. Ich war sicher und frei, und obwohl ich noch sehr jung war, wurde ich in Ruhe gelassen und durfte meistens tun, was ich wollte. Nachdem ich mit fünf Jahren mein Zuhause verlassen hatte, war ich nie wieder wirklich allein und verbrachte all meine Zeit damit, anderen Menschen zu gefallen. Alle meine späteren Freuden und Triumphe hatten eine dunkle, fast tragische Kehrseite, die ein Teil von mir wurde.

Meine Eltern liebten einander sehr. Sie waren ein interessantes Paar. Mein Vater stammte aus einer Familie alter Aristokraten und Feudalherren, die verarmt waren. Meine Mutter kam aus einer Familie von Piraten, die sehr reich geworden war; viele von ihnen wurden später Ärzte. Mein Vater war groß und schlank. Er hatte einen scharfen Verstand, war aktiv und extrovertiert. Und er war sehr streng. Meine Mutter war das genaue Gegenteil. Sie war klein und mollig, hatte ein reizendes, rundes Gesicht und einen üppigen Busen. Wo mein Vater streng war, war meine Mutter nachgiebig. Dennoch waren beide Erklärer, Tröster, Friedensstifter. Mein Vater hieß Shigezo Tanakaminamoto (in klassischem Japanisch Tanakaminamoto no Shigezo), meine Mutter Chie Akamatsu.*

Begründet wurde unsere Linie von Fujiwara no Kamatari, einem Mann, der im Laufe seines Lebens geadelt wurde.

Die Tanakaminamotos gibt es seit zweiundfünfzig Generationen. Die Adelsfamilie Fujiwara stellte jahrhundertelang den Kaiserlichen Regenten. Während der Herrschaft von Kaiser Saga wurde Fujiwara no Motomi der Rang eines *daitoku* verliehen (der höchste Rang des Hofministers, wie er von Shotoku Taishi etabliert wurde). Er starb 782. Seine Tochter, Prinzessin Tanaka, heiratete Kaiser Saga und gebar einen Prinzen namens Sumeru, der Achter in der Kaiserlichen Erbfolge war. Als Abkömmling des Kaisers erhielt er den Namen Tanakaminamoto.

Minamoto ist ein Name, den bis auf den heutigen Tag nur Aristokraten benutzen dürfen. Die Familie bekleidete auch weiterhin verschiedene wichtige Ämter, darunter das des Hofgeomanten und des offiziellen Verwalters von Schreinen und Tempeln. Die Tanakaminamoto dienten dem Kaiserlichen Hause über tausend Jahre.

In der zweiten Hälfte des 19. Jahrhunderts fanden in Japan große Umwälzungen statt. Die Militärdiktatur, die das Land mehr als sechshundertundfünfzig Jahre lang regiert hatte, wurde gestürzt und Kaiser Meiji als Regierungsoberhaupt eingesetzt. Nach Auflösung des Feudalsystems begann sich Japan zu einem modernen Nationalstaat zu entwickeln. Unter Führung des Kaisers kam es zu heftigen Auseinandersetzungen innerhalb des Adels und unter den Intellektuellen über die politische Zukunft des Landes.

---

* Die Schreibweise der japanischen Namen erfolgt hier mit Vornamen und nachgestelltem Famliennamen. Bei historischen Personen ist die Wortfolge gemäß der japanischen Gewohnheit umgekehrt.

Das Substantiv hat gemäß der in Japan üblichen Schreibweise keinen Plural.

Auch mein Urgroßvater Tanakaminamoto no Sukeyoshi war bereit für eine Veränderung. Er war der endlosen Kämpfe innerhalb der Aristokratie müde und wollte sich von den ehrenvollen Pflichten befreien, die seine Stellung mit sich brachte. Außerdem hatte der Kaiser beschlossen, die Reichshauptstadt von Kioto, wo sie über tausend Jahre lang gewesen war, nach Tokio zu verlegen. Meine Familie war in ihrer Heimat sehr stark verwurzelt. Mein Urgroßvater wollte nicht fortgehen. Als Oberhaupt der Familie traf er die folgenschwere Entscheidung, seinen Titel zurückzugeben und ein Bürgerlicher zu werden.

Der Kaiser wollte ihn davon abhalten, doch mein Urgroßvater erklärte stolz, er sei ein Mann des Volkes. Der Kaiser bestand darauf, dass er wenigstens seinen Namen behielt. Dem stimmte er zu. Im alltäglichen Leben benutzt die Familie nun die abgekürzte Form Tanaka.

Die Entscheidung meines Urgroßvaters entstand zwar aus einem noblen Gefühl heraus, doch für die Finanzen der Familie war sie verheerend. Die Aufgabe des Titels bedeutete natürlich auch den Verzicht auf den Besitz, der damit einherging. Die Ländereien der Familie umfassten ein weites Gebiet im Nordosten von Kioto, vom Tanaka-Schrein im Süden bis zu Ichijoji-Tempel in Norden, also tausende von Morgen.

Mein Urgroßvater und seine Nachkommen erholten sich nie von diesem Verlust. Sie schafften es einfach nicht, in den veränderten wirtschaftlichen Verhältnissen Fuß zu fassen und lebten in vornehmer Armut von ihren Rücklagen und ihrem überholten Gefühl angeborener Überlegenheit. Einige von ihnen brachten es bei der Herstellung kostbarer Keramiken zu einer gewissen Meisterschaft.

Meine Mutter gehört zur Familie Akamatsu. In alter Zeit waren die Akamatsus legendäre Piraten, die auf den Handelsrouten rund um das Japanische Meer und in

Richtung Korea und China ihr Unwesen trieben. Sie rafften ein ziemliches Vermögen zusammen und schafften es, dieses Vermögen bis zur Zeit der Geburt meiner Mutter in legalen Reichtum zu verwandeln. Die Familie Akamatsu diente niemals irgendeinem *daimyo* (direkter Vasall des *shogun*), sondern hatte selbst genug Macht und Besitz, um Westjapan zu kontrollieren. Der Name Akamatsu wurde ihr von Kaiser Gotoba (1180–1239) verliehen.

Auf ihren abenteuerlichen Streifzügen durch »fremde Gehege« sammelten die Vorfahren meiner Mutter Wissen über Heilkräuter und deren Zubereitung. Sie wurden Heiler und stiegen schließlich zu Hausärzten des Ikeda-Clans auf, der Feudalherren von Okayama. Meine Mutter erbte die Fähigkeit zu heilen von ihren Ahnen und gab ihr Wissen und ihre Fertigkeiten an meinen Vater weiter.

Meine Mutter und mein Vater waren beide Künstler. Mein Vater absolvierte eine Ausbildung an der Kunstakademie und wurde professioneller Designer von Stoffen für hochwertige Kimonos und Schätzer für feines Porzellan.

Meine Mutter liebte Kimonos. Als sie eines Tages ein Kimonogeschäft aufsuchte, lernte sie zufällig meinen Vater kennen, der sich auf der Stelle in sie verliebte. Er machte ihr unermüdlich den Hof. Der Klassenunterschied zwischen den beiden war aber so groß, dass meine Mutter eine Beziehung für unmöglich hielt. Mein Vater bat sie dreimal um ihre Hand. Dreimal weigerte sie sich. Schließlich wurde sie schwanger – mit meiner ältesten Schwester. Damit erzwang er ihr Einverständnis, und sie mussten heiraten.

Zu dieser Zeit war mein Vater sehr erfolgreich und verdiente eine Menge Geld. Seine Kreationen erzielten die höchsten Preise und er brachte jeden Monat ein gutes Einkommen nach Hause. Das meiste davon gab er allerdings seinen Eltern, die sonst kaum Einkünfte hatten. Meine Großeltern lebten mit ihrer großen Familie und viel Personal in einem riesigen Haus im Stadtviertel Tanaka. In den Dreißigerjahren des 20. Jahrhunderts hatte die Familie den größten Teil ihrer Ersparnisse aufgebraucht. Einige der Männer hatten sich bei der Polizei und im Staatsdienst versucht, aber keiner war in der Lage, einen Job lange zu behalten. Sie waren es einfach nicht gewohnt, für ihren Lebensunterhalt zu arbeiten. Mein Vater unterhielt den gesamten Haushalt.

So bestanden meine Großeltern, obwohl er nicht der älteste Sohn war, darauf, dass er und meine Mutter in ihr Haus zogen, als sie heirateten. Im Grunde brauchten sie das Geld.

Das war keine glückliche Situation. Meine Großmutter, die Tamiko hieß, hatte ein überaus aufbrausendes Wesen. Autoritär und reizbar, war sie das genaue Gegenteil meiner sanften, gehorsamen Mutter. Meine Mutter war wie eine Prinzessin erzogen worden, doch meine Großmutter behandelte sie wie eine Dienstbotin. Von Anfang an nützte sie sie aus und machte sie ständig wegen ihrer bescheidenen Herkunft schlecht. In der Ahnenreihe der Akamatsus hatte es einige notorische Kriminelle gegeben, und meine Großmutter benahm sich, als sei meine Mutter auch eine von ihnen. Sie meinte, sie sei nicht gut genug für ihren Sohn.

Großmutter Tamikos Hobby war das Fechten, und sie war eine Meisterin im Schwingen der *naginata*, der japanischen Hellebarde. Dass meine Mutter so still war, machte meine Großmutter verrückt, und sie fing an, sie mit der geschwungenen Klinge ihrer Waffe unverhohlen zu bedrohen. Sie jagte sie durch das ganze Haus. Das war bizarr und sehr angsterregend. Einmal ging meine Großmutter zu weit. Mehrmals zielte sie auf den *obi* (Kimonogürtel) meiner Mutter und schnitt ihn ihr vom Leib. Das war der Tropfen, der das Fass zum Überlaufen brachte. Meine Eltern hatten zu dieser Zeit schon drei Kinder, zwei Mädchen und einen Jungen. Die Mädchen hießen Yaeko und Kikuko. Yaeko war zehn, Kikuko acht. Mein Vater steckte in einer Zwickmühle, weil er nicht genug Geld hatte, um seine Eltern zu unterstützen und zugleich einen eigenen Haushalt zu führen. Er erzählte einem seiner Geschäftspartner, der mit Kimonostoffen handelte, von seinen Sorgen. Dieser brachte die Rede auf die Karyukais und schlug meinem Vater vor, er solle zumindest einmal versuchen, mit der Besitzerin eines dieser Häuser zu reden.

Mein Vater traf sich mit der Besitzerin der Okiya Iwasaki aus Gion Kobu, einem der besten Geikohäuser Japans, und mit einer Frau aus Pontocho, einem anderen Geikobezirk in Kioto. Er fand Stellungen für beide Töchter, Yaeko und Kikuko, und erhielt das Vertragsgeld für ihre Lehrzeit. Sie würden eine Ausbildung in den traditionellen Künsten, Etikette und Schicklichkeit erhalten und volle Unterstützung für ihre Karriere bekommen. Nach dem Ende ihrer Lehrzeit als Geikos würden ihnen alle Schulden erlassen werden, und sie dürften selbst behalten, was sie verdienten. Die Okiyas würden allerdings einen gewissen Prozentsatz von ihrem Einkommen beanspruchen, da sie ihre Karrieren als Agenten managten.

Die Entscheidung meines Vaters zog die Familie in einen Pakt mit den Karyukais hinein, der unser aller Leben für viele Jahre beeinflussen sollte. Meine Schwestern waren zutiefst bestürzt, den sicheren Hafen des großelterlichen Hauses verlassen zu müssen. Yaeko hatte zeitlebens das Gefühl, im Stich gelassen worden zu sein. Bis zum heutigen Tag ist sie wütend und verbittert.

Meine Eltern zogen mit meinem ältesten Bruder in ein

Haus in Yamashima, einem Vorort von Kioto. In den folgenden Jahren bekam meine Mutter acht weitere Kinder. 1939, finanziell in der Klemme wie immer, schickten sie noch eine Tochter, meine Schwester Kuniko, als Assistentin der Eigentümerin in die Okiya Iwasaki.

Ich wurde 1949 geboren. Mein Vater war damals dreiundfünfzig, meine Mutter vierundvierzig. Ich war das letzte Kind meiner Eltern, geboren am 2. November, ein Skorpion im Jahr des Ochsen. Meine Eltern nannten mich Masako. Lange Zeit glaubte ich, unsere Familie bestünde aus nur zehn Mitgliedern. Ich hatte vier ältere Brüder (Seiichiro, Ryozo, Kozo und Fumio) und drei ältere Schwestern (Yoshiko, Tomiko und Yukiko). Von den drei anderen Mädchen wusste ich nichts.

Unser Haus war geräumig und verschachtelt. Es lag am Rande eines Kanals auf einem großen Grundstück, umgeben von Wäldern und Bambushainen und mit einem Berg im Rücken. Ringsum gab es keine weiteren Häuser. Man erreichte das Haus über eine Betonbrücke, die den Kanal überspannte. Vor dem Haus gab es einen großen, runden Teich, umrandet von Kosmos-Pflanzen. Dahinter lag der Vorgarten mit Feigen und Pfefferbäumen. Hinter dem Haus erstreckte sich ein großer Garten mit einem umzäunten Platz für viele Hühner, einem Teich voller Karpfen, einer Hütte für unseren Hund Koro und dem Gemüsegarten meiner Mutter.

Das Erdgeschoss des Hauses umfasste einen Salon, einen Altarraum, einen Wohnraum, ein Esszimmer mit Kamin, eine Küche, zwei Hinterzimmer, das Arbeitszimmer meines Vaters und das Bad. Oben über der Küche gab es zwei weitere Zimmer. Dort schliefen alle anderen Kinder. Ich schlief unten bei meinen Eltern.

An einen Vorfall erinnere ich mich gern. Es war während der Regenzeit. Der Hydrangea-Busch neben dem

Teich blühte, und das helle Blau harmonierte gut mit dem Grün der Bäume.

Es war ein vollkommen stiller Tag. Auf einmal begannen dicke Regentropfen zu fallen. Rasch sammelte ich meine Spielsachen ein, die unter dem Pfefferbaum lagen, und rannte ins Haus. Ich legte meine Sachen in ein Regal neben der Mahagonitruhe.

Kaum waren alle nach Hause gekommen, begann es zu gießen. Es schüttete wie aus Eimern. Binnen Minuten fing der Teich an, über die Ufer zu treten, und das Wasser lief ins Haus. Wir alle rannten hektisch herum und sammelten die Tatami-Matten ein. Ich fand das Ganze sehr unterhaltsam.

Nachdem wir so viele Tatamis wie möglich gerettet hatten, bekamen wir jeder zwei Erdbeerbonbons, auf deren Einwickelpapier eine Erdbeere abgebildet war. Wir liefen im ganzen Haus herum und lutschten sie. Ein paar von den Tatamis schwammen auf dem Wasser. Meine Eltern setzten sich darauf wie auf Flöße und schipperten von Zimmer zu Zimmer. Sie amüsierten sich mehr als alle anderen.

Am nächsten Tag rief mein Vater uns zusammen und sagte: »Hört mal alle zu. Wir müssen das Haus sauber machen, drinnen und draußen. Seiichiro, du gehst mit ein paar anderen in den Hintergarten, Ryozo geht mit seiner Mannschaft in den Bambushain, Kozo, du machst mit deinen Helfern die Tatamis sauber, und du, Fumio, nimmst deine kleine Schwester Masako und holst dir Anweisungen bei eurer Mutter. Verstanden? So, und nun raus mit euch, und macht eure Sache gut!«

»Und du, Papa, was machst du?«, wollten wir alle wissen.

»Einer muss ja hier bleiben und die Burg bewachen«, sagte er.

Sein Schlachtruf feuerte uns an, aber es gab ein Problem: Wir hatten nichts zu essen. Alle Vorräte waren durch die Überschwemmung verloren gegangen. Schon am Abend zuvor hatten wir nur die Erdbeerbonbons gegessen und vor Hunger kaum schlafen können.

Als wir uns bei unserem Vater beklagten, sagte er: »Mit leerem Magen kann eine Armee nicht kämpfen. Also geht ihr am besten los und besorgt Proviant. Bringt die Sachen in die Burg und richtet euch auf eine Belagerung ein.«

Nachdem sie ihre Befehle erhalten hatten, zogen meine älteren Brüder und Schwestern los und kamen mit Reis und Feuerholz zurück. In diesem Moment war ich sehr froh, Brüder und Schwestern zu haben, und dankbar für den Reisball, den ich zu essen bekam.

Keiner ging an diesem Tag zur Schule, und wir schliefen, als gäbe es kein Morgen.

Ein andermal ging ich wie üblich die Hühner füttern und die Eier einsammeln. Die Mutterhenne hieß Nikki. Sie wurde wütend und jagte mich ins Haus zurück, wo sie mich einholte und ins Bein pickte. Mein Vater wurde zornig und fing die Henne ein.

Er hob sie hoch und sagte: »Dafür werde ich dich umbringen.« Auf der Stelle drehte er ihr den Hals um und hängte sie dann am Hals an einem Dachbalken auf. (Normalerweise pflegte er die Hühner an den Beinen aufzuhängen.) Er ließ sie dort, bis alle aus der Schule nach Hause gekommen waren.

Als die anderen Kinder die Henne sahen, dachten sie: »Hmmm, lecker! Heute Abend gibt es Huhn im Topf!« Aber er sagte streng zu ihnen: »Seht euch das gut an und lernt daraus. Das dumme Vieh hat einen Bissen von unserer kostbaren Masako genommen und deshalb ist es jetzt tot. Merkt euch das. Es ist niemals in Ordnung, andere Menschen zu verletzen oder ihnen Schmerz zuzufügen.

Das lasse ich nicht zu. Verstanden?« Wir alle taten so, als hätten wir verstanden.

An diesem Abend bekamen wir Huhn im Topf, gekocht aus der unseligen Nikki. Ich konnte nichts davon essen.

Mein Vater sagte: »Masako, du musst Nikki verzeihen. Die meiste Zeit war sie ein gutes Huhn. Du solltest essen, damit Nikki Buddhaschaft erlangen kann.«

»Aber ich habe Bauchweh. Warum helft nicht du und Mama Nikki, Buddha zu werden?« Dann sprach ich ein kurzes Gebet.

»Das ist eine gute Idee. Tun wir, was Masako sagt, und essen alle zusammen das Huhn, damit es Buddhaschaft erlangen kann.«

Jeder sprach ein Gebet für den Vogel, langte zu und genoss es, Nikki bei der Buddhawerdung zu helfen.

Wieder ein andermal, in einem seltenen Anfall von Geselligkeit, spielte ich zusammen mit allen anderen. Wir gingen den Berg auf der rechten Seite des Hauses hinauf und gruben ein tiefes Loch. Dann holten wir alle Sachen aus der Küche, alle Töpfe und Pfannen und Teller, und warfen sie in das Loch.

Wir spielten in der Nähe der geheimen Festung meines Bruders. Wir amüsierten uns bestens, und mein älterer Bruder forderte mich heraus, auf eine Pinie zu klettern, die genau dort stand.

Der Ast brach ab und ich fiel in den Teich vor unserem Haus. Das Arbeitszimmer meines Vaters ging auf diesen Teich hinaus. Er hörte das laute Platschen. Er muss überrascht gewesen sein, aber er ließ sich nichts anmerken und fragte ruhig: »Was machst du da?«

»Ich bade im Teich«, sagte ich.

»Es ist zu kalt, um im Teich zu baden. Was ist, wenn du dich erkältest? Ich glaube, du solltest besser herauskommen.«

»Ich komme in ein paar Minuten raus.«

In diesem Moment erschien meine Mutter und übernahm die Sache. »Hör auf, sie zu necken«, sagte sie. »Komm sofort nach draußen!«

Widerstrebend kam mein Vater, hob mich aus dem Teich und verfrachtete mich in die Badewanne.

Damit hätte das erledigt sein sollen, doch dann ging meine Mutter in die Küche, um das Abendessen zu machen. Sie rief nach meinem Vater, der mit mir zusammen badete.

»Lieber, ich fürchte, wir haben ein Problem. Ich kann leider kein Abendessen machen. Was soll ich tun?«

»Wovon in aller Welt redest du? Warum kannst du kein Abendessen machen?«

»Weil nichts da ist. Alle unsere Sachen sind weg.«

Als ich das hörte, wollte ich die anderen warnen, und so ging ich auf die Tür zu. Aber mein Vater packte mich beim Kragen und hielt mich fest.

Ziemlich bald kamen alle nach Hause. (Das hätten sie besser nicht getan.) Mein Vater schickte sich an, seine übliche Bestrafung auszuteilen, bei der er alle Kinder vor sich aufreihte und jedem mit einem Bambusschwert auf den Kopf schlug. Normalerweise stand ich dabei neben ihm (und dachte mir, das müsse wehtun). Diesmal war es anders. An diesem Tag schrie er mir zu: »Du auch, Masako. Du hast dabei mitgemacht.« Ich begann zu wimmern, als ich mich neben den anderen in die Reihe stellen musste. Ich weiß noch, dass ich »Papa« sagte, aber er ignorierte mich. »Du warst auch dabei.« Er schlug mich nicht so hart wie die anderen, aber es war trotzdem ein großer Schock. Er hatte mich nie zuvor geschlagen.

Wir bekamen kein Abendessen. Meine Brüder und Schwestern weinten, als sie ihr Bad nahmen. Dann wurden wir ins Bett geschickt. Mein Bruder beklagte sich und sagte, vor lauter Hunger schwimme er in der Badewanne wie ein Ballon.

Meine Eltern liebten schöne und geschmackvolle Dinge, und unser Haus füllte sich damit: Quarzkristalle, die im Sonnenschein funkelten, duftende Dekorationsstücke aus Pinienholz und Bambus, die wir zu Neujahr aufhängten, exotisch aussehende Werkzeuge und Gerätschaften, die meine Mutter zur Bereitung ihrer Kräutermedizin benutzte, schimmernde Musikinstrumente wie die *shakuhachi*-Bambusflöte meines Vaters und die *koto* (japanische Laute) meiner Mutter, eine Sammlung edler, handgearbeiteter Keramiken. Außerdem besaß das Haus eine eigene, ein wenig altmodische Badewanne, die aussah wie ein riesiger, eiserner Suppenkessel.

Mein Vater war der Herrscher dieses kleinen Reiches. Er hatte sein Studio im Hause und arbeitete dort mit einigen seiner vielen Lehrlinge. Meine Mutter lernte von meinem Vater die als *roketsuzome* bekannte traditionelle japanische Färbetechnik und wurde ein Profi auf diesem Gebiet. Meine Eltern waren auch für ihre Kräuterheilmittel bekannt. Ständig kamen Leute vorbei, um sie zu bitten, ihnen irgendeine Medizin zu brauen.

Meine Mutter hatte keine robuste Konstitution. Sie litt an Malaria, und das hatte ihr Herz geschwächt. Trotzdem besaß sie die Kraft, elf Kinder zur Welt zu bringen.

Wenn ich nicht mit Vater oder Mutter zusammen sein konnte, war ich am liebsten allein. Ich spielte nicht einmal gern mit meinen Schwestern. Ich liebte die Stille und konnte den Lärm, den die anderen Kinder machten, nicht ertragen. Wenn sie aus der Schule nach Hause kamen, versteckte ich mich oder ignorierte sie.

Ich versteckte mich überhaupt sehr viel. Japanische Häuser sind nach westlichen Maßstäben klein und sparsam möbliert, aber sie besitzen riesige Wandschränke.

Darin verstauen wir viele Haushaltsgegenstände, wenn sie gerade nicht gebraucht werden, etwa das Bettzeug. Immer, wenn ich unglücklich war, mich nicht wohl fühlte, mich konzentrieren oder einfach entspannen wollte, versteckte ich mich im Schrank.

Meine Eltern hatten Verständnis für mein Bedürfnis, allein zu sein, und zwangen mich nie, mit den anderen Kindern zu spielen. Natürlich hatten sie ein Auge auf mich, aber sie ließen mir immer meinen Freiraum.

Doch ich erinnere mich auch an wunderbare Zeiten, wenn die ganze Familie beieinander war. Am liebsten waren mir die schönen Mondscheinnächte, wenn meine Eltern Duette spielten, mein Vater auf der Shakuhachi, meine Mutter auf der Koto. Wir scharten uns um sie, um sie spielen zu hören. Ich ahnte nicht, wie schnell diese idyllischen Momente enden sollten.

Doch bald war es so weit.

2. Kapitel

Ich kann mich noch genau an den Augenblick erinnern, in dem sich die Dinge begannen zu verändern.

Ich war gerade drei Jahre alt geworden. Es war ein kalter Winternachmittag. Meine Eltern hatten Besuch. Eine Frau. Eine sehr alte Frau. Fremde schüchterten mich ein, und sobald die Frau durch die Tür trat, versteckte ich mich im Schrank. Ich saß im Dunkeln und belauschte ihre Unterhaltung. Die Frau hatte etwas merkwürdig Bezwingendes. Ich war fasziniert von ihrer Art zu sprechen.

Der Name der Besucherin war Madame Oima. Sie war die Eigentümerin der Okiya Iwasaki in Gion Kobu und gekommen, um zu fragen, ob meine Schwester Tomiko vielleicht daran interessiert sei, Geiko zu werden. Tomiko hatte die Okiya Iwasaki mehrfach besucht, und Madame Oima erkannte, was in ihr steckte.

Tomiko war die zarteste und kultivierteste meiner Schwestern. Sie liebte Kimonos, traditionelle Musik und edle Keramiken und wollte von meinen Eltern alles darüber wissen. Sie war vierzehn. Ich verstand nicht alles, worüber gesprochen wurde, aber ich begriff, dass diese Dame Tomiko eine Stellung anbot.

Ich verstand nicht, dass die Okiya Iwasaki in ernster

finanzieller Bedrängnis war. Ich merkte nur, dass meine Eltern die Besucherin mit größtem Respekt behandelten und dass sie mehr Autorität ausstrahlte als irgendjemand, den ich je getroffen hatte. Ich konnte die Hochachtung spüren, die meine Eltern ihr entgegenbrachten.

Angezogen von ihrer Stimme, schob ich die Tür des Schranks etwa drei Zentimeter auf und spähte hinaus, um mir anzusehen, wem die Stimme gehörte.

Die Dame merkte, dass ich die Tür geöffnet hatte, und fragte: »Chie-san, wer ist in dem Schrank?«

Meine Mutter lachte und sagte: »Das ist meine Jüngste, Masako.«

Als ich meinen Namen hörte, trat ich ins Zimmer.

Die Dame sah mich einen Moment lang an. Sie machte nicht die kleinste Bewegung, aber ihre Augen weiteten sich. »Ach du meine Güte«, sagte sie. »Was für schwarzes Haar und schwarze Augen! Und so winzige rote Lippen! Was für ein exquisites Kind!«

Mein Vater machte uns bekannt.

Die Dame sah mich weiter an, sprach aber zu meinem Vater. »Wissen Sie, Herr Tanaka, ich suche schon sehr lange nach einer *atotori* (Nachfolgerin), und ich habe das merkwürdige Gefühl, dass ich sie gerade gefunden habe.«

Ich hatte keine Ahnung, wovon sie redete. Ich wusste nicht, was eine Atotori war oder warum sie eine brauchte. Aber ich spürte, dass sich die Energie in ihrem Körper veränderte.

Es heißt ja, dass eine Person, die Augen hat zu sehen, den Wesenskern eines anderen Menschen erkennen kann, ganz gleich, wie alt dieser Mensch ist.

»Ich meine das ernst«, sagte sie. »Masako ist ein prachtvolles kleines Mädchen. Ich bin schon lange im Geschäft und kann sehen, dass sie ein Schatz ist. Bitte, ziehen Sie die Möglichkeit in Betracht, sie ebenfalls in die Okiya Iwasaki zu geben. Ich glaube, sie könnte dort eine wundervolle Zukunft haben. Ich weiß, sie ist noch ein kleines Kind, aber bitte, überlegen Sie sich, ob Sie ihr nicht erlauben wollen, sich für eine Karriere als Geiko ausbilden zu lassen.«

Die Ausbildung zur Geiko in Gion Kobu findet in einem geschlossenen System statt. Sie ist so geregelt, dass nur Mädchen, die in einer Okiya in Gion Kobu leben, Zugang zum Studium aller nötigen Fächer bei anerkannten Schulen und Lehrern haben und den strapaziösen Lehrplan einhalten können. Wer außerhalb lebt, hat keine Möglichkeit, Geiko zu werden.

Mein Vater war offensichtlich verblüfft über diese unerwartete Wendung der Ereignisse und antwortete nicht sofort. Schließlich sagte er: »Wir werden Ihr Angebot an Tomiko eingehend mit ihr besprechen und sie ermutigen, Ihren Vorschlag anzunehmen, obwohl die endgültige Entscheidung bei ihr liegt. Wir werden uns mit Ihnen in Verbindung setzen, sobald sie einen Entschluss gefasst hat. Aber was Masako betrifft, tut es mir schrecklich Leid. Das kommt gar nicht in Frage. Ich will einfach nicht noch eine meiner Töchter aufgeben.« Falls Tomiko einwilligte, in die Okiya Iwasaki zu gehen, hätte er bereits vier von seinen sieben Töchtern hergegeben.

Lassen Sie mich erklären, was ich mit hergeben meine. Wenn ein junges Mädchen sich einer Okiya anschließt, ist das etwa so, als ginge sie in ein Internat. In den meisten Fällen kommt sie noch gelegentlich bei ihren Eltern vorbei, wenn die Schule ihr dazu Zeit lässt, und die Eltern dürfen sie besuchen, so oft sie wollen. Das ist der normale Ablauf. Wird ein Mädchen jedoch als Nachfolgerin für ein Haus und dessen Namen ausgewählt, adoptiert sie die Eigentümerin als gesetzliche Erbin. In diesem Fall nimmt das Mädchen den Namen der Okiya-Familie an und verlässt ihre Geburtsfamilie für immer.

Madame Oima war achtzig Jahre alt und tief besorgt, weil sie noch immer keine geeignete Nachfolgerin hatte. Keine der Frauen, die sie zu der Zeit betreute, war hierfür qualifiziert, und sie durfte nicht sterben, ehe sie jemanden gefunden hatte. Die Okiya Iwasaki besaß Güter im Wert von Millionen Dollar (Grundstücke, Kimonos, unbezahlbare Kunstwerke und Schmuckstücke) und umfasste eine Belegschaft von mehr als zwanzig Personen. Madame Oima war dafür verantwortlich, den Fortbestand des Geschäfts zu sichern, und dafür brauchte sie eine Erbin.

Madame Oima besuchte uns in diesem Jahr viele Male, um über Tomikos Vertrag zu diskutieren. Aber sie warb auch um mich.

Meine Eltern besprachen das nie in meiner Gegenwart, aber ich denke, dass sie Tomiko alles erklärten. Madame Oima war die Frau, der sie vor vielen Jahren meine älteste Schwester Yaeko anvertraut hatten. Madame Oima bestimmte Yaeko zu ihrer Atotori und erzog sie zur Geiko. Aber Yaeko verließ Gion Kobu, ohne ihre Verpflichtungen gegenüber Madame Oima zu erfüllen. Das war meinen Eltern überaus peinlich. Sie hofften, dass Tomikos Anstellung dazu beitragen würde, Yaekos Versagen wieder gutzumachen.

Doch die nächste Atotori konnte Tomiko in keinem Fall werden. Mit vierzehn galt sie dafür als zu alt. Im Idealfall werden Atotoris von früher Kindheit an für ihre Aufgabe erzogen.

Keiner sagte mir, dass Tomiko fortging. Ich schätze, meine Eltern hielten mich für zu klein, um zu verstehen, was da vorging, und so versuchten sie gar nicht erst, es mir zu erklären. Ich wusste nur, dass Tomiko eines Tages ihre Mittelschule abschloss, am nächsten Tag zu einem Frühjahrsurlaub aufbrach und nie wieder nach Hause kam. (Es ist gesetzlich vorgeschrieben, dass ein Mädchen die Mittelschule absolviert haben muss, bevor sie in eine Geikoschule eintreten darf.)

Mir tat es Leid, dass Tomiko nicht mehr da war. Sie war meine Lieblingsschwester. Sie war klüger als die anderen und schien irgendwie besonnener.

Doch Madame Oimas Besuche hörten nach Tomikos Weggang nicht auf. Sie wollte mich noch immer. Trotz der Proteste meines Vaters verfolgte sie die Angelegenheit weiter. Immer wieder kam sie zu Besuch, und jedes Mal fragte sie nach mir, Monat für Monat. Und jedes Mal, Monat für Monat, wies mein Vater sie, wenn auch höflich, ab.

Madame Oima führte alle nur erdenklichen Argumente an, um ihn davon zu überzeugen, dass mir bei ihr eine brillante Karriere offen stünde und dass sie mir nicht den Weg verbauen sollten. Sie flehte meinen Vater an, es sich noch einmal zu überlegen. Ich erinnere mich, dass sie zu ihm sagte: »Das Haus Iwasaki ist bei weitem die beste Okiya in Gion, und wir können Masako bessere Chancen bieten, als sie irgendwo sonst finden würde.«

Schließlich brachte Madame Oimas Hartnäckigkeit die Entschlossenheit meines Vaters ins Wanken. Ich spürte, wie sich seine Einstellung änderte.

Eines Tages saß ich auf dem Schoß meines Vaters, während die beiden sich unterhielten. Wieder sprach sie das Thema an. Mein Vater lachte. »Gut, gut, Madame Iwasaki, es ist noch zu früh, aber ich verspreche Ihnen, eines Tages bringe ich Masako zu Besuch zu Ihnen. Man weiß ja nie, es liegt bei ihr, vielleicht gefällt es ihr.« Ich glaube, er sagte das nur, um ihrem Drängen ein Ende zu machen.

Ich beschloss, dass es für Madame Oima nun an der Zeit sei, nach Hause zu gehen. Ich wusste, dass die Leute gewöhnlich ins Bad gingen, bevor sie aufbrachen, und so wandte ich mich an sie und sagte: »Pipi machen.« Sie meinte, das bezöge sich auf mich und nicht auf sie, und fragte mich freundlich, ob sie mich ins Badezimmer begleiten solle. Ich nickte, stand vom Schoß meines Vaters auf und nahm ihre Hand. Als wir im Bad waren, sagte ich: »Dort!«, und marschierte zurück in den Salon.

Ein paar Augenblicke später kam Madame Oima zurück.

»Danke, dass du dich so nett um mich gekümmert hast«, sagte sie zu mir.

»Geh nach Hause«, antwortete ich.

»Ja, ich sollte gehen. Herr Tanaka, ich möchte mich verabschieden. Ich glaube, heute haben wir wirklich Fortschritte gemacht.« Und damit ging sie.

Ich verbrachte nicht viele Jahre unter dem Dach meiner Eltern, aber in der kurzen Zeit, die ich bei ihnen war, lehrten sie mich viele Dinge, die mir für den Rest meines Lebens gute Dienste leisten sollten. Vor allem mein Vater. Er tat, was er konnte, um mir den Wert von Unabhängigkeit und Verantwortung beizubringen. Und vor allem vermittelte er mir ein tiefes Gefühl von Stolz.

Mein Vater hatte zwei Lieblingssprüche. Einer handelt von einem Samurai. Er ist eine Art Sprichwort, das besagt, ein Samurai müsse höheren Maßstäben genügen als ein gewöhnlicher Mensch. Selbst wenn er nichts zu essen hat, tut er so, als habe er reichlich. Das soll heißen, dass ein Samurai seinen Stolz nie aufgibt. Aber es bedeutet auch, dass ein Krieger im Angesicht des Gegners niemals Schwäche zeigt. Sein zweiter Ausspruch lautete: *»Hokori o motsu.«* – »Halte an deinem Stolz fest.« Lebe in Würde, ganz gleich unter welchen Umständen.

Er wiederholte diese Aphorismen so oft und mit solcher Überzeugung, dass wir sie akzeptierten wie Christen das Evangelium.

Alle sagen, ich sei ein eigenartiges kleines Mädchen gewesen. Meine Eltern erzählten mir, ich hätte kaum je geweint, nicht einmal als Säugling. Sie sorgten sich, ich sei vielleicht schwerhörig, mit meiner Stimme sei etwas nicht in Ordnung oder ich sei möglicherweise sogar ein bisschen zurückgeblieben. Manchmal sprach mein Vater mir laut direkt ins Ohr oder weckte mich absichtlich, wenn ich fest schlief. Ich wirkte erschreckt, aber ich weinte nicht.

Als ich älter wurde, erkannten meine Eltern, dass mit mir alles in Ordnung war. Ich war bloß ungewöhnlich still. Ich liebte Tagträume. Ich weiß noch, dass ich die Namen aller Blumen und Vögel und Berge und Flüsse wissen wollte. Wenn ich sie danach fragte, so glaubte ich, würden sie mir sagen, wie sie hießen. Die Namen von anderen Menschen zu hören hätte alles verdorben. Ich dachte, wenn ich etwas lange genug betrachtete, würde es zu mir sprechen. Das denke ich übrigens noch immer.

Einmal schauten meine Mutter und ich uns die vielen weißen und pfirsichfarbenen Kosmos-Pflanzen an, die am Teich vor unserem Haus blühten. Ich fragte meine Mutter: »Wie heißen diese Blumen?«

»Kosmos«, antwortete sie.

»Aha, Kosmos. Und diese kleinen Blumen da?«

»Das sind auch Kosmos-Pflanzen«, sagte sie.

»Wie meinst du das? Wie können zwei verschiedene Blumen denselben Namen haben?«

Meine Mutter wirkte verwundert. »Nun, die ganze Pflanzenfamilie heißt Kosmos. All diese Blumen gehören dazu.«

»Aber wir in unserem Haus sind auch eine Familie, und

jeder hat seinen eigenen Namen. Deswegen sollten alle diese Blumen auch eigene Namen haben. Ich möchte, dass du jeder einen gibst, so wie du uns Namen gegeben hast. Dann muss sich keine zurückgesetzt fühlen.«

Meine Mutter ging zu meinem Vater, der arbeitete. »Masako hat gerade etwas Seltsames gesagt. Sie möchte, dass ich jeder einzelnen Kosmos-Blume einen eigenen Namen gebe.«

Mein Vater sagte zu mir: »Wir brauchen nicht noch mehr Kinder, also brauchen wir ihnen keine Namen zu geben.«

Ich fühlte mich einsam bei dem Gedanken, dass wir nicht noch mehr Kinder brauchten.

Besonders deutlich erinnere ich mich an einen schönen Nachmittag im Mai. Von den Bergen im Osten wehte eine sanfte, grüne Brise. Die Iris stand in voller Blüte und es war vollkommen still. Meine Mutter und ich hatten es uns auf der vorderen Veranda bequem gemacht. Ich saß auf ihrem Schoß, und wir genossen den Sonnenschein. Sie sagte zur mir: »Was ist das heute für ein schöner Tag!« Ich erinnere mich deutlich, dass ich ihr antwortete: »Ich bin so glücklich.«

Das ist die letzte wirklich selige Erinnerung, die ich an meine Kindheit habe.

Ich blickte auf. Eine Frau kam über die Fußgängerbrücke auf das Haus zu. Sie war irgendwie undeutlich, verschwommen wie eine Fata Morgana.

Jeder Muskel im Körper meiner Mutter spannte sich. Ihr Herz begann zu rasen, und ihr brach der Schweiß aus. Ihr Geruch veränderte sich. Sie kauerte sich buchstäblich zusammen, als ducke sie sich vor Schreck. Ihre Arme umschlangen mich instinktiv fester, als wolle sie mich beschützen. Ich spürte, dass sie Angst hatte.

Ich beobachtete, wie die Frau auf uns zukam. Plötzlich

hatte ich das Gefühl, die Zeit bliebe stehen. Es war, als bewege sie sich in Zeitlupe in unsere Richtung. Ich weiß noch genau, was sie anhatte. Es war ein dunkler Kimono, gegürtet mit einem Obi mit einem geometrischen Muster in Beige, Braun und Schwarz.

Ein plötzlicher Schauder erfasste mich, und ich rannte ins Haus, um mich im Schrank zu verstecken.

Ich konnte kaum glauben, was dann passierte. Mein Vater kam ins Zimmer, und diese Frau begann mit hasserfüllter Stimme auf meine Eltern einzureden. Meine Eltern versuchten etwas zu sagen, aber die Frau unterbrach sie immer wieder und wurde zunehmend schärfer und aggressiver. Ihre Stimme wurde immer lauter. Das meiste von dem, was sie sagte, verstand ich nicht, aber ich merkte, dass sie viele schlimme Wörter benutzte und sich sehr grob ausdrückte. Nie zuvor hatte ich jemanden in diesem Ton reden hören. Sie war wie eine Art Dämon. Ihre Schimpfkanonade schien Stunden zu dauern. Ich wusste nicht, wer sie war, und konnte mir nicht vorstellen, was meine Eltern getan haben mochten, damit sie sich so benahm. Endlich ging sie.

Danach legte sich eine dunkle Wolke auf unser Haus. Ich hatte meine Eltern noch nie so erschüttert erlebt. Beim Abendessen waren alle angespannt. Wir schmeckten nicht, was wir aßen. Ich hatte furchtbare Angst. Schließlich kletterte ich auf den Schoß meiner Mutter und schmiegte mein Gesicht an ihre Seite.

Meine Brüder und Schwestern gingen gleich nach dem Abendessen zu Bett. Ich blieb wie immer noch da, an meine Mutter gekuschelt, während meine Eltern noch am Tisch saßen und sich etwas beruhigten, und wartete darauf, dass mein Vater erklärte, nun müssten auch wir zu Bett gehen. Sie sprachen kaum ein Wort. Es wurde immer später, und mein Vater rührte sich nicht. Endlich schlief ich in den Armen meiner Mutter ein. Als ich am nächsten Morgen erwachte, lag ich mit ihnen und unserem Hund auf ihrem Futon.

Die grässliche Frau kam etwas später noch einmal. Diesmal brachte sie zwei Jungen mit. Sie ließ sie bei uns und ging wieder. Ich wusste nur, dass es ihre Söhne waren.

Der Ältere hieß Mamoru. Er war ein Flegel, und ich mochte ihn nicht sonderlich. Er war drei Jahre älter als ich, genauso alt wie einer meiner Brüder, mit dem er sich gut verstand. Der Jüngere hieß Masayuki. Er war nur zehn Monate älter als ich. Er war nett, und wir wurden Freunde.

Die Mutter der Jungen kam ungefähr einmal im Monat, um sie zu besuchen. Sie brachte ihren Söhnen Spielzeug und Süßigkeiten mit, aber nie etwas für uns, obwohl wir doch auch Kinder waren. Das erinnerte mich an den Spruch meines Vaters über den Samurai. Ich konnte den Anblick dieser Frau nicht ertragen. Ihre Augen strahlten Kälte und Habgier aus. Wenn sie kam, versteckte ich mich im Schrank und hielt mir die Ohren zu. Ich kam erst wieder heraus, wenn sie gegangen war.

3. Kapitel

Mein Vater plante einen Besuch bei Madame Oima und fragte mich, ob ich mitkommen wolle. Ich liebte die Ausflüge mit meinem Vater und so sagte ich Ja. Mein Vater versicherte mir, wir würden sie nur besuchen und könnten jederzeit wieder gehen, wenn ich das wollte.

Ich hatte noch immer Angst, über die Fußgängerbrücke vor unserem Haus zu gehen. Mein Vater musste mich hochheben und tragen. Wir gingen zur Bushaltestelle und stiegen in die Linie ein, die zum Bahnhof Sanjo Keihan fuhr.

Damals war meine Welt noch sehr klein. Es gab keine weiteren Häuser auf unserer Seite der Brücke, und ich hatte keine Spielkameraden. Also machte ich große Augen beim Anblick all der Wunder der großen Stadt, der vielen Häuser in den Straßen von Gion Kobu und all der Passanten. Es war aufregend und machte mir ein bisschen Angst. Als wir ankamen, war ich schon ziemlich nervös.

Die Okiya Iwasaki lag in der Shinbashi-Straße, drei Türen östlich der Hanamikoji-Straße, und war im typischen eleganten Architekturstil der Karyukais von Kioto gebaut. Sie war ein langes, schmales Gebäude mit Sprossenfenstern zur Straße hinaus. Ich fand, dass sie abweisend aussah.

Wir traten durch den *genkan* (Eingangsflur) ein und stiegen die Treppe hinauf zum Empfangszimmer.

Der Raum war voller Frauen, die alle bequeme Hauskimonos trugen. Ich hatte ein seltsames Gefühl. Doch Madame Oima bat uns mit einem breiten Lächeln herein. Sie begrüßte uns mit überschwänglicher Gastfreundschaft.

Tomiko erschien. Sie trug eine kunstvolle Frisur, mit der sie wie eine Braut aussah, wie ich erstaunt bemerkte.

Dann kam eine westlich gekleidete Frau ins Zimmer.

Mein Vater sagte: »Masako, das ist deine ältere Schwester.«

»Ich heiße Kuniko«, sagte sie.

Ich war sprachlos.

Und wer trat dann in den Raum? Niemand anderer als diese wirklich scheußliche Frau, die ich nicht ausstehen konnte, die Mutter der Jungen, die in unserem Haus lebten.

Ich zupfte am Ärmel von Vaters Kimono und sagte: »Ich will nach Hause.« All das war zu viel für mich.

Als wir nach draußen kamen, begannen die Tränen zu fließen, langsam und stetig. Ich hörte erst wieder zu weinen auf, als wir den Bahnhof Sanjo Keihan erreichten. Ich weiß, dass es dieser Bahnhof war, denn ich erinnere mich, die Grundschule mit ihren Türmchen auf dem Dach gesehen zu haben.

Wir stiegen in den Zug nach Hause, und ich verfiel wieder in mein übliches Schweigen. Mein Vater schien zu verstehen, was ich empfand. Er versuchte gar nicht erst, mit mir über das zu reden, was geschehen war, sondern legte mir nur tröstend den Arm um die Schultern.

In dem Augenblick, in dem wir nach Hause kamen und ich meine Mutter sah, brach ich in Tränen aus und stürzte mich aufgelöst in ihre Arme. Nach einer Weile stand ich von ihrem Schoß auf und zog mich in den Wandschrank zurück.

Meine Eltern ließen mich allein, und ich verbrachte die Nacht dort im Dunkeln.

Am nächsten Morgen kroch ich zwar wieder heraus, war aber noch immer sehr verstört von meinem Ausflug zur Okiya Iwasaki. Was ich von der Karyukai gesehen hatte, war so anders als alles, was ich kannte. Meine kleine Welt begann zu zerbrechen. Ich war verwirrt und verängstigt und verbrachte die meiste Zeit damit, mit um den Körper geschlungenen Armen ins Leere zu starren.

Ungefähr zwei Wochen später nahm ich meine Alltagsroutine wieder auf. Ich ging meinen täglichen Pflichten nach und begann wieder zu »arbeiten«. Als ich zu groß geworden war, um auf dem Schoß meines Vaters zu sitzen, hatte er eine Apfelsinenkiste genommen und daraus einen Schreibtisch für mich gebaut, den er neben den seinen stellte. Glücklich verbrachte ich viele geschäftige Stunden an seiner Seite.

Genau an diesem Tag hatte Madame Oima sich entschlossen, uns zu besuchen. Ihr bloßer Anblick versetzte mich in Panik und ich verschwand auf der Stelle im Schrank. Doch diesmal war es schlimmer. Ich hatte solche Angst, nach draußen zu gehen, dass ich noch nicht einmal unter dem Pfefferbaum auf der anderen Seite des Teichs spielen wollte. Ich klammerte mich ständig an meine Eltern und wich ihnen nicht von der Seite.

Doch Madame Oima kam immer wieder, um nach mir zu fragen.

Das ging ein paar Monate lang so weiter. Mein Vater machte sich meinetwegen Sorgen und versuchte, sich etwas auszudenken, um mich wieder in die normale Welt zu locken.

Er schmiedete einen Plan. Eines Tages sagte er zu mir: »Ich muss in der Stadt einen Kimono liefern. Hast du Lust, mich zu begleiten?« Er wusste, wie sehr ich Ausflüge mit ihm allein liebte. Ich hatte noch immer Angst vor dem, was geschehen könnte, doch trotz meines Argwohns sagte ich, ich käme mit.

Er brachte mich in ein Geschäft für Kimonostoffe in der Muromachi-Straße. Als wir eintraten, begrüßte der Besitzer meinen Vater mit großer Ehrerbietung. Mein Vater sagte zu mir, er habe etwas Geschäftliches zu besprechen, und bat mich, solange im Laden auf ihn zu warten.

Die Verkäufer unterhielten mich, indem sie mir die verschiedenen Dinge zeigten, die zum Verkauf standen. Ich war fasziniert von der Vielfalt und Pracht der Kimonos und Obis. Obwohl ich noch so klein war, konnte ich deutlich erkennen, dass die Kimonos meines Vaters die schönsten im Geschäft waren.

Ich konnte es gar nicht erwarten, meiner Mutter alles zu erzählen, was ich erlebt hatte, und als wir nach Hause kamen, hörte ich gar nicht mehr auf, über all die Kimonos zu reden, die ich gesehen hatte. Zu jedem Einzelnen gab ich langatmige Erklärungen ab. Meine Eltern hatten mich noch nie so lange an einem Stück sprechen hören und konnten sich gar nicht genug über all die Einzelheiten wundern, die ich behalten hatte. Und das ausgerechnet über Kimonos. Ich wollte meiner Mutter unbedingt klar machen, wie stolz ich war, dass die meisten Kimonos in dem Laden von meinem Vater stammten.

Mein Vater sagte: »Masako, es macht mich sehr glücklich, dass die Kimonos dir so gut gefallen haben. Es gibt etwas, das ich mit Madame Oima besprechen muss. Würdest du mitkommen, wenn ich sie besuche? Wenn wir hinkommen und es dir nicht gefällt, können wir auf der Stelle umkehren und wieder nach Hause fahren. Das verspreche ich dir.«

Beim Gedanken an einen Besuch überfiel mich eine unbestimmte Unruhe, aber ich leide bis heute unter dem fast krankhaften Zwang, alles besiegen zu müssen, was mir Angst macht. Ich glaube, dieser Charakterzug war mit drei Jahren schon recht ausgeprägt. Ich erklärte mich einverstanden, dorthin zu fahren.

Wir betraten das Haus durch einen altmodischen *genkan*, dessen Boden nicht aus Holz, sondern aus gestampfter Erde bestand. Er führte direkt in einen Tatami- oder Empfangsraum. An seinem hinteren Ende befand sich ein hübscher Wandschirm mit einem Blumenarrangement davor, der es nicht erlaubte, einen Blick in die inneren Räume des Hauses zu werfen. Rechts vom Eingang stand ein Schuhschrank, der bis zur Decke reichte, dahinter ein Wandschrank voller Schüsseln, Kohlenbecken, Stäbchen und anderem Geschirr. Es gab auch einen altmodischen hölzernen Eiskasten, der noch mit Eisblöcken gekühlt wurde.

Der Genkan führte zu einem Korridor, der die ganze Länge des Hauses einnahm. Auf der rechten Seite lag die Spülküche mit Kochherden und allem Zubehör. Links gingen die Zimmer des Hauses vom Gang ab.

Die Räume reihten sich hintereinander auf wie Abteile in einem Eisenbahnwaggon. Das erste Zimmer diente als Empfangsraum oder Salon. Dahinter kam das Speisezimmer, wo sich die Geikofamilie zusammenfand, um zu essen und sich auszuruhen. In einer Ecke stand ein rechteckiges Kohlenbecken, dort führte auch eine Treppe hinauf in den ersten Stock. Die Schiebetüren des Speiseraums standen offen und gaben den Blick frei auf ein offiziell wirkendes Wohnzimmer mit einem großen Altar. Außerhalb des Altarraums lag ein umfriedeter Garten.

Madame Oima bat uns ins Speisezimmer. Ich sah eine junge Maiko. Sie trug gewöhnliche Kleidung, und ihr Gesicht war ungeschminkt, aber man sah noch Spuren von weißer Schminke an ihrem Hals. Wir setzten uns Madame Oima gegenüber neben das rechteckige Kohlenbecken. Sie saß mit dem Rücken zum Garten, während wir als Besucher die schöne Aussicht hatten. Mein Vater verbeugte sich und bezeugte ihr seinen Respekt.

Madame Oima lächelte weiter mich an, während sie mit meinem Vater sprach. »Ich freue mich, Ihnen berichten zu können, dass Tomikos Unterricht gut verläuft. Sie scheint von Natur aus ein gutes Ohr zu haben und lernt, wunderbar auf dem *shamisen* zu spielen. Ihre Lehrerinnen und ich sind überaus erfreut über ihre Fortschritte.«

Aus dem Gang mit dem Lehmboden hörte ich ein Rascheln. Als ich den Kopf hinunterbeugte, um der Ursache auf die Spur zu kommen, sah ich, dass dort ein Hund lag.

»Wie heißt du?«, fragte ich ihn. Als Antwort erhielt ich nur ein Bellen.

»Oh«, sagte Madame Oima, »das ist John!«

»Big John wäre ein besserer Name für ihn«, erwiderte ich.

»Nun, ich denke, dann sollten wir ihn in Zukunft Big John nennen«, antwortete Madame Oima.

In diesem Augenblick erschien eine weitere Dame. Sie war schön, hatte aber einen gehässigen Gesichtsausdruck. Madame Oima nannte sie Masako, also genauso wie mich. Aber ich gab ihr im Stillen einen Spitznamen. Ich nannte sie Böse Alte. Madame Oima sagte zu meinem Vater, sie sei die Geiko, die Tomikos »ältere Schwester« sein würde.

»Ich finde den Namen John völlig in Ordnung«, sagte Masako in schnippischem Ton.

»Aber Fräulein Masako findet, dass Big John ein besserer Name ist«, erwiderte Madame Oima, »und wenn Fräulein Masako das findet, dann werden wir ihn in Zukunft so nennen. Hört alle zu. Von jetzt an will ich, dass ihr alle den Hund Big John nennt.«

Ich habe dieses Gespräch wörtlich in Erinnerung, weil Madame Oimas Macht mich so beeindruckte. Sie hatte die Macht, den Namen eines Hundes zu ändern, einfach so. Und alle mussten auf sie hören und tun, was sie sagte. Sogar Böse Alte.

Ich freundete mich sofort mit Big John an. Madame Oima sagte, Tomiko und ich könnten einen Spaziergang mit ihm machen. Tomiko erzählte mir, woher Big John gekommen war. Sie sagte, irgendein Hund habe eine unerlaubte Affäre mit einem Collie gehabt, der einem berühmten Hersteller von eingelegtem Gemüse in der Nachbarschaft gehöre, und Big John sei das Ergebnis.

Jemand hielt uns auf der Straße an.

»Wer ist dieses schöne kleine Mädchen? Ist sie eine Iwasaki?«, fragte die Frau.

»Nein, sie ist bloß meine kleine Schwester«, antwortete Tomiko.

Ein paar Minuten später sagte jemand anderer: »Was für eine entzückende Iwasaki!« Wieder antwortete meine Schwester: »Nein, sie ist bloß meine kleine Schwester.«

Das passierte immer wieder. Meine Schwester wurde sehr ärgerlich. Mich machte es verlegen, und so fragte ich Tomiko, ob wir zurückgehen könnten. Bevor sie zustimmen konnte, machte Big John auf eigene Faust kehrt und trottete nach Hause.

Big John war ein fabelhafter Hund. Er war außergewöhnlich intelligent und erreichte das ehrwürdige Alter von achtzehn Jahren. Ich hatte immer das Gefühl, er könne mich verstehen.

Als wir in die Okiya Iwasaki zurückkamen, sagte ich zu meinem Vater: »Es ist Zeit, nach Hause zu gehen. Ich mache mich auf den Weg.« Ich richtete ein höfliches »Auf Wiedersehen« an alle anderen und ging mit Big John zur Tür hinaus. Mein Vater verabschiedete sich angemessen und folgte mir.

Er nahm meine Hand, als wir zur Straßenbahnhaltestelle gingen. Ich hatte keine Ahnung, worüber er und Madame Oima gesprochen hatten, während Tomiko und ich unterwegs waren, aber ich spürte, dass mein Vater erregt und bestürzt war. Ich begann zu befürchten, dass irgendetwas ganz und gar nicht stimmte.

Kaum waren wir zu Hause, verschwand ich im Schrank. Ich hörte meine Eltern reden. Mein Vater sagte: »Weißt du, Chie, ich glaube, ich kann das einfach nicht. Ich glaube nicht, dass ich es ertragen kann, sie gehen zu lassen.« Meine Mutter antwortete: »Ich glaube, ich kann es auch nicht.«

Ich begann, noch mehr Zeit im Wandschrank zu verbringen, meiner stillen Zuflucht im geschäftigen Treiben des Familienlebens.

In diesem April bekam mein ältester Bruder Seiichiro eine Stellung bei der nationalen Eisenbahn. An dem Abend, an dem er seinen ersten Gehaltsscheck nach Hause brachte, gab es zur Feier des Tages Sukiyaki, und alle versammelten sich um den Tisch, um das Festmahl zu teilen. Mein Vater sorgte dafür, dass ich aus dem Schrank heraus und zum Abendessen kam.

Mein Vater hatte die Angewohnheit, jeden Abend, bevor wir aßen, eine kleine Rede zu halten. Er rief uns die wichtigen Ereignisse des Tages in Erinnerung und gratulierte uns zu unseren Leistungen, etwa zu einem Lob in der Schule oder zu einem Geburtstag.

Ich saß auf seinem Schoß, als er meinem Bruder zu seiner Unabhängigkeit gratulierte.

»Heute beginnt euer Bruder Seiichiro, zu den Kosten des Haushalts beizutragen. Er ist jetzt erwachsen. Ich hoffe, ihr übrigen Kinder nehmt euch ein Beispiel an ihm. Wenn ihr in der Lage seid, für euch selbst zu sorgen, möchte ich, dass ihr auch noch an andere Menschen außer euch selbst denkt und zu deren Wohlergehen und Wohlbefinden beitragt. Versteht ihr, was ich sage?«

Wir antworteten wie aus einem Munde: »Ja, wir verstehen. Herzlichen Glückwunsch, Seiichiro.«

Mein Vater sagte: »Sehr gut.« Dann begann er zu essen. Ich konnte das Sukiyaki von Vaters Schoß aus nicht erreichen und sagte: »Papa, was ist mit mir?« »Hoppla, beinah hätte ich Masako vergessen«, sagte er und fing an, mich aus dem Sukiyaki-Topf zu füttern.

Meine Eltern waren guter Laune. Ich kaute ein Stückchen Rindfleisch. Dann noch eins. Und ich dachte nach. Wie glücklich sie waren! Je mehr ich darüber nachdachte, desto stiller wurde ich und desto weniger wollte ich essen.

Ich begann zu überlegen. Wäre es besser, wenn ich in die Okiya Iwasaki ginge? Wie sollte ich das machen? Wie sollte ich dorthin kommen? Ich brauchte einen Plan.

Eine meiner liebsten Unternehmungen war der jährliche Ausflug, um die Kirschblüte zu bewundern. Also fragte ich meine Eltern: »Können wir uns die Kirschblüte ansehen? Und können wir dann die Okiya Iwasaki besuchen?« Es gab da keinen logischen Zusammenhang. Wir picknickten immer unter den Bäumen, die an den Kanalufern standen, buchstäblich nur wenige Schritte vor unserer eigenen Haustür. Aber ich wusste, dass die Kirschblüte vom anderen Ufer des Kanals aus nie wieder dieselbe sein würde.

Mein Vater erwiderte sofort: »Chie, lass uns die Kirschblüte anschauen.«

»Das ist eine gute Idee«, sagte meine Mutter. »Ich werde ein Picknick im Freien vorbereiten.«

»Aber wenn wir die Kirschblüte gesehen haben, dann können wir doch gleich danach die Okiya Iwasaki besuchen, ja?«

Sie wussten, wie hartnäckig ich war, wenn ich mir einmal etwas in den Kopf gesetzt hatte. Mein Vater versuchte mich abzulenken.

»Ich finde, wenn wir die Kirschblüte gesehen haben, könnten wir zum Miyako Odori gehen. Findest du nicht, dass das eine bessere Idee ist, Chie?«, fragte er meine Mutter.

Ich unterbrach sie, bevor sie antworten konnte.

»Wenn wir die Kirschblüte gesehen haben, gehe ich zur Okiya Iwasaki. Ich werde mir das Miyako Odori nicht ansehen!«

»Was redest du da, Masako?«, fragte mein Vater. »Warum willst du zur Okiya Iwasaki gehen, sag mir das.«

»Darum«, erklärte ich kategorisch. »Dann wird diese Dame aufhören, böse zu dir und Mama zu sein. Am liebsten würde ich sofort hingehen.«

»Moment, Masako. Die Sache zwischen dieser Dame, Madame Oima, und uns hat nichts mit dir zu tun. Du bist noch zu klein, um zu verstehen, was da vorgeht, aber wir sind Madame Oima ungeheuren Dank schuldig. Und deine Schwester Tomiko ist in die Okiya Iwasaki gegangen, um unsere Ehre zu wahren. Du brauchst dir darüber keine Sorgen zu machen. Das ist eine Sache, die wir Erwachsenen unter uns ausmachen müssen.«

Mein Vater willigte schließlich ein, mich eine Nacht in der Okiya Iwasaki verbringen zu lassen. Ich wollte meine Lieblingsdecke und mein Kissen mitnehmen. Meine Mutter suchte sie zusammen und packte. Ich saß auf der Stufe vor der Eingangstür und starrte die Brücke an.

Es war Zeit zu gehen. Meine Mutter kam nach draußen, um uns zu verabschieden. Als wir die Brücke erreichten, bückte sich mein Vater, um mich wie immer hochzuheben und zu tragen, aber ich sagte: »Nein, ich werde allein gehen.«

Ich war noch nie allein über die Brücke gegangen. Ich hatte zu viel Angst.

Unter der Brücke verläuft ein Kanal. Und in diesem Kanal ist kaltes, klares Wasser, das aus dem Biwa-See im Norden kommt. Es fließt durch den Kanal bis zum Aquädukt von Nanzenji. Von dort aus strömt es meilenweit an den Kirschbäumen, die die Ufer säumen, dem Zoo und dem Heian-Schrein vorbei, die Cold Spring Avenue entlang und schließlich in den Fluss Kamogawa, der es in Richtung Osaka und bis ins offene Meer mitnimmt.

Ich werde nie vergessen, wie ich zum ersten Mal allein über die Brücke ging. Der Kontrast zwischen dem weißen Beton, dem roten Kleid, das meine Mutter mir selbst gestrickt hatte, und meinen roten Turnschuhen ist in mein Gedächtnis eingebrannt.

4. Kapitel

Wir kamen am frühen Nachmittag an. Mein Vater ging bald darauf, und ich saß im Salon, sagte kein einziges Wort, sondern schaute und beobachtete nur. Die vielen Eindrücke bannten mich. Ich blickte mich um, bis ich den Wandschrank gefunden hatte; nun hatte ich einen Zufluchtsort, an den ich mich notfalls flüchten konnte. Doch ansonsten saß ich nur still da und beobachtete alles ringsum. Ich antwortete höflich, wenn mich jemand etwas fragte, aber ich sagte immer nur, ich fühle mich da, wo ich sei, sehr wohl.

Am späten Nachmittag nahm Madame Oima mich bei der Hand, und wir gingen zu einem anderen Haus. Wir öffneten die Haustür und traten ein. Madame Oima verbeugte sich tief vor einer Dame, die ich noch nie gesehen hatte. Madame Oima stellte sie als Madame Sakaguchi vor und sagte, ich solle sie Mutter nennen. Dann lachte sie und sagte, Mutter Sakaguchi sei ihre Chefin.

Die Frau war sehr freundlich, und wir verstanden uns auf Anhieb.

Nachdem wir von unserem Besuch in der Okiya Sakaguchi zurückgekehrt waren, war es Zeit für das Abendessen. Das wurde anders serviert als bei uns zu Hause.

Statt um einen Tisch zu sitzen, aßen alle von eigenen Tabletts, die U-förmig rings um das rechteckige Kohlenbecken arrangiert waren. Ich nahm an, dass ich als Gast neben Madame Oima sitzen würde und ging, um meinen Platz einzunehmen. Doch im selben Augenblick betrat Böse Alte das Zimmer und wollte sich ebenfalls dorthin setzen.

Ich sagte: »Das ist mein Platz.«

Böse Alte wollte schon protestieren, doch da sagte Madame Oima mit breitem Lächeln: »Ja, Kind, du hast Recht. Setz dich hin.«

Ich setzte mich neben das Kohlenbecken.

Böse Alte ließ sich beleidigt neben mir nieder, nahm ihre Stäbchen und begann zu essen, ohne das übliche *»itadakimasu«* zu sagen. Itadakimasu bedeutet: »Ich empfange diese Speisen mit demütiger Dankbarkeit«, und erkennt die Anstrengungen der Bauern und anderer Erzeuger an, Nahrung auf den Tisch zu bringen. Madame Oima war das Oberhaupt des Haushalts, und deshalb durfte eigentlich niemand etwas essen, bevor sie diesen Satz gesagt und ihre Stäbchen zur Hand genommen hatte. Ich tadelte Böse Alte für diesen unerhörten Verstoß gegen die Etikette.

»Es ist ungezogen zu essen, bevor Madame Oima Itadakimasu gesagt und den ersten Bissen genommen hat. Sie haben sehr schlechte Manieren.«

Madame Oima warf ein: »Hör dir an, was sie sagt. Sie kann dich viel lehren.« Dann wandte sie sich an die übrigen Frauen, die um das lange Kohlenbecken herumsaßen, und sagte: »Bitte, keine von euch soll Fräulein Masako ansprechen, wenn sie euch nicht zuerst anspricht.« Ich konnte kaum glauben, dass Madame Oima mich über all diese eleganten Erwachsenen stellte.

Aber Böse Alte konnte sich damit nicht abfinden, und

in lautem Flüsterton, damit ich sie auch nur ja hörte, zischte sie: »Na, sind wir nicht eine kleine Prinzessin?«

Das machte mich betroffen, und deshalb sagte ich: »Ich kann das nicht essen.«

Madame Oima fragte: »Warum? Was ist damit nicht in Ordnung?«

»Ich kann nicht essen, wenn ich neben dieser bösen alten Dame sitze.«

Schweigend stand ich auf, suchte Big John und machte mit ihm einen Spaziergang.

Als ich zurückkam, fragte mich meine ältere Schwester Kuniko, ob ich nicht einen schönen Reisball essen oder ein Bad nehmen wolle.

»Ich esse keine Reisbälle von jemand anderem als Mama, und ich bade mit keinem außer Papa«, antwortete ich. Dann verfiel ich in Schweigen. Den restlichen Abend sagte ich kein Wort mehr.

Meine Schwester Kuniko brachte mich zu Bett. Sie wickelte mich in meine Lieblingsdecke, die türkisfarben war und ein Blumenmuster hatte, und legte mich neben sich auf ihren Futon. Ich konnte noch immer nicht einschlafen, ohne zu saugen, deshalb ließ sie mich an ihrer Brust nuckeln, bis ich wegdämmerte.

Am nächsten Morgen kam mein Vater mich abholen. In der Okiya gilt ein ungeschriebenes Gesetz, dass Besucher nicht vor zehn Uhr morgens eingelassen werden. Aber mein Vater erschien sehr früh, nämlich um halb sieben.

Ich war selig, ihn zu sehen. Ich sagte: »Auf Wiedersc hen, bis demnächst«, und schon war ich aus der Tür. Madame Oima rief mir nach: »Bitte, komm recht bald wieder.«

»Ja«, rief ich zurück.

Ich nahm mir selbst übel, dass ich das gesagt hatte,

denn das war eigentlich nicht, was ich hatte sagen wollen. Es war eigentlich das genaue Gegenteil. Ich hatte eigentlich sagen wollen, dass ich niemals wiederkommen würde, aber ich brachte die Worte einfach nicht heraus.

Als ich nach Hause kam, war meine Mutter so glücklich, mich zu sehen, dass ich glaubte, sie würde in Tränen ausbrechen. Aber ich wartete nicht einmal, bis sie mich umarmt hatte. Ich eilte sofort in die Sicherheit des Wandschranks.

Meine Mutter lockte mich mit meiner Lieblingsspeise, *onigiri*, aus dem Dunkel. Das ist ein Art Reissandwich mit Algen außen und einer würzigen Füllung innen. Man nimmt dazu gern eingelegte Pflaumen oder Lachsstückchen, aber ich mochte am liebsten Flocken von getrocknetem Blaufisch. Und genau diese Art Onigiri hatte meine Mutter an diesem Tag für mich zubereitet.

Sie waren köstlich.

(Getrockneter Blaufisch ist in der japanischen Küche ein Grundnahrungsmittel. Die Flocken verwendet man als Basis für Suppen und als Gewürz für andere Gerichte.)

So begann mein allmählicher Umzug in die Okiya Iwasaki. Er fing mit dieser einen Nacht an. Ein bisschen später verbrachte ich zwei Nächte dort. Und dann dauerten meine Besuche mehrere Tage. Aus den Tagen wurde ein Monat. Und schließlich, einige Monate nach meinem fünften Geburtstag, zog ich für immer ein.

5. Kapitel

Es ist schwer, in heutigen Begriffen die hohe Stellung, ja fast die Unantastbarkeit der Okiya-Besitzerin und ihrer Nachfolgerin in der Hierarchie von Gion Kobu zu erklären. Die Okiya-Besitzerin ist die Königin des Reiches, die Atotori ist die rechtmäßige Erbin, und die anderen Mitglieder der Okiya sind wie der Hofstaat, der ohne Einwände oder Fragen die Befehle der regierenden Königin zu befolgen hat. Die zukünftige Königin wird mit der gleichen Ehrerbietung behandelt.

Obwohl es noch nicht offiziell war, benahm sich Madame Oima von Anfang an, als sei ich ihre Atotori. Alle mussten mich entsprechend behandeln. Wer zur Okiya gehörte, musste mich bedienen und alle meine Wünsche erfüllen. Sie benutzten respektvolle Anreden, wenn sie mit mir sprachen, durften nicht reden, wenn ich sie nicht vorher angesprochen hatte, und mussten im Grunde meinen Befehlen gehorchen. Ich nehme an, dass einige von ihnen eifersüchtig auf mich waren, aber es lag so sehr in jedermanns Interesse, Madame Oima zu gefallen, dass ich nie irgendwelche negativen Reaktionen auf meine Ankunft bemerkte. Mir erschien all das vollkommen natürlich.

Madame Oima bat mich, sie Tantchen zu nennen, was ich gerne tat. Ich saß weiterhin bei allen Mahlzeiten auf dem Ehrenplatz neben Tantchen Oima, bekam immer die besten Bissen von jeder Speise, die serviert wurde, und wurde stets als Erste bedient.

Kurz nach meinem Einzug erschienen Schneider, um meine Maße zu nehmen. Wenige Tage später hatte ich eine neue Garderobe, Mäntel und Kleider in westlichem Stil und japanische Kimonos und Obis. Ich trug nichts, das nicht maßgefertigt war, bis ich erwachsen wurde. In unserem Viertel trug ich Kimonos, aber oft zog ich auch Kleider an, um ins Kabuki-Theater, zu den Sumo-Ringern oder in den Vergnügungspark zu gehen.

Tantchen Oima spielte stundenlang mit mir und dachte sich unablässig Dinge aus, um mich zu unterhalten. Sie ließ mich die Kimonos der Geikos anschauen, wann immer ich wollte. Wenn meine Hände ganz sauber waren, durfte ich die reiche Stickerei berühren und die Muster von Herbstszenen und rollenden Wellen mit den Fingern nachziehen.

Sie stellte im Genkan einen Schreibtisch für mich auf, damit ich arbeiten konnte. Dort zeichnete ich meine Bilder und übte das Briefeschreiben, genau, wie ich es bei meinem Vater getan hatte.

Aus einem steinernen Becken im Garten machten wir ein Bassin für Goldfische. Das war ein ziemlich aufwendiges Unterfangen, das wir in allen Einzelheiten gemeinsam planten. Wir fanden wunderbare Felssteine und Wasserlinsen, damit die Fische einen Platz hatten, wo sie sich verstecken konnten. Wir kauften farbige Kieselsteine, eine kunstvolle Brücke und die Skulptur eines Reihers, um eine märchenhafte Umgebung für meine Tiere zu schaffen.

Eines Tages waren Tantchen Oima und ich draußen im Garten und säuberten das Fischbassin, was eine meiner

Lieblingsbeschäftigungen war, weil ich dabei mit niemandem sonst sprechen musste. Ich wollte es jeden Tag reinigen, aber sie ließ mich nicht. Die Fische könnten in dem Wasser nicht leben, wenn es zu klar sei, erklärte sie mir. Wir mussten es stehen lassen, damit die Algen Zeit hatten zu wachsen.

Eines Tages stellte ich ihr eine Frage, die mich beschäftigte.

»Tantchen, du sorgst dafür, dass nicht viele Leute mit mir sprechen. Nur du und Böse Alte. Aber was ist mit dieser Dame Yaeko? Wie kommt es, dass sie auch mit mir redet? Und warum leben ihre Söhne bei uns zu Hause?«

»Ach, Mine-chan, ich dachte, das wüsstest du. Yaeko ist die erste Tochter deiner Eltern. Sie ist deine älteste Schwester. Deine Mutter und dein Vater sind die Großeltern der Jungen.«

Ich hatte das Gefühl, in Ohnmacht fallen oder mich übergeben zu müssen, und schrie sie an: »Das ist nicht wahr! Du bist eine Lügnerin!« Ich war wirklich fassungslos. »Ein alter Mensch wie du sollte nicht lügen. Denn du wirst bald zum *Enma* (dem König der Hölle) eingehen, und er wird dir die Zunge ausreißen, weil du nicht die Wahrheit gesagt hast!« Ich brach in Tränen aus.

Tantchen Oima sagte so ruhig und freundlich, wie sie konnte: »Es tut mir Leid, mein Kind, aber ich fürchte, es stimmt. Mir war nicht klar, dass es dir niemand gesagt hat.«

Ich hatte mir schon gedacht, es müsse einen Grund dafür geben, dass Yaeko immer wieder in meiner Welt auftauchte, aber dies war schlimmer, als ich befürchtet hatte. Wenn Yaeko meine Schwester war, dann waren diese Jungen meine Neffen!

»Du brauchst dir ihretwegen keine Sorgen zu machen«,

tröstete mich Tantchen Oima. »Ich werde dich beschützen!«

Ich wollte ihr gern glauben, aber trotzdem bekam ich stets ein flaues Gefühl im Magen, wenn Yaeko in der Nähe war.

Gleich nach meiner Ankunft blieb ich ständig an Tantchen Oimas Seite. Nach ein paar Wochen, als ich mich heimischer fühlte, fing ich an, meine neue Umgebung zu erforschen. Ich beschloss, den Schrank im Esszimmer, der unter der Treppe lag, zu meinem Versteck zu machen. Dies war der Schrank, in dem Kuniko ihr Bettzeug aufbewahrte. Ich atmete ihren Duft ein, wann immer ich mich zwischen die Decken kuschelte. Sie roch wie meine Mutter.

Ich wagte mich schließlich die Treppe hinauf. Dort fand ich einen Wandschrank, der mir ebenfalls gefiel, und ich nahm mir vor, ihn als Alternative zu benutzen. Im ersten Stock gab es vier große Schlafzimmer und eine Menge Toilettentische mit Behältern für Schminke für die Maikos und Geikos. Nicht besonders interessant.

Als Nächstes erforschte ich das Gästehaus. Das war eine großartige Entdeckung. Der Hauptraum des Gästehauses war das »beste« Zimmer der Okiya, reserviert für wichtige Besucher. Er war luftig, groß und tadellos sauber. Ich war die einzige Person des Haushalts, die sich dort aufhalten durfte. In einem gewissen Sinne war ich der einzige im Haus lebende Mensch, der ein »Gast« war.

Hinter dem Gästehaus lag ein formeller Garten, genauso groß wie der zentrale Garten vor dem Altarraum. Ich saß stundenlang auf der Veranda, hypnotisiert von der ruhigen Schönheit von Steinen und Moos.

Das Badehaus lag auf der anderen Seite des Gartens. Es enthielt eine große, moderne Badewanne aus duftendem *hinoki*-Holz (weiße Zeder). Tantchen Oima oder Kuniko badeten mich jeden Abend. Ich erinnere mich noch an den Duft des Gartens, der aus dem hoch in der Wand gelegenen Fenster in das dampfende Badehaus strömte.

In den meisten Nächten schlief ich bei Tantchen Oima im Altarraum. Sie ließ mich an ihrer Brust nuckeln, bis ich einschlief. Manchmal, wenn die Nacht besonders warm war oder der Mond besonders hell schien, schliefen wir auch im Gästehaus.

Gelegentlich verbrachte ich die Nacht auch bei Kuniko im Speiseraum. In traditionellen japanischen Häusern werden die sparsam möblierten Tatami-Räume für unterschiedliche Zwecke benutzt. Wohnräume dienen oft auch als Schlafzimmer. Kuniko machte eine Lehre als Haushälterin und hatte daher die wichtige Aufgabe, über Küche und Herd, das Herz des Hauses, zu wachen. Und so pflegte sie abends einfach die niedrigen Tische aus dem Weg zu schieben und ihren Futon auf die Tatamis zu legen. Kuniko war einundzwanzig, als ich in die Okiya zog. Ich fühlte mich am sichersten, wenn ich mich an ihre rundliche Wärme schmiegte. Sie liebte Kinder über alles und kümmerte sich um mich, als sei ich ihr eigenes Kind.

Ich wachte, wie zu Hause bei meinem Vater, weiterhin um sechs Uhr morgens auf. Alle in der Okiya mussten nachts lange aufbleiben, sodass um diese Zeit noch niemand wach war, nicht einmal die Dienstmädchen. Meistens blieb ich zusammengerollt auf meinem Futon liegen und las eines der Bilderbücher, die mein Vater mir gebracht hatte. Manchmal schlüpfte ich aber auch in meine Pantoffeln und wanderte umher.

So fand ich heraus, wo alle schliefen.

Die beiden Dienstmädchen schoben den Wandschirm zurück und schliefen auf den Tatamis im Genkan. Alle anderen schliefen im oberen Stockwerk. Böse Alte hatte eines der mittleren Zimmer ganz für sich allein. Kuniko erklärte mir, das sei so, weil sie eine Iwasaki sei. Die anderen Geikos und Maikos schliefen zusammen in dem großen Vorderzimmer. Dort war auch Tomiko. Ich erinnere mich, dass später Ichifumi, Fumimaru und Yaemaru ebenfalls dort schliefen. Es gab noch ein weiteres geräumiges Zimmer, aber darin schlief niemand. Alle benutzten es zum Ankleiden.

Eine der Frauen schlief nicht in der Okiya, obwohl es mir schien, als sei sie ständig da. Sie hieß Taji. Alle nannten sie Aba, »Kleine Mutter«. Sie kümmerte sich um die Mahlzeiten, die Kleider, das Einkaufen und Putzen. Aba war mit Tantchen Oimas Bruder verheiratet und wohnte anderswo.

Ich versuchte, mir die Hierarchie des Haushalts klar zu machen. Sie unterschied sich sehr von der in meiner eigenen Familie. Mein Vater kochte, meine Mutter ruhte sich aus, meine Eltern behandelten uns alle gleich. Ich dachte also, in einer Familie seien alle gleichgestellt. Doch das war hier anders.

Es gab zwei Gruppen. Tantchen Oima, Böse Alte, die Geikos und Maikos und ich waren in der ersten. Aba, Kuniko, die Lehrlinge und die Dienstmädchen waren in der anderen. Die erste Gruppe hatte mehr Macht und mehr Privilegien als die zweite. Das verstörte mich, weil Kuniko, die ich liebte, nicht in meiner Gruppe war, andere, die ich nicht mochte, wie etwa Yaeko, dagegen schon.

Die »zweite« Gruppe trug andere Kleider, benutzte andere Toiletten und wartete mit dem Essen, bis die erste Gruppe fertig war. Sie aßen andere Speisen als wir und mussten am Rand des Speisezimmers in der Nähe der Küche sitzen. Und sie waren diejenigen, die ich wirklich die ganze Zeit arbeiten sah.

Eines Tages entdeckte ich auf Kunikos Teller einen ganzen gegrillten Fisch. Er hatte noch Kopf und Schwanz und sah köstlich aus. Ich hatte so etwas noch nie gesehen. Sogar als ich noch bei meinen Eltern wohnte, aßen wir nur filetierten Fisch (ein Relikt der aristokratischen Erziehung meines Vaters).

»Aba, was ist das?«

»Man nennt es getrocknete Sardine.«

»Kann ich etwas davon haben?«

»Nein, meine Liebe, Sardinen sind nichts für dich. Sie würden dir nicht schmecken.«

Sardinen galten als Bauernessen, und mir wurden nur die besten Fischsorten serviert: Seezunge, Steinbutt, Seeaal. Aber ein Fisch mit Kopf und Schwanz! Das kam mir außergewöhnlich vor.

»Ich möchte essen, was Kuniko isst!« Ich war sonst nicht mäkelig, aber dies war etwas anderes.

»Dieses Essen schickt sich nicht für eine Atotori«, sagte Aba.

»Das ist mir egal, ich will es haben. Ich will essen, was die anderen auch essen, und ich will, dass wir alle zusammen essen.«

Daraufhin kam ein Tisch ins Speisezimmer, und von da an nahmen wir unsere Mahlzeiten alle gemeinsam ein, genau wie wir es bei mir zu Hause getan hatten.

Eines Tages verkündete Tantchen Oima, sie würde meinen Namen ändern und mich Mineko nennen. Ich war entsetzt. Ich wusste, dass sie die Macht hatte, das bei einem Hund zu tun, aber ich hätte nie gedacht, dass sie es auch mit mir machen könnte. Mein Vater hatte mir den Namen Masako gegeben, und ich war überzeugt, niemand anderer habe das Recht, ihn zu ändern. Ich sagte ihr, das könne sie nicht machen.

Geduldig erklärte sie mir, Böse Alte hieße ebenfalls Masako, und das würde zu Verwechslungen führen. Ich weigerte mich trotzdem. Doch sie wollte nichts davon hören.

Tantchen Oima nannte mich Mineko, und sie bestand darauf, dass alle anderen das ebenfalls taten. Ich reagierte nicht darauf. Wenn mich jemand mit Mineko anredete, ignorierte ich ihn oder machte auf dem Absatz kehrt und stürmte in den Wandschrank. Ich war fest entschlossen, nicht nachzugeben.

Schließlich schickte Tantchen Oima nach meinem Vater. Er sollte helfen, die Sache zu klären. Er redete mir gut zu. »Ich nehme dich mit nach Hause, wenn es das ist, was du willst, Masako. Du brauchst das nicht hinzunehmen. Wenn du hier bleiben willst, kannst du immer so tun, als würden sie Masako sagen, wenn sie dich Mineko nennen. Aber ich schätze, das wird dir nicht sonderlich gefallen. Also solltest du vielleicht besser mit mir nach Hause kommen.«

Während er versuchte, mir gut zuzureden, mischte sich Böse Alte ein. »Ich habe bestimmt nicht den Wunsch, dich zu adoptieren, da kannst du beruhigt sein. Aber wenn Tantchen Oima dich zu ihrer Nachfolgerin macht, habe ich keine Wahl.«

»Was meint sie damit, Papa? Wann bin ich adoptiert worden? Ich gehöre doch nicht zu ihnen, oder? Gehöre ich nicht mehr zu dir?« Ich hatte nicht begriffen, dass ich, um die Atotori zu werden, adoptiert werden musste.

»Natürlich gehörst du zu mir, Masako. Du bist noch immer mein kleines Mädchen. Dein Nachname lautet noch immer Tanaka, nicht Iwasaki.« Er versuchte mich zu trösten und wandte sich dann an Tantchen Oima.

»Wissen Sie, ich glaube, es wäre besser, wenn ich sie für ein Weilchen nach Hause mitnehme.«

Tantchen Oima wurde hektisch. »Warten Sie einen Moment, Herr Tanaka! Bitte, gehen Sie nicht! Ich flehe

Sie an! Sie wissen, wie sehr ich sie liebe. Bitte, bringen Sie sie nicht weg! Sie bedeutet mir so viel. Denken Sie nur, was Sie da tun. Und versuchen Sie, Masako die Bedeutung der Situation zu erklären. Ich bin sicher, sie wird auf Sie hören. Bitte, Herr Tanaka. Bitte!«

Mein Vater blieb standhaft. »Es tut mir Leid, Tantchen Oima. Sie ist ein Kind, das seine eigenen Entscheidungen trifft. Ich werde sie nicht zwingen, etwas zu tun, was sie nicht will. Ich weiß, dies ist eine große Chance, aber meine Aufgabe ist es, dafür zu sorgen, dass sie glücklich ist. Vielleicht sollten wir nichts überstürzen. Lassen Sie mich noch einmal über alles nachdenken.«

Dies war das einzige Mal, dass ich in meinem Entschluss wankend wurde. Doch kaum hatte ich seine Worte gehört, als mich auch schon Schuldgefühle überkamen. »O nein, nun mache ich das schon wieder«, dachte ich. »Ich bin ein selbstsüchtiges Baby. Die Schwierigkeiten fangen wieder von vorn an, und alles wird meine Schuld sein.«

Mein Vater stand auf und wollte gehen.

»Sei mir nicht böse, Papa, ich habe es nicht so gemeint. Es ist in Ordnung. Sie können mich Mineko nennen. Wirklich. Es macht mir nichts aus. Ich will bleiben, wo ich bin.«

»Das brauchst du nicht zu sagen, Masako. Lass uns nach Hause gehen.«

»Nein, ich bleibe hier.«

Am Anfang, als ich in die Okiya zog, war mir nicht klar, ob Tantchen Oima mich wie die meisten anderen Frauen im Haus zu einer Geiko machen würde oder nicht. Ich wusste, dass Tantchen Oima mich als ihre Atotori wollte, aber eine Atotori war noch keine Geiko, sodass die Stellung dies nicht unbedingt zu erfordern schien.

Sie sprach oft mit mir über das Tanzen. Inzwischen

begriff ich, dass alle Geikos, die Tänzerinnen waren, ihre Karriere als Maikos begannen. Und Tantchen Oima erzählte mir dauernd Geschichten über legendäre Maikos der Vergangenheit. Ich war nicht sonderlich daran interessiert, eine Maiko zu werden, aber tanzen wollte ich wirklich, nicht, um vor anderen anzugeben, sondern nur, weil es mir so viel Spaß machte. Ich wollte für mich selbst tanzen.

Tantchen Oima versprach mir, ich könne am 6.6.6 anfangen, Tanzunterricht zu nehmen: am 6. Juni nach meinem fünften Geburtstag (der nach dem alten System, bei dem das Geburtsjahr als erstes betrachtet wird, als sechster gilt). Sechs – sechs – sechs. In meiner Phantasie wurde dieser Tag zu einem magischen Datum.

Als mein erster Unterrichtstag näher rückte, sagte Tantchen Oima mir, wir müssten darüber entscheiden, wer meine »ältere Schwester« sein solle.

Die weibliche Gesellschaft von Gion Kobu richtet sich nach Verwandtschaften, die nur dem Namen nach bestehen. Der Vorrang wird durch den Status bestimmt. So werden die Eigentümerinnen von Okiyas und Ochayas ungeachtet ihres Alters als Mütter oder Tanten bezeichnet, während die Maikos und Geikos von allen, die ihren aktiven Dienst nach ihnen beginnen, ältere Schwester genannt werden. Außerdem erhält jede Maiko und jede Geiko eine ältere Vertraute, eine Art Patin, die als ihre spezielle *onesan* oder ältere Schwester gilt.

Die ältere Geiko ist für die jüngere Vorbild und Mentorin. Sie überwacht ihre künstlerischen Fortschritte und vermittelt bei allen Konflikten, die zwischen der Novizin und ihren Lehrerinnen oder Kolleginnen entstehen. Sie hilft ihrer jüngeren Schwester, sich auf ihr Debüt vorzubereiten, und begleitet sie bei ihren ersten beruflichen Engagements. Die Onesan geleitet die jüngere Frau durch die komplizierte Etikette der Bankettsäle und stellt sie wichtigen Kunden und anderen Leuten vor, die ihre Karriere fördern können.

Eines Tages belauschte ich Tantchen Oima, Mutter Sakaguchi und Böse Alte, als sie über meine Onesan sprachen. Mutter Sakaguchi erwähnte Satoharu.

Wenn sie es doch nur sein könnte!

Satoharu war eine berühmte Geiko aus der Okiya Tamaki, einer der »Schwestern« der Sakaguchi-Familie. Sie war eine gertenschlanke, grazile Schönheit und sehr nett und lieb zu mir. Ich erinnere mich noch an ihre exquisiten Tänze in *Chikubushima* und *Ogurikyokubamonogatari*. Genauso wie sie wollte ich sein.

Dann erwähnte Böse Alte die von mir gefürchtete Yaeko. »Aber wäre Yaeko nicht die nächstliegende Wahl? Sie ist tatsächlich Minekos ältere Schwester und gehört zu unserer eigenen Okiya. Wir hatten in der Vergangenheit zwar einige Probleme mit ihr, aber ich denke, es würde gut gehen.« Mir sank das Herz.

Mutter Sakaguchi war anderer Meinung. »Ich glaube, Yaekos Nachteile überwiegen ihre Vorzüge«, sagte sie. »Warum sollte man Mineko mit Yaekos Versagen und ihrer Scheidung belasten? Unser kleines Mädchen verdient Besseres. Außerdem können die anderen Geikos Yaeko nicht leiden. Sie könnte Mineko am Ende mehr schaden als nützen. Was ist gegen Satoharu einzuwenden? Ich denke, sie wäre eine ausgezeichnete Wahl.«

Wie überall in der japanischen Gesellschaft sind persönliche Beziehungen oft der Schlüssel zum Erfolg, und Mutter Sakaguchi wollte für mich eine Verbindung mit einer Geiko, die meinen Status innerhalb der Gemeinschaft erhöhen würde.

Bitte, hört alle auf sie!, betete ich in der Sicherheit des Wandschranks.

Aber Böse Alte gab nicht nach. »Ich fürchte, das wird nicht möglich sein«, sagte sie. »Ich glaube nicht, dass ich so eng mit Satoharu zusammenarbeiten könnte. Ich finde sie hochnäsig und schwierig. Ich meine, wir wären mit Yaeko besser dran.«

Madame Sakaguchi versuchte auf sie einzuwirken, aber Böse Alte hatte ihre Entscheidung getroffen.

Ich habe mich oft gefragt, warum Masako die mit einem Makel behaftete Yaeko der glanzvollen Satoharu vorzog. Es muss etwas mit Macht zu tun gehabt haben. Ich glaube, sie war der Meinung, Yaeko würde ihr auf eine Weise gehorchen, wie es Satoharu niemals getan hätte.

Und so wurde zu meiner großen Enttäuschung beschlossen, dass Yaeko meine »ältere Schwester« werden würde. Anscheinend konnte ich nichts tun, um ihr zu entkommen.

Meine Mutter und mein Vater besuchten mich oft. Mein Vater brachte mir Bilderbücher und meine Lieblingsspeisen mit, meine Mutter einen selbst gestrickten Pullover oder ein Kleid. Aber ich begann ihre Besuche zu fürchten, weil ihre Anwesenheit im Haus bei Yaeko immer Wutanfälle auslöste. Für mich war das erschreckend und ließ all meine Bemühungen, meine Eltern zu beschützen, nutzlos erscheinen.

Ich war fünf Jahre alt und noch immer in magischem Denken verhaftet. Ich war der festen Überzeugung, ich sei die Einzige, die meine Eltern vor dieser Verrückten schützen könne. Ich fing an, sie zu ignorieren, wenn sie zu Besuch kamen, und hoffte, sie dadurch fern zu halten. Wenn ich heute als Mutter darauf zurückblicke, kann ich mir vorstellen, wie qualvoll meine Zurückweisung für sie gewesen sein muss.

Langsam fand ich in der Okiya Iwasaki und auf den

Straßen von Gion Kobu meinen Platz. In der Nachkriegszeit gab es in der Nachbarschaft viele Kinder, und ich schloss erste Freundschaften. Alle Erwachsenen im Viertel wussten, wer ich war und was ich werden würde, und sie überschütteten mich mit Leckerbissen und Aufmerksamkeit. Ich fing an, mich unter dem Schutz des Namens Iwasaki sehr sicher und behütet zu fühlen. Ich begann, eine von ihnen zu werden.

6. Kapitel

Tantchen Oima war eine große Geschichtenerzählerin.

Ich verbrachte viele kalte Winterabende mit ihr, behaglich am Kohlenbecken hockend, wo wir Nüsse rösteten und Tee tranken. An Sommerabenden vertrieben wir uns die Zeit, indem wir uns draußen auf Gartenstühlen Luft zufächelten.

Sie erzählte mir, wie Gion Kobu entstanden war.

»In alten Zeiten gab es ein Amüsierviertel in der Nähe des Kaiserpalastes, in der Imadegawa-Straße beim Fluss. Man nannte es ›Weidenwelt‹. Im späten 16. Jahrhundert einte ein mächtiger General das Land. Er hieß Hideyoshi Toyotomi. Hideyoshi war sehr streng und wollte, dass die Menschen hart arbeiteten. Er sorgte dafür, dass die ›Weidenwelt‹ aus der Nähe des Palastes und aus der Stadt selbst verschwand.«

»Wohin verlegte er sie?«

»Nach Süden, in die Stadt Fushimi. Doch die Menschen haben von Natur aus den Wunsch, sich zu amüsieren, und so entstand als Ersatz für die ›Weidenwelt‹ ein neues Stadtviertel. Und nun rate mal, wo das war.«

»Hier?«

»Ganz recht! Seit tausenden von Jahren kommen Pilger zum Yasaka-Schrein, um im Frühling die legendäre Kirschblüte und im Herbst die bunten Ahornblätter zu sehen. Im 17. Jahrhundert wurden in der Nähe des Schreins *mizukakejaya* genannte Schenken eröffnet, wo sich die Besucher erfrischen konnten. Daraus wurden die heutigen Ochayas, und ringsumher entstand Gion Kobu.«

Der Yasaka-Schrein befindet sich am Fuße der Higashiyama-Berge, der Gebirgskette am östlichen Rand von Kioto. Gion Kobu liegt im Westen des Schreins und umfasst ungefähr eineinhalb Quadratkilometer. Der Bezirk ist von einem rechtwinkligen Gitternetz sauberer Gassen durchzogen. Hanamikoji (der Weg, von dem aus man die Kirschblüte besichtigt) verläuft von Norden nach Süden durch die Mitte des Viertels, und die Shinmonzen-Straße teilt ihn in Osten und Westen. Ein alter Kanal, der klares Wasser aus den östlichen Bergen führt, schlängelt sich diagonal durch das Viertel. Die Shinbashi-Straße, in der die Okiya lag, führt zu den Vorhöfen des Schreins.

Tantchen Oima erzählte mir auch von sich selbst.

»Ich bin hier geboren worden, nicht lange nach der Ankunft von Admiral Perry in Japan. Wenn Captain Morgan mich zuerst gesehen hätte, dann hätte er mich geheiratet und nicht Oyuki.«

Wir schrien vor Lachen. Oyuki war eine der berühmtesten Geikos aller Zeiten. Sie hatte einen Gönner namens George Morgan, einen amerikanischen Millionär. Am Ende heiratete er sie, sie zogen nach Paris, und Oyuki wurde zur Legende.

»Niemals warst du so schön wie Oyuki!«, protestierten wir.

»Ich war noch schöner!«, gab Tantchen Oima scherzhaft zurück. »Oyuki sah komisch aus. Sie hatte eine große Nase, wisst ihr, aber Ausländern gefällt das.«

Wir glaubten ihr kein Wort.

»Ich wurde eine *naikai* und arbeitete mich hoch bis zur Leiterin des Chimoto, des berühmten Restaurants südlich von Pontocho. Ich träumte davon, eines Tages selbst eines zu besitzen.«

Naikais sind die Frauen, die bei den Banketten in den Ochayas und exklusiven Restaurants die Aufsicht führen und bedienen. Naikai ist ein eigener, hoch spezialisierter Beruf.

»Ich habe auch hier gelebt«, warf Aba ein. »Das war, bevor ich Onkel geheiratet habe. Wir hatten eines der meistbesuchten Häuser von Gion Kobu. Das war ein einziges Kommen und Gehen, eine großartige Zeit.«

»Wir hatten vier Geikos und zwei Maikos«, fügte Tantchen Oima hinzu. »Eine unserer Geikos war der größte Star von Gion Kobu. Sie hieß Yoneyu und gehörte zu den Allerbesten. Ich hoffe, du wirst einmal wie sie.«

Mutter Sakaguchis Familie besaß damals eine große Okiya, Mineko. Meine Mutter, Yuki Iwasaki, war mit der Familie verwandt, und deshalb ist die Okiya Iwasaki ein Zweigunternehmen der Okiya Sakaguchi. Deswegen bitte ich Mutter Sakaguchi auch immer, mir bei Entscheidungen zu helfen, und nenne sie Mutter, obwohl ich zehn Jahre älter bin als sie!«

Mit der Zeit fügten sich die einzelnen Bruchstücke der Geschichte zu einem kohärenten Ganzen zusammen.

Yoneyu machte eine glänzende Karriere. Sie war vor dem Krieg die höchstbezahlte Geiko Japans und machte die Okiya Iwasaki zu einem der erfolgreichsten Häuser.

Yoneyu selbst hatte eine langjährige Beziehung zu einem reichen und mächtigen Mann namens Seisuke Nagano, dem Erben eines großen Kimonokonzerns. Im Japan der Vorkriegszeit war es nicht ungewöhnlich, dass erfolgreiche Männer außereheliche Affären hatten. Ehen wurden arrangiert, um die Generationenfolge zu sichern, nicht zum Vergnügen, und wohlhabende Männer hatten häufig Geliebte.

Yoneyu wurde schwanger von Seisuke. Am 24. Januar 1923 brachte sie zu Hause in der Okiya ein kleines Mädchen zur Welt. Der Haushalt nahm die Nachricht mit großer Freude auf. Ein weibliches Kind war ein Schatz. Sie würde in der Okiya großgezogen und, falls sie begabt war, vielleicht selbst eine große Geiko werden. Sie konnte sogar Atotori werden. Jungen dagegen stellten ein Problem dar. In einer Okiya durften nur Frauen wohnen. Die Mutter eines Knaben musste also aus der Okiya ausziehen und sich eine eigene Unterkunft suchen oder das Kind in Pflege geben.

»Wie hieß Yoneyus Baby?«, wollte ich wissen.

»Es erhielt den Namen Masako«, sagte Tantchen Oima augenzwinkernd.

»Du meinst Böse Alte?« Diesen Teil der Geschichte konnte ich fast nicht glauben, als ich ihn zum ersten Mal hörte.

Tantchen Oima hatte zwar keine Tochter, aber irgendwie hatte ich immer angenommen, Böse Alte wäre ihre Enkelin.

»Ja, Mineko, ›Böse Alte‹ ist Yoneyus Tochter. Sie und ich, wir sind nicht blutsverwandt.«

Zur Zeit von Masakos Geburt war Tantchen Oima, Yukis leibliche Tochter, als Erbin des Geschäfts vorgesehen. Sie hatte keine eigenen Kinder und hatte deshalb Yoneyu als Tochter adoptiert, um die Erbfolge zu sichern. Yoneyu war die ideale Nachfolgekandidatin. Sie beherrschte alle Fertigkeiten einer voll ausgebildeten Geiko und konnte diejenigen unterrichten, die nach ihr kamen. Sie verfügte über zahlreiche Gönner, denen sie die ihr anvertrauten Geikos vorstellen konnte, um das Geschäft am Leben zu erhalten und zu vergrößern.

Es ist eine der Hauptaufgaben der Besitzerin einer Okiya, für eine ununterbrochene Erbfolge zu sorgen. Tantchen Oima und Yoneyu hielten also Ausschau nach einer Nachfolgerin, die nach Yoneyu die Reihe fortsetzen sollte. Und so waren sie begeistert, als Masako zur Welt kam. Sie beteten, sie möge die Eigenschaften besitzen und die Fähigkeiten entwickeln, die von einer Atotori verlangt wurden.

Masako begann, *jiuta* (eine klassische Form von japanischer Kammermusik und Gesang) zu studieren, als sie drei Jahre alt war, und erwies sich als sehr vielversprechend. Mit sechs erhielt sie Unterricht in Kalligraphie, Teezeremonie und Koto, der japanischen Laute. Doch als sie heranwuchs, zeigte sich, dass sie eine schwierige Persönlichkeit hatte. Sie war unverblümt bis zum Sarkasmus und nicht sonderlich freundlich.

Tantchen Oima vertraute mir später an, dass Masako schrecklich unter ihrer unehelichen Geburt litt. Seisuke besuchte sie regelmäßig, als sie heranwuchs, aber er konnte sich nicht öffentlich zu seiner Vaterschaft bekennen. Das Gefühl von Scham und Schande machte sie vollends melancholisch.

Tantchen Oima und Yoneyu kamen nicht umhin, sich einzugestehen, dass Masako sich nicht zur Atotori eignete und auch keine sehr gute Geiko werden würde. Sie ermutigten sie, lieber zu heiraten und eine normale Hausfrau zu werden. Und so wurde Masako nach Abschluss der Mittelschule in eine Tempelschule geschickt, um sich dort hausfrauliche Fähigkeiten anzueignen. Doch das gefiel ihr ganz und gar nicht und drei Tage später kam sie wieder nach Hause. Sie beschloss, weiterhin dort zu leben, bis ihre Eltern einen Ehemann für sie gefunden hatten.

Damit will ich nicht sagen, dass eine Geiko nicht verheiratet sein kann. Einige der erfolgreichsten Geikos, die ich kannte, waren verheiratet und lebten unabhängig von ihrer Okiya. Besonders bewundert habe ich eine bestimmte Geiko, eine große, geschmeidige Frau namens Ren, die es geschickt verstand, die Anforderungen einer aktiven Karriere mit denen eines Ehemanns unter einen Hut zu bringen. Doch den meisten von uns erschien dies zu gewagt, und wir warteten mit dem Heiraten, bis wir uns aus dem Beruf zurückzogen. Andere genossen ihre Unabhängigkeit so sehr, dass sie sie niemals aufgaben.

1943, als Masako zwanzig Jahre alt war, wurde sie mit einem Mann namens Chojiro Kanai verlobt. Er zog als Soldat in den Krieg. Sie blieb daheim und arbeitete an ihrer Aussteuer. Unglücklicherweise kam es nie zur Heirat. Chojiro fiel.

Da Masako nicht in Frage kam, musste die Familie eine andere Nachfolgerin für Yoneyu suchen. Um diese Zeit lernte Tantchen Oima durch einen gemeinsamen Bekannten meinen Vater kennen. Sie willigte ein, Yaeko in die Okiya Iwasaki aufzunehmen. Das war 1935. Yaeko war zehn Jahre alt.

Yaeko war ein anbetungswürdiges Kind, lebensfroh und lustig. Sie war schön wie die Mona Lisa. Tantchen Oima und Yoneyu beschlossen, sie zu ihrer Atotori zu erziehen.

Da Yoneyu so ungeheuren Erfolg hatte, waren sie in der Lage, ein Vermögen in Yaekos Karriere zu investieren, und das taten sie auch. 1938, als sie dreizehn Jahre alt war, ließen sie Yaeko unter dem Namen Yaechiyo als Maiko debütieren. Vor dem Krieg brauchten Mädchen nicht die Mittelschule abzuschließen, ehe sie Maiko wurden. Manche debütierten schon mit acht oder neun Jahren. Die Familie verbrachte drei Jahre damit, Yaekos spektakuläre Einführung in die Karyukai zu planen.

Noch Jahrzehnte später sprachen die Leute darüber, wie prachtvoll Yaekos Garderobe gewesen sei. Yaekos

Kimonos wurden in den besten Geschäften Kiotos bestellt, etwa bei Eriman. Von dem Geld, das eines ihrer Ensembles kostete, hätte man ein Haus bauen können, und sie besaß viele. Keine Kosten wurden gescheut, um ihr den edelsten Haarschmuck zu beschaffen und sie mit den anderen Accessoires eines Maikokostüms auszustatten. Wieder und wieder erzählte mir Tantchen Oima, wie spektakulär all das war. Sie sagte, Yaekos Garderobe sei eine klare Demonstration des Reichtums und der Macht des Hauses Iwasaki gewesen.

Zum besonderen Anlass ihres Debüts schenkte Yoneyus Gönner der dreizehnjährigen Yaechiyo einen Rubin von der Größe eines Pfirsichkerns. Für Gion Kobu, wo die Gönner großzügig und extravagante Gaben üblich waren, war das kein übertrieben üppiges Geschenk.

Doch Yaeko war nicht glücklich. Im Gegenteil: Sie war todunglücklich. Sie fühlte sich von meinen Eltern verraten und hasste es, arbeiten zu müssen. Später hat sie mir erzählt, sie habe sich gefühlt, als sei sie vom Himmel in die Hölle gestürzt.

Yaeko zufolge war das Leben mit Großmutter Tomiko die reine Seligkeit gewesen. Meine Großmutter liebte sie sehr und die beiden waren immer zusammen. Yaeko saß auf ihrem Schoß, während Großmutter gebieterisch über ihre etwa fünfzig Diener und Verwandten regierte. Gelegentlich pflegte meine Großmutter aufzustehen und zu rufen: »Schau dir diese Yaeko an!« Und dann jagte sie mit ihrer Lanze hinter meiner Mutter her. Yaeko fand das anscheinend sehr unterhaltsam.

Yaeko sagte, als sie klein war, habe sie nicht einmal gewusst, dass unsere Mutter und unser Vater ihre Eltern waren. Sie dachte, sie gehörten bloß zur Dienerschaft meiner Großeltern, und wenn sie etwas wollte, rief sie einfach: »He, du!«

Und so war es ein schrecklicher Schock, als sie sich plötzlich in der Okiya Iwasaki wiederfand und einen strengen Stundenplan aus Unterricht und Protokoll einhalten musste. Sie konnte nicht nachempfinden, dass das, was für sie der Himmel gewesen war, für meine Mutter die Hölle bedeutet hatte. Und sie war natürlich noch zu jung, um die finanzielle Situation unserer Eltern zu verstehen. Ihre Wut wandelte sich in das brennende Gefühl, betrogen worden zu sein, ein Gefühl, unter dem sie ihr ganzes Leben lang litt.

Ich bin sicher, dass ihre Verzweiflung echt war, aber ich muss hinzufügen, dass Yaeko keineswegs die einzige Tochter aus Adelskreisen war, die sich in dieser misslichen Lage wiederfand. Viele adlige Familien verarmten nach der Meiji-Restauration und brachten ihre Töchter in den Karyukais unter, um ihren Lebensunterhalt zu sichern. Es war ein Ort, wo sie den Tanz und die Teezeremonie praktizieren konnten, die sie zu Hause gelernt hatten, wo sie wie gewohnt ihre kostbaren Kimonos tragen konnten, wo sie finanziell unabhängig waren und Aussicht auf eine ordentliche Heirat hatten.

Nicht so Yaeko. Sie fühlte sich einfach nur betrogen.

Yaeko verbarg ihren brennenden Zorn hinter einer sorgfältig angelegten Maske verführerischer Leichtigkeit. Sie schaffte es, so wenig wie möglich zu tun und so viel wie möglich dafür zu nehmen.

Als sie sechzehn war, verliebte sich Yaeko in einen ihrer Kunden, einen jungen Mann namens Seizo Uehara, der seinen Vater regelmäßig nach Gion Kobu begleitete. Die Ueharas stammten aus Nara, wo sie eine große Hutfabrik besaßen. Die Beziehung schien Yaekos Stimmung aufzuhellen, und da Seizo unverheiratet war, stellte sie für niemanden ein Problem dar.

Anfangs waren Tantchen Oima und Yoneyu mit Yaekos Fortschritten zufrieden. Yoneyu war die angesehenste Geiko von Gion Kobu (und damit ganz Japan), und Yaeko wurde bald die Nummer zwei. Yoneyu und Yaechiyo waren im ganzen Land bekannte Namen. Das Glück schien der Okiya Iwasaki hold zu sein.

Doch es gab ein Problem. Bald wurde deutlich, dass Yaeko ihre Karriere nicht ernst nahm. Es ist natürlich möglich, dass eine Maiko, besonders eine so hinreißende wie Yaeko, eine Zeit lang mit ihren prachtvollen Gewändern und ihrem kindlichen Charisma auskommt, aber ihre Karriere kann erst dann zu voller Blüte gelangen, wenn sie aus ihrer Begabung Kapital schlägt. Yaeko war faul und undiszipliniert. Sie langweilte sich schnell und hatte keine Lust, den Dingen auf den Grund zu gehen. Sie hasste ihren Unterricht und war unaufmerksam bei den Proben. Im Tanzen machte sie keine Fortschritte. Tantchen Oima erzählte mir, das habe sie sehr nervös gemacht.

Die Familie hatte so viel in Yaeko investiert. Nun verlor sie das Vertrauen in sie als geeignete Nachfolgerin. Doch Yoneyu glaubte keine andere Wahl zu haben. Masako war aus dem Rennen.

Also wurde Yaeko, fast wider besseres Wissen, von der Familie adoptiert.

Und dann begann alles auseinander zu fallen.

Ein Jahr, nachdem Yaeko Maiko geworden war, 1939, starb Tantchen Oimas Mutter, Tante Yuki.

Tantchen Oima wurde zum Oberhaupt der Familie Iwasaki. Yoneyu war noch aktiv und nicht bereit, sich zur Ruhe zu setzen, und so musste Tantchen Oima ihren Traum von einem eigenen Restaurant aufschieben und die Okiya Iwasaki übernehmen.

Ungefähr um diese Zeit schloss sich meine Schwester Kuniko dem Iwasaki-Haushalt an. Kuniko war die drittälteste Tochter meiner Eltern und zu der Zeit in der Grundschule. Sie war ein warmherziger und fürsorglicher Mensch, hatte aber leider zwei Schwachpunkte, die verhinderten, dass sie eine Maiko wurde. Der erste war, dass sie schrecklich schlechte Augen hatte und eine Brille tragen musste. Das zweite Problem bestand darin, dass sie das Äußere unserer Mutter geerbt hatte: Sie war klein und dick. Wegen ihrer Augen und ihrer Körperfülle wurde also entschieden, dass sie besser zur Hilfskraft als zu irgendeiner Art von Geiko ausgebildet werden sollte. Man schickte sie auf eine weiterführende Schule und gab sie zu Aba als deren Assistentin in die Lehre.

Am 8. Dezember 1941 trat Japan in den Zweiten Weltkrieg ein. Der Krieg dauerte vier lange Jahre, in denen Gion Kobu ebenso wie der Rest des Landes schwere Not litt. In ihrem Bemühen, die Kräfte und die Aufmerksamkeit der Nation auf die Kriegsanstrengung zu konzentrieren, verfügte die Regierung 1943 die Einstellung aller geschäftlichen Aktivitäten in Gion Kobu. Viele Geikos gingen nach Hause zu ihren Familien. Die übrigen wurden zur Arbeit in einer Munitionsfabrik verpflichtet.

Die Okiya Iwasaki besaß keine Kimonos aus mit Indigo gefärbtem Stoff, wie Arbeiterinnen sie trugen, und so schneiderten die Bewohnerinnen ihre Arbeitskleidung aus alten Geiko-Gewändern. Auf Leute außerhalb der Karyukai müssen sie seltsam gewirkt haben. Arbeitskleider waren normalerweise aus Baumwolle und nicht aus zarter Seide. Tantchen Oima erzählte mir später: »Obwohl Krieg war, wetteiferten diejenigen von uns, die in Gion Kobu lebten, miteinander darin, wer die schönsten seidenen Arbeitskleider hatte. Wir nähten Krägen an unsere Halsausschnitte, trugen das Haar in zwei langen, ordentlich geflochtenen Zöpfen und banden uns schneeweiße Stirnbänder um. Wir wollten uns noch immer weiblich fühlen. Wir wurden berühmt dafür, dass wir in einer langen Reihe mit hoch erhobenen Köpfen zur Arbeit in der Fabrik gingen.«

Tantchen Oima teilte die gesamte bewegliche Habe der Okiya Iwasaki in drei Teile auf und schickte jede zur sicheren Aufbewahrung an einen anderen Ort.

Yoneyu, Masako, Yaeko und Kuniko, der Kern der Familie, waren die Einzigen, die Tantchen Oima in der Okiya bleiben ließ. Alle anderen Maikos und Geikos schickte sie zu ihren Familien zurück. Es gab kaum noch Nahrungsmittel in der Stadt. Tantchen Oima und Kuniko erzählten mir, sie hätten Angst gehabt zu verhungern. Sie lebten von einer mageren Diät aus ausgegrabenen Wurzeln und einem dünnen Brei aus Wasser, Salz und etwas Mehl.

Yaekos Freund Seizo wurde Offizier und blieb während des ganzen Krieges in Japan stationiert, sodass sie ihre Beziehung fortsetzen konnten. 1944 kündigte Yaeko an, sie werde ausziehen, um ihn zu heiraten. Sie hatte das Geld, das die Okiya Iwasaki in sie investiert hatte, noch nicht zurückgezahlt, aber Tantchen Oima wollte nicht mit ihr streiten. Sie beschloss, den Verlust hinzunehmen, und entließ Yaeko großzügig aus ihrem Kontrakt. Ein solcher Vertragsbruch kommt gelegentlich vor, gilt aber als sehr schlechter Stil. Yaeko drehte der Okiya einfach den Rücken und ging weg.

Weil Yaeko vor dem Gesetz Mitglied der Familie Iwasaki war, behandelte Tantchen Oima sie wie eine Tochter und gab ihr eine angemessene Aussteuer mit. Sie bestand aus Schmuck, unter anderem dem Rubin, den der Baron ihr geschenkt hatte, und zwei großen Kleidertruhen mit wertvollen Kimonos und Obis. Yaeko zog nach Osaka und begann ein neues Leben.

Im Dezember desselben Jahres wurde die Okiya Iwasaki von einem weiteren Schlag getroffen. Yoneyu starb überraschend an einer Nierenkrankheit. Sie war erst zweiundfünfzig. Tantchen Oima hatte keine Nachfolgerin und Masako, damals zweiundzwanzig, keine Mutter mehr.

Die Okiya Iwasaki hatte ihre beiden Stars verloren.

Der Krieg endete am 15. August 1945. Der Okiya Iwasaki ging es so schlecht wie nie zuvor. In dem geräumigen Haus lebten nur drei Frauen, Tantchen Oima, die allmählich alt wurde, die depressive Masako und die dicke Kuniko. Das war alles. Tantchen Oima erzählte mir, sie sei mit ihrer Weisheit am Ende gewesen und habe daran gedacht, die Okiya ganz zu schließen.

Doch dann wurde es langsam wieder heller am Horizont. Die amerikanischen Besatzer ordneten an, Gion Kobu wieder zu öffnen, und die Karyukai erwachte langsam wieder zum Leben. Die Amerikaner requirierten einen Teil des Kaburenjo-Theaters als Tanzsaal. Die Offiziere wurden allmählich zu Stammkunden des Ochayas. Einige der Geikos und Maikos, die während des Krieges nach Hause gegangen waren, fragten, ob sie in die Okiya zurückkommen könnten, darunter auch Koyuki, die Iwasaki-Geiko mit den meisten Bewunderern. Aba kam wieder zur Arbeit. Die Okiya Iwasaki war wieder im Geschäft.

Ich fragte Tantchen Oima, ob es den Leuten schwer gefallen sei, die Amerikaner in den Ochayas willkommen zu heißen, nachdem sie gerade den Krieg gegen sie verloren hatten. Sie meinte, so einfach sei das nicht gewesen. Natürlich habe es gewisse Ressentiments gegeben, aber im Allgemeinen seien die Offiziere freundlich gewesen. Die meisten Leute seien wohl einfach froh gewesen, wieder Geschäfte zu machen. Und die Fähigkeit, allen geehrten Gästen unterschiedslos zu dienen, ist tief in der

Psyche der Karyukai verankert. Doch Tantchen Oima erzählte mir eine Geschichte, die vielleicht ihre wahren Gefühle verdeutlicht.

Eines Abends sollte Koyuki zu einem Bankett für General MacArthur im Ichirikitei erscheinen. Er war so angetan von dem Kimono, den sie trug, dass er fragte, ob er ihn haben und in die Vereinigten Staaten mitnehmen könne.

Der Besitzer des Ichirikitei gab die Anfrage an Tantchen Oima weiter. Ihre Antwort lautete: »Unsere Kimonos sind unser Leben. Er kann den Kimono nehmen, wenn er will, aber dann muss er auch mich nehmen. Er kann vielleicht mein Land besetzen, aber meine Seele wird er niemals besetzen!«

Der Besitzer des Ichirikitei übermittelte dem General die Antwort. Er fragte nie wieder nach dem Kimono. Immer, wenn Tantchen Oima mir diese Geschichte erzählte, reckte sie das Kinn hoch in die Luft und strahlte. Ihr Stolz gehörte zu den Dingen, die ich an ihr liebte.

Ich besitze diesen Kimono noch immer. Er liegt sicher verwahrt in einer Truhe in meinem Haus.

In den nächsten paar Jahren schlug sich die Okiya Iwasaki wie der Rest Japans recht und schlecht durch.

Masako wartete noch immer darauf, dass ihr Verlobter aus dem Krieg heimkehrte. Die Regierung teilte Chojiros Familie erst 1947 seinen Tod mit. Masako war am Boden zerstört. Tagelang drückte sie ihre Hochzeitsdecke an die Brust und weinte. Jetzt war sie wirklich allein, ohne Zukunftsaussichten und ohne Zufluchtsort.

7. Kapitel

Tantchen Oima hatte nicht damit gerechnet, Yaeko jemals wiederzusehen, und war daher vollkommen überrascht, als sie kurz nach Tomikos Einzug auf einmal ungebeten in der Okiya erschien.

Sie verkündete, sie komme wieder zur Arbeit. Ihre Ehe sei ein Fehlschlag gewesen, und sie habe die Scheidung eingereicht. Seizo hatte sich als unverbesserlicher Schürzenjäger entpuppt. Außerdem hatte er sich auf einige zweifelhafte Geschäfte eingelassen und all ihr Geld verloren. Er ließ Yaeko mit zwei kleinen Jungen und einem Berg Schulden sitzen, für den sie vor dem Gesetz verantwortlich war. Yaeko beschloss, wieder in die Okiya Iwasaki zurückzukehren. Das würde all ihre Probleme lösen. Tantchen Oima sollte ihre Schulden bezahlen. Als Entgelt dafür wollte sie wieder als Geiko arbeiten.

Tantchen Oima dachte, Yaeko habe den Verstand verloren. Was sie vorschlug, kam aus unzähligen Gründen nicht in Frage. Zunächst einmal lautete Yaekos Nachname nicht mehr Iwasaki, sondern Uehara. Da sie kein Familienmitglied mehr war, konnte sie auch nicht Atotori sein. Doch selbst wenn ihre Scheidung rechtskräftig würde, wollte Tantchen Oima sie nicht wieder einstellen. Yaeko hatte gezeigt, dass sie die Position nicht verdiente; sie war einfach zu egoistisch und verantwortungslos.

Zweitens ist es so, dass die Karriere einer Geiko als beendet gilt, wenn sie sich zur Ruhe setzt. Man müsste Yaeko ganz neu aufbauen. Es kostet ein kleines Vermögen, eine Geiko auszustatten, und Yaeko besaß keine Gewänder mehr. Wenn überhaupt, so war sie der Okiya Iwasaki etwas schuldig und nicht umgekehrt. Außerdem waren alle Bargeldreserven, die Tantchen Oima besaß, für die Vorbereitung von Tomikos Debüt bestimmt. Sie hatte nichts übrig, um Yaekos Schulden zu bezahlen. Außerdem hatte Yaeko der Okiya in Zeiten der Not den Rücken gekehrt, und das hatte Tantchen Oima ihr nicht verziehen.

Aber es gab noch andere Gründe. Yaeko war keine sehr gute Geiko gewesen, als sie noch aktiv war, und sie würde jetzt gewiss nicht besser werden. Sie hatte seit sieben Jahren keinen Tanzunterricht mehr genommen. Die Leute mochten sie nicht. Und was war mit ihren Söhnen? Die konnten auf keinen Fall bei Yaeko in der Okiya Iwasaki leben.

Die ganze Idee war Tantchen Oima zuwider. Sie war ein kompletter Bruch des Protokolls, und das fand Tantchen Oima am schlimmsten von allem.

Sie zählte Yaeko diese ganzen Gründe in aller Ausführlichkeit auf und sagte Nein. Sie sagte ihr, sie solle erstens ihre Schwiegereltern um Hilfe bitten, da diese die Verantwortung für sie und die Kinder trügen, und sich zweitens eine Stellung in einer Ochaya oder einem Restaurant suchen, wofür sie durch ihre Ausbildung gut qualifiziert wäre.

Bei diesem ziemlich hitzigen Wortwechsel ließ Tantchen Oima durchblicken, dass jetzt Tomiko unter ihrer Obhut stünde und sie sehr darauf hoffe, ich würde bei ihr einziehen und ihre Nachfolgerin werden.

Nun hatte Yaeko seit Jahren keine Verbindung mehr zu meinen Eltern gehabt und wusste nicht, dass ich existierte. Tantchen Oimas Worte lösten einen Wutausbruch aus. Nicht nur, dass man ihr eine Thronerbin vor die Nase gesetzt hatte, nein, diese war auch noch ein weiteres Kind ihrer verhassten Eltern. Sie stürmte aus der Okiya und sprang in die nächste Straßenbahn.

Yaeko war sehr schlau. Auf der kurzen Fahrt nach Yamashima erwog sie ihre Möglichkeiten. Sie sah jetzt ein, dass sie keine Chance hatte, die Okiya zu erben. Aber sie wusste auch, dass sie ihre Schulden nur mithilfe ihrer zukünftigen Einnahmen abtragen konnte, und die Arbeit als Geiko war für sie die schnellste Möglichkeit, Geld zu verdienen. Sie musste dafür sorgen, dass Tantchen Oima sie zurücknahm.

Also, was hatte die alte Dame gesagt? Sie hatte gesagt, sie wünsche sich sehr, Masako würde in die Okiya Iwasaki eintreten.

Yaeko konnte Tantchen Oimas Gedanken lesen wie ein Buch, und sie kannte das System. Sie wusste, wie sehr Tantchen Oima mich brauchte.

Vielleicht kann ich ja das kleine Balg als Druckmittel benutzen, um meine Rückkehr zu erzwingen, muss sie gedacht haben. *Und was noch? Ach ja, die Jungen. Kein Problem. Meine Eltern können sich um sie kümmern. Das sind sie mir schuldig.*

Sie trug einen dunklen Kimono mit einem Obi, der ein geometrisches Muster in Beige, Braun und Schwarz hatte. Ich sah sie über die Brücke und in Richtung Haus kommen.

Meine Eltern waren machtlos angesichts ihrer Heftigkeit und ihrer eigenen Schuldgefühle. Sie warf ihnen vor, Kinder zu zeugen, um sie zu verkaufen. Sie erklärten sich bereit, ihre beiden Söhne zu sich zu nehmen.

Yaeko ging zu Tantchen Oima zurück und erklärte ihr, sie sei jetzt frei und könne wieder einziehen und die Arbeit aufnehmen. Und sie versprach ihr, sie würde ihr mich auf einem silbernen Tablett servieren.

Tantchen Oima war verwirrt. Sie war bereit, Yaeko wieder zu nehmen, wenn das dazu beitrug, mich ins Haus zu bringen. Yaeko war faul, aber sie war ein großer Star gewesen. Und ein angeschlagener Star war vielleicht besser als gar nichts. Sie ging zu Mutter Sakaguchi, um sich mit ihr zu beraten.

»Ich möchte das Kind kennen lernen«, sagte Mutter Sakaguchi. »Die Kleine, in die du dich verliebt hast. Ich vertraue deinem Instinkt, und ich denke, wir sollten tun, was wir können, um sie in die Okiya Iwasaki zu holen. Also geben wir Yaeko einstweilen nach und sorgen dafür, dass sie uns hilft. Außerdem war sie zu ihrer Zeit sehr beliebt und wird dem Haus wieder einige Einkünfte und Ansehen bringen.«

»Was ist mit ihren Schulden? Im Moment habe ich kein Geld, um sie zu begleichen.«

»Ich sage dir, was ich tun werde. Lass mich an deiner Stelle die Schulden zurückzahlen. Aber das muss unter uns bleiben. Ich will nicht, dass Yaeko es erfährt. Wir wollen doch, dass sie so weit wie möglich unter deiner Kontrolle steht, und ich will nicht, dass sie sich mir verpflichtet fühlt. Du kannst mir das Geld wiedergeben, wenn sie es dir erstattet. Einverstanden?«

»Ich nehme dein großzügiges Angebot dankbar an.« Tantchen Oima machte beim Hinausgehen eine Verbeugung nach der anderen. »Ich werde alles tun, was ich kann, um dich so bald wie möglich mit Masako bekannt zu machen.«

Yaeko war begeistert, dass ihr Plan zu funktionieren schien. Sie zog wieder in die Okiya Iwasaki und traf Vorbereitungen, wieder mit der Arbeit zu beginnen. Aber sie hatte nichts anzuziehen. Die nicht benutzten Kimonos der Okiya Iwasaki waren für Tomiko reserviert. Yaeko besaß die Unverfrorenheit, zu dem Schrank zu gehen, in dem sie aufbewahrt wurden, einige von den besten herauszuziehen und zu verkünden: »Die werden für meine Zwecke genügen. Ich werde diese tragen.«

Tantchen Oima war sprachlos. Es fällt mir schwer, angemessen zu erklären, wie wichtig die Kimonos im Leben einer Geiko sind und welchen Übergriff Yaekos Akt tatsächlich darstellte. Kimonos, die Gewänder unseres Berufes, sind uns heilig. Sie sind Symbol unserer Berufung. Sie sind aus den feinsten und teuersten Stoffen der Welt gefertigt und verkörpern unsere Auffassung von Schönheit. Jeder Kimono ist ein einmaliges Kunstwerk, bei dessen Schöpfung seine Besitzerin eine aktive Rolle gespielt hat.

Im Allgemeinen erfahren wir durch die Art des Kimonos, den jemand trägt, viel über einen Menschen: über seinen finanziellen Status, sein Stilgefühl, seinen Familienhintergrund, seine Persönlichkeit. Der Schnitt eines Kimonos bleibt sich mehr oder weniger gleich, doch in den Farben und Mustern der Stoffe, aus denen er hergestellt ist, gibt es eine ungeheure Vielfalt.

Die Auswahl des passenden Kimonos für eine spezielle Gelegenheit ist eine Kunst. Am wichtigsten ist, dass er der Jahreszeit entspricht. Der Kanon des traditionellen japanischen Geschmacks unterteilt das Jahr in achtundzwanzig Jahreszeiten, von denen jede ihre eigenen Symbole hat. Im Idealfall spiegeln die Farben und Muster von Kimono und Obi (Gürtel) genau die entsprechende Jahreszeit wider, beispielsweise Nachtigallen im späten März oder Chrysanthemen Anfang November.

Dass Yaeko sich lässig Tomikos Kimonos aneignete, kam einer Vergewaltigung gleich. Es war fast, als wäre

Yaeko über Tomiko hergefallen oder hätten die innersten Grenzen ihrer Privatsphäre verletzt. Doch Tantchen Oima war machtlos und konnte sie nicht daran hindern. Ich war noch nicht eingetroffen.

Yaeko ging zu meinen Eltern und sagte ihnen, sie habe mich der Okiya Iwasaki versprochen. Meine Eltern betonten immer wieder, sie habe kein Recht, diese Entscheidung zu treffen. Aber Yaeko wollte davon nichts hören. Es war, als wäre sie begriffsstutzig, ein regelrechter Dummkopf.

Mitten in diesem Drama beschloss ich, zu Tantchen Oima in die Okiya Iwasaki zu ziehen. Ich fasste den Entschluss unabhängig und aus eigenem, freiem Willen.

Wenn ich heute darauf zurückblicke, bin ich überrascht und ein bisschen beeindruckt, wie entschlossen und resolut ich in so jungen Jahren war.

8. Kapitel

Am 6. Juni 1954 wachte ich in aller Frühe auf, wie ich das auch im Haus meiner Eltern getan hatte. Krähen krächzten, der Ahornbaum im Garten trug frische, grüne Blätter.

Niemand rührte sich, nicht einmal die Dienstmädchen. Ich zog eines meiner Bücher hervor, ein Geschenk meines Vaters. Ich hatte es so oft ganz allein gelesen, dass ich es auswendig konnte.

In Japan ist es seit langer Zeit Brauch, dass Kinder, die für eine professionelle künstlerische Karriere bestimmt sind, am 6. Juni des Jahres, in dem sie sechs werden, mit der offiziellen Ausbildung in ihrer Disziplin beginnen (6–6–6). Viele Kinder, die eine traditionelle Kunstform ausüben möchten, fangen aber auch schon mit drei Jahren mit dem Unterricht an.

Diese frühe Ausbildung ist charakteristisch für die beiden großen Theatertraditionen Japans, No und Kabuki. Das No-Drama, entwickelt im 14. Jahrhundert, basiert auf den alten Hoftänzen, die zu Ehren der Götter aufgeführt wurden. Es ist aristokratisch, feierlich und lyrisch. Das Kabuki-Theater, zweihundert Jahre später als Unterhaltung für das gewöhnliche Volk entwickelt, ist lebendiger und lässt sich mit der westlichen Oper vergleichen.

Sowohl No als auch Kabuki werden ausschließlich von Männern gespielt. Die Söhne der Hauptdarsteller beginnen als Kinder mit der Ausbildung. Viele treten später die Nachfolge ihrer Väter an. Etliche berühmte zeitgenössische Darsteller können ihre Ahnenreihe über zehn oder mehr Generationen zurückverfolgen.

An diesem ersten Tag meiner Ausbildung wachte ich in der Morgendämmerung auf und wartete ungeduldig, bis es ungefährlich war, Tantchen Oima zu wecken. Endlich »läutete der Wecker«. Gegenüber der Okiya in der Shinbashi-Straße lag ein Lebensmittelgeschäft. Die alte Ladenbesitzerin nieste jeden Morgen dreimal, sehr laut, und das pünktlich um halb acht. Jahrelang verließ ich mich auf sie.

Ich stupste Tantchen Oima an, bis sie wach war.

»Können wir jetzt gehen?«

»Noch nicht, Mineko. Zuerst müssen wir noch etwas erledigen.«

Sie holte einen kleinen Zinneimer. Darin befanden sich Bürsten, ein kleiner Besen, ein Staubwedel, winzige Putzlappen und ein Miniaturbehälter mit Scheuerpulver. Sie hatte an alles gedacht.

Wir gingen in den Altarraum, um unsere Morgengebete zu sprechen. Danach band Tantchen Oima mir die langen Ärmel mit einem *tasuki*-Band hoch, damit ich arbeiten konnte, und schob mir den Staubwedel hinten in den Obi. Dann führte sie mich ins Badezimmer und brachte mir bei, wie man eine Toilette richtig säubert.

Da dies die erste Verantwortung ist, die jemand seiner Nachfolgerin überträgt, war es wie die Übergabe des Szepters, als sie mir die Toilettenbürste reichte. Tantchen Oimas Arbeit war jetzt vollbracht. Jetzt war ich an der Reihe.

Die Okiya Iwasaki hatte drei Toiletten, was damals

ziemlich extravagant war. Zwei lagen unten: eine für die Geikos und Gäste, eine für die Dienstmädchen. Die dritte befand sich im Obergeschoss und war für diejenigen, die dort wohnten. Alle drei verfügten außerdem über Waschbecken, und ich war dafür verantwortlich, auch diese makellos sauber zu halten.

Diese Aufgabe entsprach genau meinen Wünschen. Es war eine Arbeit, die ich ganz allein tun konnte, und ich brauchte dabei mit keinem zu reden. Und ich fühlte mich sehr erwachsen und nützlich. Ich war überaus stolz auf mich, als ich fertig war. Kuniko bereitete mir für meinen großen Tag ein besonderes Frühstück. Gegen neun Uhr waren wir mit dem Essen fertig.

Nach dem Frühstück zog Tantchen Oima mir für das erste Zusammentreffen mit meiner Lehrerin einen neuen Schulkimono mit roten und grünen Streifen auf weißem Hintergrund und einen roten Sommer-Obi an. Sie gab mir eine bunt bedruckte Seidentasche mit einem Fächer, einem (Tanz-)*tenugi* oder Schal, einem frischen Paar *tabi*-Socken in einer von ihr selbst genähten Seidenhülle, einem Spielzeug und einem Imbiss.

Die Tanzlehrerin, die die Familie Sakaguchi unterrichtete, hieß Meisterin Kazama. Ich hatte sie in Mutter Sakaguchis Haus oft getroffen. Ich wusste, dass sie Yaeko und Satoharu unterrichtet hatte, und nahm an, sie würde auch meine Lehrerin sein. Doch Tantchen Oima sagte mir, wir würden zum Haus der *Iemoto* (Großmeisterin) Yachiyo Inoue IV, dem Kyomai Ioueryu Iemoto, gehen. Die Iemoto selbst würde mich unterrichten.

Alle legten förmliche Gewänder an, und wir machten uns auf den Weg. Tantchen Oima ging voran, gefolgt von Böse Alte, Yaeko und mir. Kuniko ging hinter mir her und trug meinen kleinen Beutel. Wir gingen zu Mutter Sakaguchis Haus, die sich zusammen mit Meisterin Kazama unserer kleinen Prozession anschloss. Es waren nur ein paar Minuten Fußweg zum Studio der Iemoto in ihrem Haus in der Shinmonzen-Straße.

Dort wurden wir in ein Wartezimmer neben einem der Probenräume gebeten. Im Probenraum war es sehr still und es herrschte eine angespannte Atmosphäre. Plötzlich erschreckte mich ein lautes Geräusch. Es war der unverkennbare Knall, mit dem ein geschlossener Fächer auf eine harte Oberfläche schlägt.

Ich hatte gerade den Moment erwischt, in dem die Lehrerin eine der Schülerinnen dadurch tadelte, dass sie ihr mit dem Fächer auf den Arm schlug. Ich zuckte bei dem Geräusch zusammen und sprang unwillkürlich auf, um mir ein Versteck zu suchen. Bald verirrte ich mich und stand schließlich vor dem Badezimmer. Nach einem kurzen Moment der Panik fand mich Kuniko dort und brachte mich zurück zu den anderen.

Wir betraten das Studio. Mutter Sakaguchi hieß mich, in formeller Haltung, die Respekt bezeugte, neben sich und vor der Iemoto Platz zu nehmen. Dann verbeugte sie sich tief. »Frau Aiko (so hieß sie mit bürgerlichem Namen), bitte erlauben Sie mir, Ihnen dieses kostbare Kind vorzustellen. Sie ist einer unserer Schätze, und wir bitten Sie, sich ihrer ganz besonders anzunehmen. Ihr Name ist Mineko Iwasaki.«

Die Iemoto verbeugte sich ihrerseits. »Ich werde mein Bestes tun. Sollen wir nun anfangen?«

Mein Herz raste. Ich hatte keine Ahnung, was von mir erwartet wurde, und stand da wie erstarrt. Die Iemoto kam zu mir und sagte freundlich: »Mine-chan, bitte setz dich auf deine Fersen. Halte den Rücken gerade und leg die Hände in den Schoß. Sehr gut. So, als Erstes lernen wir jetzt, wie man seinen *maiohgi* (Tanzfächer) hält. Ich werde es dir zeigen.«

Ein Tanzfächer ist etwas größer als ein normaler Fächer; seine Bambusstangen sind ungefähr vierzig Zentimeter lang. Man trägt ihn links im Obi, und zwar mit dem Griff nach unten.

»Zieh deinen Maiohgi mit der rechten Hand aus dem Obi und leg ihn in deine linke Handfläche, als würdest du eine Reisschale halten. Dann fährst du mit der Hand am Maiohgi entlang zum Griff und hältst das Ende mit der rechten Hand, wieder, als würdest du eine Reisschale halten. Den Maiohgi in der rechten Hand haltend, beugst du dich vor und legst ihn so vor deinen Knien auf den Boden. Dann verbeugst du dich mit vollkommen geradem Rücken und sagst: ›*Onegaishimasu*‹. (Bitte erfüllen Sie meine demütige Bitte, unterrichtet zu werden.) Ist das klar?«

»Ja.«

»Nicht ja. *Ja.*« Sie benutzte die Gion-Aussprache *hei* statt des *hae*, das ich gelernt hatte. »Jetzt versuche es.«

»Ja.«

»*Ja.*«

»Ja.«

Ich konzentrierte mich so darauf, meinen Maiohgi richtig hinzulegen, dass ich vergaß, um den Unterricht zu bitten.

»Was ist mit ›Onegaishimasu‹?«

»Ja.«

Sie lächelte nachsichtig. »Also gut. Nun steh auf, wir werden ein paar Schritte versuchen.«

»Ja.«

»Du brauchst nicht jedes Mal mit Ja zu antworten, wenn ich etwas sage.«

»Hmm«, sagte ich und nickte.

»Und du brauchst nicht dauernd mit dem Kopf zu nicken. Jetzt folge mir. Halte deine Arme so und deine Hände so und richte den Blick nach dort drüben.«

So fing es an. Ich tanzte.

Klassischer japanischer Tanz unterscheidet sich ziemlich von seinem westlichen Gegenstück. Man führt ihn mit Tabi-Socken aus Baumwolle aus und nicht mit besonderen Tanzschuhen. Anders als etwa beim Ballett sind die Bewegungen sehr langsam und konzentrieren sich auf die Beziehung zum Boden statt zum Himmel. Doch wie beim Ballett erfordern die ausgeführten Bewegungen hochtrainierte Muskeln und werden in festen Mustern *(kata)* gelehrt, die zusammen ein individuelles Stück bilden.

Die Inoue-Schule gilt als beste Schule für traditionellen Tanz in Japan. Die Iemoto von Inoue ist daher die mächtigste Person in der traditionellen Tanzwelt. Sie ist der Maßstab, nach dem alle anderen Tänzerinnen beurteilt werden.

Nach einer angemessenen Zeitspanne sagte Mutter Sakaguchi: »Frau Aiko, das dürfte für heute genug sein. Vielen Dank für Ihre Freundlichkeit und Rücksichtnahme.«

Mir war die Zeit sehr lang vorgekommen.

Die Iemoto wandte sich mir zu. »Gut, Mine-chan. Der Tanz, den wir gelernt haben, heißt *Kadomatsu*. Für heute war das alles.«

Kadomatsu ist der erste Tanz, der Kindern, die mit dem Unterricht beginnen, in der Inoue-Schule beigebracht wird.

Kadomatsu ist ein Schmuck aus Pinienzweigen, den wir zur Feier des neuen Jahres in unseren Häusern anbringen. Er wirkt festlich und hat einen wunderbaren Duft. Mit ihm verbinde ich glückliche Zeiten.

»Ja«, sagte ich.

»Nachdem du ›Ja‹ gesagt hast, solltest du dich hinsetzen und ›Danke‹ sagen.«

»Ja«, sagte ich wieder.

»Und dann, bevor du gehst, solltest du noch einmal Danke sagen, dann auf Wiedersehen, und dann solltest du deine letzte Verbeugung machen. Verstehst du?«

»Ja, ich verstehe. Auf Wiedersehen«, sagte ich und kehrte dankbar an die sichere Seite von Mutter Sakaguchi zurück, die entzückt lächelte.

Es dauerte eine Weile, bis ich Verstehen und Tun in Einklang brachte, und noch länger, bis mir der Geiko-Dialekt geläufig wurde. Die Version des Kioto-Dialekts, die ich zu Hause gelernt hatte, war der Dialekt des Adels. Er war noch langsamer und weicher als die Art, wie man in Gion Kobu sprach.

Mutter Sakaguchi tätschelte mir den Kopf. »Das war wunderbar, Mineko. Du hast deine Sache sehr gut gemacht. Was für ein kluges Kind du bist!« Tantchen Oima konnte ihr Lächeln kaum hinter der vorgehaltenen Hand verbergen.

Ich hatte keine Ahnung, was ich getan hatte, um solches Lob zu verdienen, aber ich freute mich, dass die beiden so glücklich schienen.

9. Kapitel

Die Okiya Iwasaki lag einen Block südlich der Shinmonzen-Straße in der Shinbashi-Straße, drei Häuser östlich von Hanamikoji. Mutter Sakaguchi wohnte auf der anderen Seite von Hanamikoji, sechs Häuser westlich von uns. Das Tanzstudio Iemoto lag einen Block westlich und einen Block nördlich in der Shinmonzen-Straße. Das Kaburenjo-Theater befand sich sechs Blocks weiter südlich. Als ich noch ein Kind war, ging ich überallhin zu Fuß.

Elegante Schaufenster säumen die Straßen von Gion; dort werden alle Dienste angeboten, die unser Beruf erfordert. Außer den hunderten von Okiyas und Ochayas gibt es Blumen- und Feinkostgeschäfte, Kunstgalerien, Stoffläden und Geschäfte für Haarschmuck und Fächer. Das Viertel ist lebhaft und dicht besiedelt.

Mein Leben wurde nach dem 6-6-6 sehr viel arbeitsreicher. Ich fing an, bei einem wunderbaren Mann namens Onkel Hori, der zwei Häuser weiter wohnte, Kalligraphieunterricht zu nehmen. Seine Tochter, die eine Meisterin in einer für die Inoue-Schule wichtigen Form von Jiuta war, gab mir Stunden in Gesang, Koto und Shamisen. Koto und Shamisen sind beides Saiteninstrumente, die aus China nach Japan kamen. Die Koto ist eine große, dreizehnsaitige Laute, die auf dem Boden liegt, wenn sie gespielt wird. Das Shamisen ist ein kleineres, dreisaitiges Instrument, das wie eine Bratsche gespielt wird. Es wird zur Begleitung der meisten unserer Tänze verwendet.

Ich hatte nicht nur täglich Unterricht, sondern musste auch jeden Morgen die Toiletten reinigen. Und jeden Nachmittag nahm ich Tanzstunden.

Jetzt, da ich ein großes Mädchen war, musste ich mich auch wie die Atotori benehmen. Ich durfte weder schreien noch grobe Ausdrücke benutzen noch irgendetwas tun, das sich für eine Nachfolgerin nicht schickte. Tantchen Oima ließ mich den Dialekt von Gion Kobu sprechen, wogegen ich mich heftig zur Wehr setzte. Sie korrigierte mich unablässig. Ich durfte nicht raufen oder herumrennen. Ständig wurde ich zur Vorsicht ermahnt. Auf keinen Fall durfte ich mich verletzen oder mir gar etwas brechen, vor allem kein Bein oder keine Hand, weil das meine Schönheit und meinen Tanz beeinträchtigen würde.

Tantchen Oima begann ernsthaft, mich zu ihrer Nachfolgerin auszubilden. Bisher hatte ich nur neben ihr gespielt, wenn sie ihren Aufgaben nachging. Nun fing sie an, mir zu erklären, was sie jeweils tat. Allmählich verstand ich die einzelnen Abläufe und nahm bewusster an der täglichen Routine der Okiya Iwasaki teil.

Meine Tage begannen früh. Ich wachte noch immer früher auf als der Rest des Haushalts, aber nun hatte ich eine Arbeit zu erledigen. Während ich die Toiletten sauber machte, bereitete Kuniko das Frühstück, und auch die Dienerinnen machten sich an ihre morgendlichen Aufgaben.

Sie reinigten die Okiya von außen nach innen. Zuerst wischten sie die Straße vor dem Haus und dann den Weg vom Tor zum Hauseingang. Sie spritzten Wasser auf den

Weg und stellten einen frischen Salzkegel neben den Eingang, um ihn rituell zu reinigen. Dann putzten sie den Genkan und drehten jedermanns Sandalen um, so dass die Schuhe zur Tür zeigten, bereit, in die Außenwelt getragen zu werden. Schließlich räumten die Dienerinnen die Zimmer auf und verstauten alles, was wir in der Nacht zuvor benutzt hatten. Wenn Tantchen Oima aufstand, war alles wieder an seinem Platz.

Zum Schluss bereiteten sie den buddhistischen Altar für Tantchen Oimas Morgengebete vor. Sie staubten die Statuen ab, säuberten das Weihrauchgefäß, entfernten die Opfergaben des vergangenen Tages und steckten neue Kerzen in die Halter. Dasselbe taten sie bei dem Shinto-Schrein, der auf einem erhöhten Regal in einer Zimmerecke stand.

Die Menschen, die in Gion Kobu leben, neigen zu großer Frömmigkeit. Unsere ganze Lebensweise beruht auf den religiösen und spirituellen Werten der traditionellen japanischen Kultur. Das bedeutet, unser tägliches Leben ist eng mit den Zeremonien und Festen verwoben, die dem Ablauf des japanischen Jahres bestimmen, und wir vollziehen sie so getreu wie möglich.

Jeden Morgen, wenn sie aufgestanden war und sich das Gesicht gewaschen hatte, ging Tantchen Oima in den Altarraum und sprach ihre Morgengebete. Ich versuchte, mit dem Putzen rechtzeitig fertig zu sein, damit ich mit ihr zusammen beten konnte. Das ist noch immer das Erste, was ich morgens tue.

Dann, in der kurzen Zeit, die uns bis zum Frühstück blieb, bekam Big John von Tantchen Oima und mir seine täglichen Streicheleinheiten. Inzwischen waren die Lehrlinge aufgestanden und halfen den Dienerinnen bei der Beendigung ihrer Morgenpflichten. Reinigen gilt als unentbehrlicher Teil des Übungsprozesses in allen traditionellen japanischen Disziplinen und wird von allen Novizinnen verlangt. Man misst ihm spirituelle Bedeutung bei und glaubt, dass die Reinigung eines unreinen Ortes auch den Geist läutert.

Nachdem das Haus in Ordnung gebracht worden war, wachten auch die Maikos und Geikos allmählich auf. Sie arbeiteten jeden Abend bis spät in die Nacht und waren immer die Letzten, die aufstanden. Ihr Einkommen ernährte uns Übrige, und deswegen brauchten sie auch keine Hausarbeit mehr zu verrichten.

Wenn Aba eintraf, frühstückten wir. Dann ging jeder seiner eigenen Wege. Die Maikos und Geikos begaben sich zum Unterricht zur Nyokoba oder, wenn sie sich auf einen Auftritt vorbereiteten, in die Probenhalle. Die Dienstmädchen machten sich daran, ihre restlichen Aufgaben zu erledigen: das Bettzeug lüften, Wäsche waschen, kochen und einkaufen. Bis ich im folgenden Jahr mit dem Unterricht begann, »half« ich Tantchen Oima bei den morgendlichen Pflichten.

Tantchen Oima und Aba verbrachten den Vormittag damit, die Stundenpläne für alle von ihnen betreuten Maikos und Geikos aufzustellen. Sie führten Buch über die Verabredungen des Vorabends, notierten Einnahmen und Ausgaben, nahmen Anfragen für Auftritte entgegen und so viele Engagements an, wie die Terminpläne der Geikos zuließen. Tantchen Oima entschied darüber, welche Gewänder jede Maiko und Geiko am Abend tragen würde, und Aba musste sich um den Zustand und die Zusammenstellung der Ensembles kümmern.

Tantchen Oimas Schreibtisch stand im Esszimmer, gegenüber ihrem Platz am Kohlenbecken. Für jede Geiko gab es einen eigenen Ordner, in dem sie über die Aktivitäten der einzelnen Frauen Buch führte, auch darüber, welches Gewand sie getragen und welche Kunden sie unterhalten hatten. Tantchen Oima hielt auch alle Sonderausgaben fest, die für jede Einzelne angefallen waren, etwa den Kauf eines neuen Kimonos oder Obis. Die Kosten für Essen und Unterricht waren festgesetzt und wurden monatlich abgerechnet.

Die meisten Händler kamen vormittags. Männer durften die Okiya Iwasaki erst nach zehn Uhr betreten, wenn die meisten Bewohnerinnen das Haus verlassen hatten. Der Eismann brachte das Eis für den Kühlschrank. Kimonoverkäufer, Lebensmittellieferanten, Kassierer und andere wurden im Genkan empfangen. Dort gab es eine Bank, auf die sie sich setzen konnten, während sie ihre Geschäfte erledigten. Männliche Verwandte wie mein Vater wurden bis ins Esszimmer vorgelassen. Nur Priester und Kinder hatten weiteren Zutritt. Nicht einmal Abas Ehemann, Tantchen Oimas jüngerer Bruder, durfte kommen und gehen, wie er wollte.

Deswegen ist auch die Vorstellung, »Geishahäuser« seien übel beleumundete Orte, so lächerlich. Männern ist kaum gestattet, diese Bastionen einer weiblichen Gesellschaft zu betreten, geschweige denn, sich dort ausgelassen mit den Bewohnerinnen zu vergnügen.

War der Terminplan für den Abend festgelegt, kleidete sich Tantchen Oima zum Ausgehen an. Jeden Tag besuchte sie die Leute, denen die Okiya Iwasaki Dank schuldete: die Besitzer der Ochayas und Restaurants, wo ihre Geikos am Abend zuvor aufgetreten waren, die Tanz- und Musiklehrer, die sie unterrichteten, die Mütter befreundeter Okiyas, die örtlichen Kunsthandwerker und die Leute, die unsere Kimonos machten. Um eine einzige Maiko oder Geiko zu präsentieren, waren die Anstrengungen vieler Leute erforderlich.

Diese informellen gegenseitigen Besuche sind überaus wichtig für die soziale Struktur von Gion Kobu. Sie erhalten und pflegen die zwischenmenschlichen Beziehungen, von denen das System abhängt. Tantchen Oima begann sofort nach meinem Einzug, mich auf ihre tägliche Besuchsrunde mitzunehmen. Sie wusste, dass die Verbindungen, die sie bei diesen Treffen knüpfte, mir für den Rest meiner beruflichen Laufbahn oder meines Lebens nützen würden, falls ich beschloss, wie sie selbst meine Tage in Gion zu beschließen.

Der größte Teil des Haushalts versammelte sich zum Mittagessen wieder in der Okiya Iwasaki. Wir aßen traditionelle japanische Gerichte (Reis und Fisch und Gemüse). In den Genuß von westlichen Speisen wie Steaks oder Eis kamen wir nur, wenn wir zum Essen in ein schickes Restaurant ausgeführt wurden. Das Mittagessen war die Hauptmahlzeit des Tages, da eine Geiko nichts Schweres zu sich nehmen kann, bevor sie am Abend auftritt.

Bei Ozashikis dürfen Maikos und Geikos nichts essen, ganz gleich, wie üppig das vor ihnen angerichtete Buffet auch sein mag. Sie sind dort, um die Gäste zu unterhalten, sie sollen geben und nicht nehmen. Eine Ausnahme von dieser Regel gibt es nur, wenn eine Geiko von einem Kunden zu einer Mahlzeit in ein Restaurant eingeladen wird.

Nach dem Mittagessen verteilten Tantchen Oima oder Kuniko die Aufträge für den Abend an die versammelten Geikos. Dann machten sich die Frauen »an die Arbeit« und recherchierten über die Leute, die sie abends unterhalten würden. War der Kunde beispielsweise ein Politiker, informierte die Geiko sich über die Partei, für die er eintrat, handelte es sich um eine Schauspielerin, las sie in einer Zeitschrift einen Artikel über sie, war es ein Sänger, hörte sie sich seine Platten an. Oder sie las den Roman des Kunden oder der Kundin. Oder sie informierte sich über das Land, aus dem der Gast stammte. Dazu benutzten wir alle Quellen, die uns zur Verfügung standen. Ich habe, besonders als Maiko, viele Nachmittage in Buchhandlungen, Bibliotheken und Museen zugebracht. Jüngere Mädchen holten sich bei ihren »älteren Schwestern« Rat und Informationen.

Außer diesen Recherchen mussten die Geikos nachmittags ihre Höflichkeitsbesuche machen, um die guten Beziehungen zu den Besitzern der Ochayas und den älteren Maikos und Geikos aufrechtzuerhalten. War ein Mitglied der Gemeinschaft krank oder verletzt, verlangte es die Etikette, dass man es sofort aufsuchte und seine Besorgnis äußerte.

Um die Mitte des Nachmittags begleitete Kuniko mich zu meinem Tanzunterricht.

Am Spätnachmittag kehrten Maikos und Geikos in die Okiya Iwasaki zurück, um sich anzukleiden. Für den Rest des Tages blieben Außenstehenden die Türen zur Okiya verschlossen. Die Maikos und Geikos badeten, richteten ihre Frisur und legten das extrem stilisierte Make-up auf. Dann kamen die Ankleider, um ihnen beim Anlegen ihrer Kostüme zu helfen. Unsere Ankleider kamen alle aus dem Hause Suehiroya.

Die meisten Ankleider sind Männer, und sie bilden die einzige Ausnahme von der Regel, dass Männer keinen Zutritt zu den inneren Gemächern der Okiya haben. Sie dürfen bis in das Hauptankleidezimmer im ersten Stock vordringen. Der Beruf des Ankleiders verlangt hoch entwickelte Fertigkeiten, und man braucht Jahre, um ihn zu beherrschen. Ein guter Ankleider ist entscheidend für den Erfolg einer Geiko. Von großer Bedeutung ist das Gleichgewicht. Bei meinem Debüt als Maiko wog ich beispielsweise knapp achtunddreißig Kilo, mein Kimono fast zwanzig Kilo. Und ich musste das ganze Ensemble auf gut achtzehn Zentimeter hohen hölzernen Sandalen balancieren. Wenn irgendetwas nicht richtig saß, konnte das verhängnisvolle Auswirkungen haben.

Kimonos werden stets mit hölzernen oder ledernen Sandalen getragen. *Okobos*, achtzehn Zentimeter hohe, hölzerne Sandalen, die Clogs ähnlich sind, sind charakteristischer Bestandteil der Ausstattung einer Maiko. Die Höhe der Sandalen bildet ein Gegengewicht zu den herabhängenden Enden des langen Obis der Maiko. Auf Okobos kann man nur schwer laufen, aber der trippelnde Gang, den sie erzwingen, steigert, wie es heißt, die Anmut einer Maiko.

Maikos und Geikos tragen stets weiße Tabi-Socken. In diesen ist der große Zeh abgetrennt, wie bei einem Fausthandschuh der Daumen, sodass der Fuß die Sandale leicht halten kann. Wir tragen Socken, die eine Nummer kleiner sind als unsere Schuhgröße, weil das den Fuß hübsch und zierlich wirken lässt.

Der *otokoshi* (Ankleider), den ich mit fünfzehn bekam, war der männliche Erbe des Hauses Suehiroya, das die Okiya Iwasaki schon seit vielen Jahren betreute. Während der fünfzehn Jahre meiner Karriere kleidete er mich jeden Tag an, mit Ausnahme der zwei oder drei Male, als er zu krank war, um seiner Aufgabe nachzugehen. Er kannte alle meine körperlichen Eigenheiten wie beispielsweise einen verschobenen Wirbel, die Folge eines Sturzes, der mir beim Gehen Schmerzen bereitete, wenn mein Kimono und die zahlreichen Accessoires nicht richtig saßen.

Beim Beruf der Geiko geht es in erster Linie um Vollkommenheit, und der Ankleider ist dazu da, für diese Vollkommenheit zu sorgen. Wenn etwas fehlt, nicht richtig sitzt oder nicht der Jahreszeit entspricht, ist der Ankleider derjenige, dem man letzten Endes die Schuld dafür gibt.

Die Beziehung geht weit über Äußerlichkeiten hinaus.

Als genaue Kenner des Systems sind die Ankleider zu wichtigen Mittelsmännern für die verschiedenen Beziehungen innerhalb der Karyukais geworden, etwa wenn es darum geht, für die junge Maiko eine ältere Schwester zu finden. Bei entsprechenden Situationen dienen sie als Begleiter. Und letztendlich sind sie unsere Freunde. Der Ankleider wird oft zum Vertrauten, zu einem Menschen, bei dem man brüderlichen Rat und Hilfe sucht.

Während die Frauen ihre Vorbereitungen abschlossen und Boten mit allerletzten Anfragen für Auftritte eintrafen, richteten die Dienstmädchen den Eingangsflur für den Aufbruch der Maikos und Geikos her. Sie wischten ihn noch einmal gründlich durch, bespritzten ihn mit Wasser und ersetzten das Häufchen Salz neben der Tür durch ein frisches. Am frühen Abend machten sich die Maikos und Geikos in ihren prachtvollen Gewändern auf den Weg zu ihren Verabredungen.

Nachdem sie fort waren, wurde es stiller im Haus. Die Lehrlinge und das Personal aßen zu Abend. Ich übte den Tanz, den ich an diesen Tag gelernt hatte, das Koto-Stück, an dem ich arbeitete, und meine Kalligraphie. Nachdem ich mit der Schule begonnen hatte, musste ich außerdem meine Hausaufgaben erledigen. Tomiko übte Shamisen und Gesang. Zusätzlich musste sie noch Höflichkeitsbesuche in den Ochayas machen, um den älteren Maikos und Geikos, die sie später anleiten würden, ihren Respekt zu erweisen und die Geschäftsführer der Teehäuser, in denen sie arbeiten würde, günstig zu stimmen.

Als ich in Gion Kobu lebte, gab es dort über hundertundfünfzig Ochayas. Diese eleganten, wunderschön ausgestatteten Einrichtungen waren an jedem Abend der Woche geöffnet, um die vielen privaten Gesellschaften und Essen vorzubereiten und auszurichten, die ihre ausgewählten Kunden bestellt hatten. Eine Geiko konnte an einem Abend bei drei bis vier verschiedenen Veranstaltungen auftreten, was ein ständiges Kommen und Gehen bedeutete.

Im September 1965 wurde in Gion eine besondere Telefonverbindung eingerichtet, die alle Okiyas und Ochayas verband. Sie hatte ihre eigenen Apparate, die beigefarben und gebührenfrei waren. Oft klingelte der Hausapparat, während wir Lehrlinge unsere Hausaufgaben machten. Das war dann eine Maiko oder Geiko in einer Ochaya, die uns bat, ihr etwas zu bringen, was sie für ihren nächsten Termin brauchte, ein frisches Paar Tabi-Socken etwa oder einen neuen Maiohgi, weil sie ihren verschenkt hatte. Ganz gleich, wie müde man war, dies war äußerst wichtig, denn nur so bekam man zu sehen, wie es in einer funktionierenden Ochaya tatsächlich zuging. Und die Leute in den Ochayas von Gion Kobu hatten Gelegenheit, sich mit den Gesichtern der Iwasaki-Lehrlinge vertraut zu machen.

Ich ging zwar zu einer vernünftigen Zeit schlafen, aber es wurde weit nach Mitternacht, bis die Geikos und Maikos von der Arbeit nach Hause kamen. Nachdem sie ihre Arbeitskleidung abgelegt hatten, nahmen sie vielleicht ein Bad und einen Imbiss zu sich und entspannten sich noch eine Weile, ehe sie zu Bett gingen. Die beiden Dienstmädchen, die im Genkan schliefen, mussten aufstehen, um sich um die heimkehrenden Geikos zu kümmern. Vor zwei Uhr früh kamen sie nie dazu, ungestört zu schlafen.

10. Kapitel

Der Tanzunterricht war der Höhepunkt meines Tages. Ich konnte es gar nicht erwarten, endlich hinzukommen, und zupfte Kuniko ständig am Ärmel, damit sie sich beeilte.

Wenn ich das Studio betrat, war es, als käme ich in eine andere Welt. Ich war verliebt in das leise Rascheln der Kimonoärmel, die lispelnde Melodie der Saiteninstrumente, die Förmlichkeit, die Anmut, die Präzision.

An der Wand des Genkans stand eine Reihe von übereinander gestapelten hölzernen Kästen. Einen mochte ich besonders gern und hoffte jedes Mal, dass er leer war, damit ich meine *geta* (traditionelle Holzsandalen) hineinlegen konnte. Es war der zweite auf der linken Seite der obersten Reihe. Ich betrachtete ihn als meinen und war außer mir, wenn er nicht zur Verfügung stand.

Ich ging hinauf in die Probenräume und bereitete mich auf meinen Unterricht vor. Zuerst nahm ich mit der rechten Hand meinen Maiohgi aus seiner Schachtel und steckte ihn links in meinen Obi. Mit den Händen flach auf den Oberschenkeln, die Finger nach innen gerichtet, glitt ich lautlos hinüber zur *fusuma* (japanische Schiebetür). Der röhrenähnliche Schnitt des Kimonos erzwingt einen ganz bestimmten Gang, der von allen kultivierten Frauen gepflegt und von der Tänzerin übertrieben wird. Man hebt mit leicht gebeugten Knien die Zehen und trippelt wie eine Taube mit kleinen, lautlosen Schritten, damit sich die vordere Falte des Kimonos nicht öffnet und einen ungehörigen Blick auf einen Knöchel oder ein Bein gewährt. Die obere Hälfte des Körpers bleibt dabei unbewegt.

Die Anweisungen, wie wir eine japanische Schiebetür öffnen und einen Raum betreten sollen, lauten so:

Setze dich vor die Tür, das Gesäß auf den Fersen, hebe die rechte Hand bis in Brusthöhe und lege die Fingerspitzen der geöffneten Hand auf den Rand des Türrahmens oder in das Griffloch, falls es eines gibt. Schiebe die Tür ein paar Zentimeter auf und achte dabei darauf, dass die Hand die Mittellinie des Körpers nicht überschreitet. Hebe die linke Hand vom Oberschenkel und lege sie vor die rechte. Halte die rechte Hand leicht auf dem Rücken des linken Handgelenks und schiebe die Tür vor deinem Körper gerade so weit auf, dass du hindurchgehen kannst. Steh auf und betrete das Zimmer. Dreh dich um und setze dich vor die offene Tür. Benutze die Fingerspitzen der rechten Hand, um die Tür knapp über die Mitte zu schieben; dann benutze die linke Hand, unterstützt von der rechten, um die Tür ganz zu schließen. Steh auf, dreh dich um und setze dich vor die Lehrerin. Nimm mit der rechten Hand den Maiohgi aus dem Obi, lege ihn auf den Boden und verbeuge dich.

Das Ablegen des Maiohgi zwischen einem selbst und der Lehrerin ist ein hochritueller Akt; er drückt aus, dass man die gewöhnliche Welt hinter sich lässt und bereit ist, das Reich zu betreten, in dem die Lehrerin der Meister ist. Indem wir uns verbeugen, erklären wir, dass wir bereit sind, das zu empfangen, was die Lehrerin gleich geben wird.

Das Wissen geht durch den *mane* genannten Vorgang von der Tanzlehrerin auf die Schülerin über. Mane wird oft mit Imitation übersetzt, aber tanzen zu lernen ist mehr ein Prozess totaler Identifikation als einfaches Nachahmen. Wir wiederholen die Bewegungen unserer Lehrerinnen, bis wir sie exakt nachmachen können, bis wir also gewissermaßen die Meisterschaft der Lehrerin in uns aufgenommen haben. Die künstlerische Technik muss uns völlig in Fleisch und Blut übergegangen sein, wenn wir sie benutzen wollen, um das auszudrücken, was in unseren Herzen ist. Das erfordert viele Jahre Übung.

Die Inoue-Schule hat hunderte von Tänzen in ihrem Repertoire, von einfachen bis zu komplizierteren, aber sie bestehen alle aus einer festen Gruppe von *kata* oder Figuren. Im Gegensatz etwa zum Ballett lernen wir die Tänze vor den Figuren. Und wir lernen die Tänze durch Zusehen. Doch wenn wir die Figuren erst einmal erlernt haben, zeigt uns die Lehrerin einen neuen Tanz als eine Serie von Kata.

Kabuki, von dem Sie vielleicht schon etwas gehört haben, verwendet ein enormes Repertoire an Bewegungen, Stellungen, Manierismen, Gesten und Gesichtsausdrücken, um das ganze Spektrum menschlicher Emotionen darzustellen. Im Gegensatz dazu verdichtet der Inoue-Stil komplexe Emotionen zu einfachen, zarten Bewegungen, durchsetzt mit dramatischen Pausen.

Ich hatte das große Privileg, jeden Tag von der Iemoto unterrichtet zu werden. Nachdem sie mir erklärt hatte, was ich tun sollte, spielte sie das Shamisen, und ich führte das Tanzstück auf. Sie korrigierte mich. Ich übte das Stück allein weiter. Wenn ich es zu ihrer Zufriedenheit konnte, gab sie mir ein neues. So lernte jede von uns Schülerinnen in ihrem eigenen Tempo.

Im Studio der Iemoto unterrichteten drei weitere Lehrerinnen, alle hervorragende Schülerinnen von ihr. Sie hießen Lehrerin Kazuko, Lehrerin Masae und Lehrerin Kazue. Die Iemoto war für uns die »Große Meisterin«, und die anderen nannten wir »Kleine Meisterin«. Meisterin Kazuko war die Enkelin von Inoue Yachiyo III, der vorigen Iemoto.

Manchmal hatten wir Gruppenunterricht, und manchmal nahm ich Unterricht bei einer anderen Lehrerin. Stundenlang saß ich in den Studios und sah aufmerksam zu, wie andere Tänzerinnen unterrichtet wurden. Kuniko musste mich förmlich hinauszerren, wenn es Zeit war zu gehen. Und dann übte ich stundenlang zu Hause im Wohnzimmer.

Die Inoue-Schule ist zweifellos die wichtigste Institution in Gion Kobu und die Iemoto daher die mächtigste Person. Doch Inoue Yachiyo IV übte ihre Autorität sanft aus, und obwohl sie streng war, hatte ich niemals Angst vor ihr. Nur ein einziges Mal war ich wirklich eingeschüchtert, und das war, als ich tatsächlich mit ihr auf einer Bühne auftreten musste.

Die Iemoto war bemerkenswert unattraktiv. Sie war sehr klein, ziemlich rundlich und hatte das Gesicht eines Orang-Utans. Doch wenn sie tanzte, strahlte sie einen ungeheuren Liebreiz aus. Diese ihre Verwandlung, die ich tausende von Malen miterlebte, war der Beweis dafür, dass jemand, verfügte er nur über Stil, imstande war, Schönheit zu erzeugen und auszudrücken.

Der bürgerliche Name der Iemoto war Aiko Okamoto. Sie war in Gion Kobu geboren und hatte mit vier Jahren begonnen, Tanz zu studieren. Ihre erste Lehrerin erkannte bald, was in dem Kind steckte, und brachte sie ins Inoue-Haupthaus. Die vorige Iemoto, Inoue Yachiyo III, war von Aikos Talent geziemend beeindruckt und lud sie ein, sich der Schule anzuschließen.

Es gibt dort zwei verschiedene Zweige. Der eine ist dazu bestimmt, professionelle Tänzerinnen auszubilden (Maikos und Geikos), der andere schult professionelle Tanzlehrerinnen. Einen weiteren Unterrichtszweig gibt es für Frauen, die nur zu ihrem eigenen Vergnügen tanzen lernen möchten. Aiko kam in die Abteilung für Lehrerinnen.

Sie erfüllte alle Erwartungen und entwickelte sich zu einer meisterhaften Tänzerin. Mit fünfundzwanzig Jahren heiratete sie Kuroemon Katayama, den Enkel von Inoue Yachiyo III. Kuroemon ist der Iemoto des Kasai-Zweiges der Kanze-Schule des No-Theaters. Das Paar hatte drei Söhne und wohnte in dem Haus in der Shinmonzen-Straße, in dem ich meinen Unterricht erhielt.

In den Vierzigerjahren des 20. Jahrhunderts wurde Aiko zur Nachfolgerin von Inoue Yachiyo III gewählt und bekam den Namen Inoue Yachiyo IV. (Mutter Sakaguchi gehörte der Kommission an, die ihre Wahl bestätigte.) Sie leitete die Schule bis Mai 2000 und setzte sich dann zugunsten der gegenwärtigen Iemoto zur Ruhe, ihrer Enkelin Inoue Yachiyo V.

Die Inoue-Tanzschule wurde um 1800 von einer Frau namens Sato Inoue gegründet. Sie war Hofdame am Kaiserlichen Hof und Lehrerin des Adelshauses von Konoe und unterrichtete die verschiedenen beim höfischen Zeremoniell ausgeführten Tänze.

Als die Kaiserliche Hauptstadt 1869 nach Tokio verlegt wurde, war Kioto nicht länger das politische Zentrum Japans. Allerdings ist es noch immer das Herz des kulturellen und religiösen Lebens des Landes.

Der damalige Regent, Nobuatsu Hase, und sein Berater Masanao Makimura verpflichteten Jiroemon Sugiura, in neunter Generation Besitzer des Ichirikitei, der berühmtesten Ochaya in Gion Kobu, für eine Image-

Kampagne der Stadt. Gemeinsam beschlossen sie, die Tänze von Gion in den Mittelpunkt der Festivitäten zu stellen, und wandten sich an die Leiterin der Inoue-Schule, um sich bei ihr Rat und Hilfe zu holen. Haruko Katayama, die dritte Iemoto der Schule, stellte ein Tanzprogramm zusammen, in dem die begabten Maikos und Geikos auftraten, die bei ihr Unterricht nahmen.

Die Vorstellungen waren so erfolgreich, dass der Regent, Sugiura und die Inoue beschlossen, sie unter dem Namen Miyako Odori jedes Jahr zu veranstalten. Auf Japanisch bedeutet dieser Begriff »Tänze der Hauptstadt«, aber außerhalb Japans spricht man gewöhnlich von den Kirschtänzen, da sie im Frühjahr stattfinden.

Andere Karyukais haben mehr als eine Tanzschule, aber Gion Kobu hat nur die Inoue-Schule. Die Großmeisterin der Inoue-Schule ist innerhalb der Gemeinschaft die oberste Richterin über den guten Geschmack sowie über den Tanz selbst. Die Maiko mag unser machtvollstes Symbol sein, aber es ist die Iemoto, die darüber entscheidet, wie sich dieses Symbol darstellt. Viele der anderen Berufszweige in Gion Kobu, von den musikalischen Begleitern über die Fächermacher bis zu den Bühnenarbeitern am Kaburenjo-Theater, richten sich in künstlerischen Belangen nach der Leiterin der Inoue-Schule. Die Iemoto ist die einzige Person, die Änderungen am Standardrepertoire der Schule vornehmen oder neue Tänze choreographieren darf.

Im ganzen Viertel sprach sich rasch herum, dass ich von der Iemoto unterrichtet wurde. Jeder erwartete Großes von mir, und diese Erwartungen sollten zehn Jahre später, zur Zeit meines Debüts, ihren Höhepunkt erreichen.

In Gion Kobu wird dauernd geredet. Es ist ein bisschen wie ein kleines Dorf, in dem jeder über alle anderen

Bescheid weiß. Ich bin von Natur aus sehr diskret, und dieser Klatsch gehörte zu den Dingen, die ich an dem dortigen Leben verabscheute. Aber Tatsache ist: Die Leute sprachen über mich. Ich war zwar erst fünf Jahre alt, doch ich erwarb mir schon einen gewissen Ruf.

Bei meinem Tanzunterricht machte ich rasche Fortschritte. Normalerweise braucht eine Schülerin eine Woche bis zehn Tage, um einen neuen Tanz einzustudieren, ich dagegen brauchte im Schnitt nur drei Tage. Ich galoppierte förmlich durch das Repertoire. Gewiss, ich war stark motiviert und übte mehr als die anderen Mädchen, aber es sah doch so aus, als sei ich mit einer großen natürlichen Begabung gesegnet. Das Tanzen war jedenfalls ein gutes Ausdrucksmittel für meine Entschlossenheit und meinen Stolz. Ich vermisste meine Eltern immer noch schrecklich, und das Tanzen wurde zu einem Ventil für meine aufgestauten Emotionen.

Später in diesem Sommer trat ich zum ersten Mal öffentlich auf. Die nicht professionellen Schülerinnen der Iemoto geben eine *Bentenkai* genannte jährliche Vorstellung. Ein kleines Mädchen gilt nicht als Berufstänzerin, bis sie in die Nyokoba eintritt, die Spezialschule, die uns zu Geikos ausbildet, wenn wir die Mittelschule abgeschlossen haben.

Der Name des Stückes lautete *Shinobu Uri (Farne verkaufen)*. Es wurde von sechs Mädchen getanzt, und ich war in der Mitte. An einer Stelle der Aufführung hielten alle anderen Mädchen ihre Arme parallel ausgestreckt, ich dagegen streckte meine in Form eines Dreiecks über den Kopf. Aus den Kulissen flüsterte Große Meisterin vernehmlich: »Nicht nachlassen, Mineko!« Ich glaubte, sie meine, ich solle weitermachen, und so nahm ich die nächste Position ein. Inzwischen jedoch hoben alle anderen Mädchen die Arme dreiecksförmig über den Kopf.

Als wir die Bühne verließen, wandte ich mich sofort an die anderen Mädchen. »Wisst ihr nicht, dass wir Schülerinnen der Iemoto sind? Man erwartet von uns, dass wir keine Fehler machen!«

»Wovon redest du, Mineko? Du bist diejenige, die gepatzt hat.«

»Versucht nicht, mir die Schuld an euren Fehlern zu geben«, blaffte ich zurück. Es kam mir gar nicht in den Sinn, dass ich den Fehler gemacht hatte.

Als ich hinter die Bühne kam, hörte ich, wie Große Meisterin in gedämpftem Ton zu Mutter Sakaguchi sagte: »Bitte, regen Sie sich nicht auf. Es ist nicht nötig, jemanden zu bestrafen.« Ich nahm an, dass sie von den anderen Mädchen redete.

Ich sah mich um. Alle waren gegangen.

»Wo sind denn alle?«, fragte ich Kuniko.

»Sie sind nach Hause gegangen.«

»Warum?«

»Weil du einen Fehler gemacht und sie dann angeschrien hast.«

»Ich habe keinen Fehler gemacht. Das waren die anderen.«

»Nein, Mineko, du irrst dich. Und jetzt hör zu. Hast du nicht gehört, wie Große Meisterin mit Mutter Sakaguchi gesprochen hat? Hast du nicht gehört, wie sie ihr sagte, sie solle dich nicht ausschimpfen?«

»Nein, DU IRRST DICH. Sie hat die anderen Mädchen gemeint. Nicht mich. Sie hat nicht mich gemeint.«

»Mineko! Sei kein trotziges kleines Mädchen.« Kuniko erhob sonst nie die Stimme. Wenn sie es tat, horchte ich auf. »Du hast etwas sehr Schlimmes getan und musst zu Große Meisterin gehen und dich entschuldigen. Das ist sehr wichtig.«

Ich war noch immer sicher, dass ich nichts falsch

gemacht hatte, aber ich spürte die Warnung in Kunikos Stimme. Ich ging zum Zimmer von Große Meisterin, um ihr meinen Respekt zu erweisen und für die Vorstellung zu danken.

Bevor ich etwas sagen konnte, sprach sie. »Mineko, ich möchte nicht, dass du dich über das bekümmerst, was passiert ist. Es ist schon in Ordnung.«

»Sie meinen, eh …«

»Dieser Vorfall. Das ist keine große Sache. Bitte, vergiss es einfach.«

Da begriff ich. Ich hatte einen Fehler gemacht. Ihre Freundlichkeit verstärkte meine Scham nur. Ich verbeugte mich und verließ den Raum.

Kuniko kam hinter mir her. »Es ist schon gut, Minechan, solange du verstehst und es nächstes Mal besser machst. Vergessen wir es einfach und gehen wir Pudding essen.«

Kuniko hatte versprochen, uns nach der Vorstellung alle zum Puddingessen zu Pruniet einzuladen.

»Nein, ich will keinen Pudding mehr.«

Große Meisterin gesellte sich zu uns.

»Bist du noch nicht nach Hause gegangen, Minechan?«

»Große Meisterin, ich kann nicht nach Hause gehen.«

»Mach dir keine Sorgen. Und nun geh nach Hause.«

»Ich kann nicht.«

»Ja, ja. Hast du nicht gehört? Es gibt keinen Grund, sich Sorgen zu machen.«

»Ja.«

Das Wort von Große Meisterin war Gesetz.

»Dann lass uns nach Hause gehen«, sagte Kuniko.

»Nun ja, irgendwohin müssen wir ja gehen. Vielleicht sollten wir Mutter Sakaguchi besuchen.«

Mutter Sakaguchi wusste bereits, dass ich einen Fehler

gemacht hatte. Das würde also vermutlich kein Problem sein.

Ich nickte.

Wir schoben die Tür auf und riefen: »Guten Abend.« Mutter Sakaguchi kam, um uns zu begrüßen.

»Wie schön, euch zu sehen. Wie gut du deine Sache heute gemacht hast, Mineko!«

»Nein«, murmelte ich. »Ich habe es nicht gut gemacht. Ich war schrecklich.«

»So? Warum?«

»Ich habe einen Fehler gemacht.«

»Einen Fehler? Wo? Ich habe keine Fehler gesehen. Ich fand, du hast wunderschön getanzt.«

»Mutter, kann ich hier bei dir bleiben?«

»Natürlich. Aber zuerst musst du nach Hause gehen und Tantchen Oima Bescheid sagen, wo du bist, damit sie sich keine Sorgen macht.«

Schleppenden Schrittes ging ich.

Tantchen Oima wartete vor dem Kohlenbecken auf mich. »Du warst so lange fort! Bist du zum Puddingessen bei Pruniet gewesen? Hat es lecker geschmeckt?«

Kuniko antwortete für mich. »Wir sind bei Mutter Sakaguchi vorbeigegangen.«

»Wie nett von euch! Sie hat sich sicher sehr gefreut.«

Je freundlicher alle zu mir waren, desto elender fühlte ich mich. Ich war wütend auf mich selbst und voller Selbstverachtung.

Ich verzog mich in den Schrank.

Am nächsten Tag brachte mich Kuniko zu dem kleinen Schrein am Fuß der Tatsumi-Brücke, wo ich mich auf dem Weg zum Studio immer mit den anderen Mädchen traf. Sie waren alle da. Ich trat vor jede Einzelne hin und verbeugte mich. »Es tut mir Leid, dass ich gestern einen Fehler gemacht habe. Bitte verzeih mir.«

Sie nahmen es einigermaßen gnädig auf.

Am Tag nach jedem öffentlichen Auftritt müssen wir unserer Lehrerin einen förmlichen Besuch abstatten, um ihr zu danken. Also gingen wir sofort zum Zimmer von Große Meisterin, als wir das Studio erreicht hatten. Ich versteckte mich hinter den anderen Mädchen.

Nachdem wir uns alle zusammen verbeugt und unseren Dank gesagt hatten, beglückwünschte uns die Iemoto zu unserem Auftritt am Vortag. »Ihr habt das entzückend gemacht. Bitte, arbeitet auch in Zukunft so gut. Übt fleißig!«

»Danke, Lehrerin«, sagten alle. »Das werden wir tun.«

Alle, nur ich nicht. Ich tat so, als wäre ich unsichtbar.

Große Meisterin entließ uns, doch als ich gerade einen Seufzer der Erleichterung ausstoßen wollte, sah sie mich direkt an und sagte: »Mineko, ich möchte nicht, dass du dir Gedanken machst wegen dem, was gestern passiert ist.«

Wieder überflutete mich Scham, und ich flüchtete mich in Kunikos Arme, die auf mich wartete.

Das mag so klingen, als hätte Große Meisterin versucht, mich zu trösten. Doch das tat sie nicht. Diese Art Lehrerin war sie nicht. Sie sandte mir eine Botschaft, klar und deutlich. Sie sagte mir, dass es nicht gestattet war, Fehler zu machen. Nicht, wenn ich eine große Tänzerin werden wollte.

11. Kapitel

Ich begann mit der Grundschule, als ich sechs war, ein Jahr nach Beginn des Tanzunterrichts. Weil die Schule in Gion Kobu lag, stammten viele der Schüler aus Familien, die direkt mit der Karyukai in Verbindung standen.

Kuniko war morgens damit beschäftigt, Aba zu helfen, und so brachte mich eines unserer beiden Dienstmädchen, entweder Kaachan oder Suzu-chan, zur Schule. (Chan ist im Japanischen die allgemeine Verkleinerungsform.) Die Schule lag nur zwei Blocks nördlich von der Okiya Iwasaki in der Hanamikoji.

Zu dieser Tageszeit machte ich meine »Einkäufe«. Das war wirklich ganz einfach. Ich ging in einen Laden und suchte aus, was ich wollte oder brauchte. Das Dienstmädchen sagte dann: »Es ist für die Iwasakis aus der Shinbashi«, und der Ladeninhaber gab mir das Gewünschte. Einen Stift. Einen Radiergummi. Ein Band für mein Haar.

Ich wusste nicht, was Geld war. Jahrelang dachte ich, wenn man etwas haben wolle, müsse man nur danach fragen. Und wenn man sagte: »Es ist für die Iwasakis aus der Shinbashi«, konnte man einfach alles bekommen.

Inzwischen gewöhnte ich mich daran, dass ich so etwas wie eine Iwasaki war. Doch dann erschien in diesem ersten Schuljahr Böse Alte statt meiner Mutter und meines Vaters zum Elternsprechtag. Sie trug einen hellroten Kimono mit einem Haifischmuster und einen modischen schwarzen *haori* (ein jackenähnliches Kleidungsstück, das man über dem Kimono trägt). Sie war stark geschminkt und parfümiert. Jedes Mal, wenn sie ihren Fächer bewegte, wehte eine Duftwolke durch den Raum. Es war sehr peinlich.

Am nächsten Tag sagten meine Klassenkameraden »Kleines Fräulein Geiko« zu mir und behaupteten, ich wäre adoptiert. Ich wurde wütend, weil das nicht stimmte.

Beim nächsten Elterntreffen in der Schule war Böse Alte verhindert, und Kuniko kam an ihrer Stelle. Das gefiel mir viel besser.

Ich ging gern zur Schule. Das Lernen machte mir Spaß. Aber ich war entsetzlich schüchtern und blieb meist für mich allein. Die Lehrer gaben sich die größte Mühe, mit mir zu spielen. Sogar der Schulleiter versuchte, mich aus meinem Schneckenhaus zu locken.

Es gab ein kleines Mädchen, das mir gefiel. Sie hieß Hikari oder Sonnenstrahl. Sie sah ungewöhnlich aus, denn sie hatte goldblondes Haar. Ich fand sie ganz reizend.

Hikari hatte ebenfalls keine Freunde. Ich ging auf sie zu, und wir begannen miteinander zu spielen. Stundenlang flüsterten und kicherten wir unter dem Ginkgo-Baum auf dem Schulhof. Ich hätte alles dafür gegeben, solche Haare zu haben wie sie.

An den meisten Tagen stürzte ich aus der Schule, sobald die Glocke ertönte, denn ich hatte es eilig, zu meinem Tanzunterricht zu kommen. Ich ließ das Dienstmädchen mein Pult für mich aufräumen und rannte vor ihr nach Hause. Doch ab und an hatten die Tanzlehrerinnen anderes zu tun, und wir hatten einen Nachmittag frei.

Einmal, als ich keinen Unterricht hatte, lud Hikari-chan mich ein, nach der Schule zu ihr zu kommen. Eigentlich hätte ich sofort nach Hause gemusst, aber ich beschloss, stattdessen mit Hikari zu gehen.

An diesem Tag kam Kaachan mich abholen. Sie war eine Klatschbase mit der Neigung, lange Finger zu machen. *Verflixt,* dachte ich, *ich schätze, ich werde ihr einfach vertrauen müssen.* »Kaachan, ich habe etwas zu erledigen. Geh inzwischen eine Tasse Tee trinken, und in einer Stunde treffe ich dich wieder hier. Und versprich mir, Tantchen Oima nichts zu sagen. Abgemacht?«

Hikari-chan wohnte allein mit ihrer Mutter in einem winzigen Reihenhaus, umgeben von Nachbarn. Ich erinnere mich noch, dass ich dachte: »Wie ungeheuer praktisch, alles und alle so in der Nähe zu haben.« Hikaris Mutter war sanft und herzlich. Sie servierte uns einen Imbiss. Das war ich nicht gewohnt. Meine älteren Brüder und Schwestern balgten sich immer um alles, was es gab, daher aß ich nach der Schule nie etwas. In diesem Fall machte ich eine Ausnahme.

Die Zeit verflog nur so, und bald musste ich gehen.

Ich ging zu Kaachan zurück, und sie brachte mich nach Hause. Kaum waren wir dort angekommen, wurde mir klar, dass mir die Nachricht von meinem Besuch vorausgeeilt war.

Tantchen Oima war wirklich erbost. »Ich verbiete dir, dort jemals wieder hinzugehen«, schrie sie. »Hast du verstanden, junge Dame? Nie, nie wieder!«

Normalerweise gab ich keine Widerworte, aber ihr Zorn verwirrte mich, und ich versuchte zu erklären. Ich erzählte ihr alles von Hikari-chan, wie nett ihre Mutter war, wie sie unter all diesen netten Leuten lebten und wie schön es bei ihr gewesen war. Doch Tantchen wollte nichts von alledem hören. Das war das erste Mal, dass ich auf ein Vorurteil stieß, und ich verstand es wirklich nicht.

In Japan gibt es eine Gruppe von Leuten, die man *burakumin* nennt. Sie gelten als unrein und minderwertig, ein bisschen wie die Unberührbaren in Indien. In alter Zeit kümmerten sie sich um die Toten und berührten andere »unreine« Substanzen wie Rindfleisch und Leder. Sie waren Beerdigungsunternehmer, Metzger, Schuhmacher. Heute sind die *burakumin* nicht mehr so ausgestoßen wie einst, doch in meiner Kindheit lebten sie noch weitgehend in Ghettos.

Ich hatte unwissentlich eine Grenze überschritten. Hikari-chan war nicht nur eine Außenseiterin, sondern überdies unehelich geboren, Frucht einer Verbindung mit einem amerikanischen GI. Das war zu viel für Tantchen Oima. Sie hatte Angst, der Kontakt mit ihr könnte mich besudeln. Eine ihrer Hauptsorgen war mein makelloser Ruf. Daher die Hysterie wegen meines unschuldigen »Verstoßes«.

Ich war sehr frustriert und ließ meinen Zorn an Kaachan aus, weil sie geplaudert hatte. Ich fürchte, dass ich ihr eine ganze Weile das Leben schwer machte. Doch dann fing sie an, mir Leid zu tun. Sie kam aus einer armen Familie und hatte viele Brüder und Schwestern. Ich ertappte sie dabei, wie sie kleine Gegenstände aus dem Haus stibitzte, um sie ihnen zu schicken. Statt sie zu verpetzen, machte ich ihr kleine Geschenke, damit sie nicht stehlen musste.

Kurz nach diesem Vorfall zogen Hikari-chan und ihre Mutter fort. Ich fragte mich oft, was aus ihr geworden sein mochte.

Doch meine Tage waren so ausgefüllt, dass ich mir nie lange über etwas Gedanken machte. Als ich sieben war, wurde mir klar, dass ich »sehr viel zu tun« hatte. Ständig musste ich irgendwo hingehen, etwas erledigen, jemanden besuchen. Ich hatte das Gefühl, alles, was ich tat, so schnell wie möglich erledigen zu müssen, und ich übte mich darin, präzise und tüchtig zu sein. Ich war ewig in Eile.

Die größte Hetze gab es zwischen dem Ende der Schule und dem Beginn des Tanzunterrichts. Ich kam um halb drei aus der Schule. Der Tanzunterricht fing um drei Uhr an, und ich wollte als Erste dort sein, wenn möglich schon um Viertel vor drei. Also raste ich zurück in die Okiya. Kuniko hielt schon meine Tanzkleider bereit und half mir, meine westlichen Sachen mit dem Kimono zu vertauschen. Dann rannte ich aus der Tür, Kuniko, die meine Tanztasche trug, im Schlepptau.

Inzwischen hing ich sehr an Kuniko und wollte sie ebenso beschützen wie sie mich. Ich konnte es nicht ausstehen, wenn Leute sie als minderwertig behandelten. Yaeko war am schlimmsten. Sie gab Kuniko hässliche Schimpfnamen wie »Kürbisgesicht« und »Bergaffe«. Das brachte mich in Rage, aber ich wusste nicht, was ich dagegen machen sollte.

Kuniko war dafür verantwortlich, mich zum Tanzunterricht und hinterher wieder nach Hause zu bringen. Sie versäumte keinen einzigen Tag, ganz gleich, wie viel Arbeit sie in der Okiya hatte. Ich hatte eine ganze Reihe täglicher Rituale, die ich auf dem Weg zur und von der Tanzstunde ausführte. Kuniko ertrug sie geduldig. Auf dem Weg zum Unterricht musste ich drei Dinge erledigen: Als Erstes musste ich Mutter Sakaguchi eine Süßigkeit bringen. (Das hatte ich mir selbst ausgedacht und setzte es auch in die Tat um.) Mutter Sakaguchi gab mir dafür einen Leckerbissen, den ich für später in meine Tasche steckte.

Dann musste ich beim Schrein Halt machen und ein Gebet sprechen.

Als Drittes musste ich »Drachen« streicheln, den großen, weißen Hund, der im Blumenladen wohnte.

Danach konnte ich zum Unterricht gehen.

Kuniko wartete immer auf mich, um mich zurück in die Okiya zu begleiten. Ich genoss den Heimweg ungeheuer.

Zuerst gingen wir zum Blumengeschäft, und ich verfütterte den Leckerbissen, den Mutter Sakaguchi mir gegeben hatte, an Drachen. Dann sah ich mich im Laden um. Ich liebte die Blumen, weil sie mich an meine Mutter erinnerten. Das Mädchen im Geschäft ließ mich dafür, dass ich Drachen einen Leckerbissen gebracht hatte, eine Blume aussuchen. Ich dankte ihr und brachte die Blume der Besitzerin der Garküche am Ende des Blocks. Dafür schnitt sie mir zwei Scheiben *dashimaki* ab (das ist ein süßer, zusammengerollter Pfannkuchen) und gab sie mir mit nach Hause.

Dashimaki war Tantchen Oimas Lieblingsleckerei. Wenn ich ihr stolz das Päckchen überreichte, strahlte sie immer voller Entzücken und tat überrascht. Jeden Tag. Dann stimmte sie ein Lied an. Es gibt eine Melodie, die sie immer sang, wenn sie glücklich war, ein berühmtes Lied. Es geht so: *su-isu-isu-daradattasurasurasuisuisui*. Um mich zu necken, fügte sie einen falschen Konsonanten ein und ich musste sie korrigieren. Dann erst aß sie das Dashimaki. Nun setzte ich mich zu ihr und erzählte ihr alles, was ich an diesem Tag erlebt hatte.

Als ich in der zweiten Klasse war, musste ich zum ersten Mal zum Familiengericht gehen. Ich war acht Jahre alt. Böse Alte brachte mich hin. Mein Vater und meine Mutter waren da. Bevor ich adoptiert werden konnte, musste das Gericht feststellen, dass ich aus eigenem, freiem Willen eine Iwasaki werden wollte.

Ich war innerlich vollkommen zerrissen und unfähig,

eine Entscheidung zu treffen. Die ganze Sache wühlte mich so auf, dass ich mich vor allen Leuten im Gerichtssaal übergeben musste. Ich war noch nicht bereit, meine Eltern zu verlassen.

Der Richter sagte: »Dieses Mädchen ist offenbar noch zu jung, um zu wissen, was es will. Wir müssen warten, bis es dafür alt genug ist.«

Böse Alte brachte mich nach Hause in die Okiya.

12. Kapitel

Mein Leben drehte sich immer mehr um die Shinmonzen-Straße, und ich versuchte, möglichst viel Zeit in der Schule zu verbringen. Mit jedem Tag, der verging, empfand ich größere Leidenschaft für den Tanz und war wild entschlossen, eine wirklich große Tänzerin zu werden.

Eines Tages kam ich in die Shinmonzen und hörte Große Meisterin in ihrem Studio mit jemandem sprechen. Ich war enttäuscht, weil ich gern die erste Stunde hatte. Als ich den Raum betrat, sah ich eine Frau, die, obgleich schon älter, einfach atemberaubend war. Es lag etwas in der Art, wie sie sich hielt, das mich sofort faszinierte.

Große Meisterin sagte mir, ich solle mit am Unterricht teilnehmen. Die ältere Frau verbeugte sich und hieß mich willkommen. Große Meisterin brachte uns einen Tanz bei, der *Ebenholzschwarzes Haar* hieß. Wir übten ihn etliche Male. Die Frau war eine fabelhafte Tänzerin. Zuerst war ich ein bisschen befangen, als ich mit ihr tanzte, aber bald verlor ich mich im Fluss der Bewegungen.

Wie immer kritisierte Große Meisterin meine Arbeit. »Das ist zu langsam, Mine-chan. Steigere das Tempo.«

»Deine Arme sind schlaff. Spann sie mehr an.« Zu der anderen Frau sagte sie kein Wort.

Als wir fertig waren, stellte Große Meisterin mich dem Gast vor. Ihr Name war Han Takehara.

Madame Takehara galt als eine der größten Tänzerinnen ihrer Generation. Sie beherrschte verschiedene Schulen meisterlich und drang tief in das Medium ein, indem sie einen eigenen, ganz neuen Stil entwickelte. Es war ein Privileg, dass ich neben ihr habe tanzen können.

Seit ich klein war, liebte ich es, großen Tänzerinnen zuzusehen, und suchte die Gelegenheit, wann immer möglich bei ihnen zu lernen. Das ist einer der Gründe, warum ich so viel Zeit in der Shinmonzen verbrachte: Tänzerinnen aus ganz Japan kamen, um bei der Iemoto zu studieren. Einige der Frauen, die ich in dieser Zeit traf, sind jetzt Iemotos ihrer eigenen Schulen. Natürlich verbrachte ich auch zahllose Stunden damit, Inoue-Lehrerinnen und -Schülerinnen bei deren Unterricht zu beobachten.

Ein paar Monate nach meinem ersten (fehlerhaften) Auftritt wurde ich ausgewählt, bei den Onshukai-Tänzen, die in diesem Herbst stattfanden, eine Kinderrolle zu tanzen. Dies war das erste Mal, dass ich auf einer öffentlichen Bühne auftrat. Im folgenden Frühjahr tanzte ich beim Miyako Odori, und ich hatte weiter Kinderrollen, bis ich elf war. Auf der Bühne zu sein bedeutete, ungeheuer viel zu lernen, denn so konnte ich die Tänzerinnen aus der Nähe erleben und fühlen.

Ohne mein Wissen lud Tantchen Oima meine Eltern zu jedem meiner Auftritte ein, und soviel ich weiß, kamen sie immer. Meine Augen waren so schlecht, dass ich im Publikum keine einzelnen Personen ausmachen konnte, aber irgendwie wusste ich immer, dass sie da waren. Wie jedes kleine Kind überall auf der Welt rief ich ihnen im

Herzen zu: «Schaut mich an, Mama und Papa! Seht, wie ich tanze! Mache ich nicht gute Fortschritte?«

In Japan ist am Samstag Schule. Daher war der Sonntag mein einziger freier Tag.

Statt auszuschlafen, stand ich früh auf und lief hinüber in die Shinmonzen-Straße, weil es mir solchen Spaß machte herauszufinden, was die Iemoto und die Kleinen Meisterinnen morgens machten. Manchmal kam ich um sechs Uhr früh dort an! (Ich sprach meine Gebete und reinigte die Toiletten, wenn ich aus dem Studio zurückkam.) Der Unterricht für Kinder begann sonntags um acht Uhr morgens, also hatte ich genug Zeit, den Kleinen Meisterinnen zu folgen und zu beobachten, was sie taten.

Große Meisterin sprach als Erstes ihre Gebete, genau wie Tantchen Oima. Während sie im Altarraum war, säuberten die Kleinen Meisterinnen die Schule. Sie wischten den Holzboden der Bühne und die langen Gänge mit Putzlumpen und schrubbten die Toiletten. Ich war beeindruckt. Obwohl sie meine Lehrerinnen waren, mussten sie die gleichen Arbeiten machen wie ich, weil sie noch immer Schülerinnen von Große Meisterin waren.

Große Meisterin und die Kleinen Meisterinnen nahmen das Frühstück gemeinsam ein. Dann gab Große Meisterin den Kleinen Meisterinnen Unterricht, und ich schaute zu. Das war der Höhepunkt meiner Woche.

Ich genoss auch die Sommer, die in Kioto heiß und feucht sind. Es gehörte zu meiner Ausbildung, dass ich an jedem Sommertag hinter Große Meisterin sitzen und ihr mit einem großen, runden Papierfächer kühle Luft zufächeln musste. Ich tat dies gerne, denn das bot mir die Möglichkeit, Große Meisterin lange Zeit ungestört beim Unterrichten zu beobachten. Die anderen Mädchen machten das nicht besonders gern, aber ich konnte stundenlang so dasitzen. Irgendwann ließ Große Meisterin mich dann eine Pause machen. Die anderen Mädchen spielten Papier / Schere / Stein, um zu entscheiden, wer als Nächste an die Reihe kam. Ich war nach zehn Minuten wieder da und fächelte weiter.

Ich übte nicht nur fleißig das Tanzen, sondern auch das Musizieren. Als ich zehn Jahre alt war, legte ich die Koto beiseite und begann, das Shamisen zu spielen, ein Saiteninstrument, das einen eckigen Körper und einen langen Hals hat und mit einem Plektrum gespielt wird. Es ist die traditionelle Begleitung zu Tänzen im Stil von Kioto, also auch zu denen der Inoue-Schule. Das Studium der Musik half mir, die subtilen Rhythmen der Bewegung besser zu verstehen.

Im Japanischen gibt es zwei Wörter für Tanz. Das eine lautet *mai*, das andere *odori*.

Mai gilt als geheiligte Bewegung und ist von den Weihetänzen der Schrein-Dienerinnen abgeleitet, die seit alter Zeit als Gaben an die Götter dargebracht werden. Mai darf nur von dem getanzt werden, der dazu besonders ausgebildet und befugt ist. Odori dagegen ist eine Art von Tanz, die die Wechselfälle des menschlichen Lebens darstellt, froher Anlässe gedenkt oder traurige feierlich in Erinnerung ruft. Solche Tänze sieht man üblicherweise bei japanischen Festen, und sie können von jedermann ausgeführt werden.

Es gibt nur drei Formen von Tanz, die als Mai bezeichnet werden: *mikomai*, die Tänze der Dienerinnen des Shinto-Schreins, *bugaku*, die Tänze des Kaiserhofes, und *noh mai*, die Tänze des No-Dramas. Der Tanzstil von Kioto ist Mai, nicht Odori. Die Inoue-Schule lehnt sich besonders an Noh Mai an und ist ihm auch stilistisch ähnlich.

Als ich zehn Jahre alt war, waren mir diese Unterschiede

bewusst. Ich war stolz, eine Mai-Tänzerin und Mitglied der Inoue-Schule zu sein. Vielleicht ein wenig zu stolz, denn ich wurde richtig pedantisch und nahm alles ganz genau.

An einem kalten Wintertag kam ich frierend ins Studio und ging zum *hibachi*, um mich aufzuwärmen. In dem Raum war ein junges Mädchen, das ich noch nie gesehen hatte. An ihrer Frisur und ihrer Kleidung erkannte ich, dass sie eine *shikomisan* war.

Shikomisan ist die Bezeichnung für jemanden im ersten Stadium der Ausbildung zur Geiko, speziell für jemanden, der bei einer Okiya unter Vertrag steht. Ich selbst zum Beispiel wurde nie als Shikomisan bezeichnet, weil ich eine Atotori war.

Die Shikomisan saß im kältesten Teil des Raumes, gleich in der Nähe der Tür.

»Komm doch ans Feuer«, sagte ich zu ihr. »Wie heißt du?«

»Tazuko Mekuta.«

»Ich werde dich Meku-chan nennen.«

Ich nahm an, dass sie fünf oder sechs Jahre älter war als ich. Aber in der Inoue-Schule wird der Rang vom Datum der Einschreibung bestimmt und nicht vom Alter. Sie war also »jünger« als ich.

Ich zog einen Tabi aus. »Meku-chan, mein kleiner Zeh juckt.« Ich streckte den Fuß aus, und sie kratzte ihn respektvoll. Meku-chan war sanft und lieb und hatte wundervolle Augen. Sie erinnerte mich an meine ältere Schwester Yukiko. Ich verliebte mich auf der Stelle in sie.

Leider kam sie nicht sehr lange in die Schule. Ich vermisste sie und hoffte, eine andere Freundin, eine wie sie zu finden. Also war ich ganz aufgeregt, als ich später in diesem Winter zum Hibachi ging und ein neues Mädchen, das etwa so alt war wie Meku-chan, dort sitzen sah. Doch dieses Mädchen hatte es sich schon am Kohlenbecken bequem gemacht und ignorierte mich, als ich das Zimmer betrat. Sie sagte nicht einmal Hallo. Da sie der Neuankömmling war, gab es für diese Unhöflichkeit keine Entschuldigung.

»Du kannst nicht am Hibachi sitzen«, sagte ich.

»Und warum nicht?«, antwortete sie gleichgültig.

»Wie heißt du überhaupt?«, fragte ich.

»Ich heiße Toshimi Suganuma.« Auf eine Begrüßung wartete ich vergeblich.

Ich ärgerte mich, aber als »Ältere« fühlte ich mich auch verpflichtet, ihr etwas von meinem größeren Wissen mitzugeben und ihr zu erklären, was für Regeln hier in der Inoue-Schule galten. Ich redete also beharrlich weiter.

»Wann hast du angefangen, Unterricht zu nehmen?«

Sie sollte erkennen, dass ich schon länger da war als sie und sie mich mit Respekt behandeln sollte.

Aber sie begriff nicht. »Ach, keine Ahnung. Vor einer Weile.«

Ich überlegte mir, was ich ihr sagen könnte, um ihr ihren Fauxpas begreiflich zu machen, doch da wurde sie zu ihrem Unterricht gerufen.

Dies war ein echtes Problem. Ich würde es mit Tantchen Oima besprechen müssen.

Ich verließ die Schule, sobald meine Lektion zu Ende war, und spulte mein Hund-Blume-Dashimaki-Programm so rasch wie möglich ab. Den restlichen Weg nach Hause rannte ich.

Ich gab Tantchen Oima ihr Dashimaki. Sie sah aus, als würde sie gleich wieder zu singen anfangen, aber ich stoppte sie. »Sing heute nicht *suisui*. Ich habe ein Problem und muss mit dir reden.« Ich schilderte ihr mein Dilemma ausführlich.

»Mineko, Toshimi wird ihr Debüt vor dir geben. Sie

wird also eines Tages eine deiner großen Schwestern sein. Das bedeutet, dass du sie respektieren musst. Und nett zu ihr sein musst. Du hast keinen Grund, ihr zu sagen, was sie tun soll. Ich bin sicher, Große Meisterin wird Toshimi alles beibringen, was sie wissen muss. Das ist nicht deine Aufgabe.«

Ich vergaß diesen Vorfall, bis ich Jahre später daran erinnert wurde. Kurz nach meinem Debüt als Maiko wurde ich zu einem Bankett gerufen. Yuriko (Meku-chan) und Toshimi, die beide Geikos der Spitzenklasse geworden waren, waren ebenfalls da. Sie machten gutmütige Scherze darüber, wie wichtigtuerisch ich als kleines Mädchen gewesen war. Ich errötete vor Verlegenheit. Doch sie trugen mir nichts nach. Beide wurden in den folgenden Jahren wichtige Mentorinnen für mich. Yuriko wurde eine meiner wenigen Freundinnen.

In Gion Kobu halten Beziehungen lange, und Harmonie gilt als höchster sozialer Wert. Die Wertschätzung friedlicher Koexistenz ist zwar typisch für die ganze japanische Gesellschaft, aber in der Karyukai ist sie noch stärker ausgeprägt. Ich glaube, dafür gibt es zwei Gründe. Der Erste ist, dass wir alle so eng miteinander verbunden sind. Die Menschen haben keine andere Wahl, als miteinander auszukommen.

Der andere Grund liegt in der Natur unseres Berufs. Maikos und Geikos unterhalten mächtige Leute aus allen Bereichen der Gesellschaft und aus der ganzen Welt. Wir sind Diplomatinnen und müssen fähig sein, mit jedermann auszukommen. Das bedeutet aber nicht, dass wir Fußabtreter sind. Man erwartet von uns Scharfsinn und Einsicht. Mit der Zeit lernte ich, meine Gedanken und Meinungen zu äußern, ohne andere zu verletzen.

13. Kapitel

Als ich im November 1959 zehn wurde, musste ich wieder vor dem Familiengericht erscheinen. Meine Eltern waren schon da, als ich ankam. Ich hatte einen Anwalt, Herrn Kikkawa. Er hatte fettiges Haar, aber er war der beste Anwalt in Kioto.

Ich sollte dem Richter sagen, wo ich leben wollte.

Der Druck, eine Entscheidung treffen zu müssen, war unerträglich. Immer, wenn ich an meine Eltern dachte, tat mir das Herz weh. Mein Vater beugte sich zu mir und sagte: »Du musst das nicht tun, Masako. Du musst nicht bei ihnen bleiben, wenn du nicht willst.« Ich nickte. Und dann passierte es wieder. Ich übergab mich mitten im Gerichtssaal.

Diesmal schloss der Richter die Verhandlung nicht.

Stattdessen sah er mir in die Augen und fragte ohne Umschweife: »Zu welcher Familie willst du gehören, zu den Tanakas oder zu den Iwasakis?«

Ich stand auf, holte tief Luft und sagte mit klarer Stimme: »Ich werde zu den Iwasakis gehören.«

»Bist du absolut sicher, dass du das willst?«

»Ja, das bin ich.«

Ich hatte meine Entscheidung schon vorher getroffen,

aber es war ein schreckliches Gefühl, die Worte aus meinem Mund zu hören. Es fiel mir furchtbar schwer, meinen Eltern wehzutun. Doch ich sagte es, weil ich den Tanz liebte. Das Tanzen war mein Leben geworden, und ich konnte mir nicht vorstellen, es für etwas oder jemanden aufzugeben. Ich wollte eine Iwasaki werden, damit ich meinen Tanzunterricht fortsetzen konnte.

Ich verließ den Gerichtssaal zwischen meinen Eltern und klammerte mich an ihren Händen fest. Ich hatte solche Schuldgefühle wegen meines Verrats, dass ich keinen von ihnen ansehen konnte. Ich weinte. Aus dem Augenwinkel sah ich, dass auch meinen Eltern Tränen über die Wangen rannen.

Böse Alte hielt ein Taxi an, und zu viert fuhren wir in die Okiya zurück.

Mein Vater versuchte mich zu trösten. »Vielleicht ist es so am besten, Ma-chan«, sagte er. »Ich bin sicher, das Leben in der Okiya Iwasaki wird dir mehr Spaß machen als das Leben zu Hause. Dort gibt es so viel Interessantes für dich zu tun. Aber wenn du jemals nach Hause kommen willst, dann lass es mich wissen, und ich komme dich abholen. Jederzeit. Bei Tag oder bei Nacht. Ruf mich einfach an.«

Ich sah ihn an und sagte: »Ich bin gestorben.«

Meine Eltern wandten sich ab und gingen. Sie trugen beide Kimonos. Als sie sich immer weiter entfernten, schrie ich innerlich: »Mama! Papa!« Aber die Worte kamen mir nie über die Lippen.

Mein Vater drehte sich nach mir um. Ich kämpfte die Versuchung nieder, ihm nachzulaufen, lächelte unter Tränen und winkte traurig hinter ihm her. Ich hatte meine Wahl getroffen.

An diesem Abend war Tantchen Oima selig. Nun war es offiziell. Ich war die Nachfolgerin für die Okiya. Wenn der Papierkram erledigt war, würde ich die gesetzliche Erbin sein. Es gab ein riesiges Dinner mit festlichen Gerichten wie Meerbrasse, Reis mit roten Bohnen und teurem Fleisch, unter anderem Steaks. Viele Leute kamen zum Gratulieren und brachten mir Geschenke.

Das Fest dauerte stundenlang. Irgendwann konnte ich es nicht mehr aushalten und verzog mich in den Schrank. Tantchen Oima konnte gar nicht aufhören, *su-isu-isu-dararattasurasurasuisuisui* zu singen. Sogar Böse Alte lachte laut. Alle waren überglücklich: Aba, Mutter Sakaguchi, die Okasans der verwandten Häuser. Sogar Kuniko.

Ich hatte gerade meiner Mutter und meinem Vater Lebewohl gesagt, und das für immer. Ich konnte nicht glauben, dass das für alle ein Grund zum Feiern war. Ich war erschöpft, und mein Kopf war vollkommen leer. Ohne nachzudenken, zog ich eines der schwarzen Samtbänder aus meinem Haar, schlang es mir um den Hals und zog daran, so fest ich konnte. Ich wollte mich umbringen. Es klappte nicht. Am Ende gab ich auf und versank in einem Meer von Tränen.

Am nächsten Morgen versteckte ich das Mal an meinem Hals und schleppte mich zur Schule. Ich fühlte mich vollkommen leer. Irgendwie schaffte ich es, den Vormittag zu überstehen, und zwang mich, zum Tanzunterricht zu gehen.

Als ich dort ankam, fragte mich Große Meisterin, an welchem Tanz wir gerade arbeiteten. »*Yozakura (Kirschblüten bei Nacht)*«, antwortete ich.

»Gut, dann zeig mir, woran du dich erinnerst.«

Ich begann zu tanzen.

Und sie fing an, mich heftig zu kritisieren. »Nein, das ist falsch, Mineko. Das auch. Und das! Hör auf, Mineko! Was ist denn heute mit dir los? Hör auf, hör sofort auf, verstanden! Und wage es nicht zu weinen. Ich kann kleine Mädchen, die weinen, nicht ausstehen. Du bist entlassen!«

Ich konnte es nicht glauben. Ich hatte keine Ahnung, was ich falsch gemacht hatte. Ich weinte nicht, aber ich war vollkommen durcheinander. Ich entschuldigte mich unablässig, aber sie wollte mir nicht antworten, also ging ich schließlich.

Ich hatte soeben mein erstes, gefürchtetes *OTOME* erhalten und ich hatte keine Ahnung, warum.

Otome bedeutete »Stopp!« und ist eine Strafe, die es nur in der Inoue-Schule gibt. Wenn die Lehrerin der Schülerin ein Otome gibt, muss sie sofort zu tanzen aufhören und das Studio verlassen. Und man sagt ihr nicht, wann sie zurückkommen darf – es ist ein Ausschluss auf unbestimmte Zeit. Der Gedanke, man könnte mir verbieten, weiterhin zu tanzen, war mir unerträglich.

Ich wartete nicht auf Kuniko, sondern ging allein nach Hause und verzog mich sofort in den Schrank, ohne irgendjemandem ein Wort zu sagen. Mir war elend. Zuerst der Gerichtssaal und nun dies. Warum war Große Meisterin so zornig?

Tantchen Oima kam an die Schranktür.

»Was ist los, Mine-chan? Warum bist du allein nach Hause gekommen?«

»Mine-chan, möchtest du zu Abend essen?«

»Mine-chan, hättest du Lust, ein Bad zu nehmen?«

Ich gab keine Antwort.

Ich hörte eine der Sakaguchi-Dienerinnen ins Zimmer kommen. Sie sagte, Mutter Sakaguchi müsse Tantchen Oima sofort sprechen. Tantchen Oima machte sich eilig auf den Weg.

Mutter Sakaguchi kam gleich zur Sache. »Wir haben so etwas wie eine Krise. Soeben hat Frau Aiko angerufen. Offenbar hat ihre Assistentin die Namen von zwei

Stücken verwechselt. Mit einem ist Mineko gerade fertig, das andere lernt sie noch. Fräulein Kawabata hat Mineko gesagt, *Sakuramiyotote (Kirschblütenbetrachtung)* sei *Yozakura (Kirschblüten bei Nacht)* und umgekehrt. Und darum hat Mineko heute den falschen Tanz vorgeführt und von Aiko ein Otome bekommen. Geht es Mineko gut?«

»Also das ist passiert. Nein, es geht ihr nicht gut. Sie hockt im Schrank und will nicht mit mir sprechen. Ich glaube, sie ist völlig außer sich.«

»Was machen wir, wenn sie aufhören will?«

»Wir müssen sie davon abhalten.«

»Dann geh nach Hause und gib dir alle Mühe, sie aus dem Schrank herauszuholen.«

Ich kam zu dem Schluss, dass ich das Otome wohl bekommen hatte, weil ich nicht fleißig genug geübt hatte und einfach besser werden musste. Also begann ich dort im Wandschrank den Tanz zu üben, den ich lernte, und auch den, mit dem ich gerade fertig war. Ich übte stundenlang. Ständig hielt ich mich selbst zu mehr Konzentration an. *Wenn ich die Tänze morgen perfekt ausführe, wird Große Meisterin so überrascht sein, dass sie das Otome vergisst.*

Doch wie bei vielen Dingen in Gion Kobu war das nicht so einfach. Ich konnte nicht ohne weiteres zum Unterricht zurückkehren, als sei nichts geschehen. Dabei spielte es keine Rolle, wessen Schuld es war. Ich hatte das Otome bekommen, und darum mussten meine älteren Verwandten um mein Verbleiben in der Schule bitten. Also machten wir uns gemeinsam auf in die Shinmonzen-Straße, Mutter Sakaguchi, Tantchen Oima, Meisterin Kasama, Böse Alte, Yaeko, Kun-chan und ich.

Mutter Sakaguchi verbeugte sich und wandte sich an Große Meisterin. »Es tut mir sehr Leid, was gestern passiert ist. Bitte, lassen Sie unsere Mineko Schülerin Ihrer geschätzten Schule bleiben.«

Keiner verlor ein Wort über das, was tatsächlich passiert war. Der Anlass war unwichtig. Wichtig war, dass jeder sein Gesicht wahrte und ich meine Ausbildung ohne Unterbrechung fortsetzen durfte.

»Nun gut, Mutter Sakaguchi, ich werde tun, worum Sie mich bitten. Mineko, bitte zeig uns, woran du arbeitest.«

Ich tanzte *Kirschblütenbetrachtung*. Und dann, unaufgefordert, tanzte ich *Kirschblüten bei Nacht*. Ich machte meine Sache gut. Als ich fertig war, war es still im Raum. Ich schaute mich um und sah die vielen unterschiedlichen Gefühle, die sich auf den Gesichtern der Frauen spiegelten.

Mir wurde klar, dass die Welt der Erwachsenen etwas sehr Kompliziertes war.

Heute verstehe ich, dass Große Meisterin das Otome als starkes pädagogisches Druckmittel gebrauchte. Sie gab mir immer dann eines, wenn sie wollte, dass ich mich selbst zwang, die nächsthöhere künstlerische Ebene zu erreichen; sie benutzte den Schrecken des Otome bewusst, um meine Motivation zu stärken. Es war ein Test. Würde ich stärker zurückkommen? Oder würde ich aufgeben und gehen? Ich halte das für keine besonders moderne Unterrichtsmethode, doch zumindest in meinem Fall hatte sie immer den gewünschten Effekt.

Mittelmäßigen Tänzerinnen gab Große Meisterin nie ein Otome, sondern nur denen von uns, die sie für größere Rollen vorsah. Die Einzige, für die mein erstes Otome wirklich Folgen hatte, war die Lehrerin, die mir die falschen Angaben gemacht hatte. Sie durfte mich nie wieder unterrichten.

Mineko Iwasaki im Alter von sechs Jahren

Mineko auf dem Schoß ihres Vaters,
mit ihrer Mutter und den Geschwistern

Die Brücke, die über den Kanal zum Elterhaus führt. In diesem Kanal ertrinkt auch Minekos Neffe Masayuki.

Mineko als Siebenjährige in Gion Kobu

Mit sechs Jahren beginnt für Mineko die professionelle Tanzausbildung an der Inoue-Tanzschule. Sie übernimmt verschiedene Kinderrollen, z. B. den giftigen Pilz (oben rechts, acht Jahre) und den Schmetterling (unten rechts, zehn Jahre)

Minekos Schwester Kuniko mit dreißig Jahren

Mama Masako (Böse Alte) mit vierundvierzig Jahren

Tantchen Oima (links), Aba (Mitte), Abas Ehemann (rechts)

Mineko (Mitte) mit Yaeko (links) und Mutter Sakaguchi (rechts)

Mineko als *minarai* (Lernmaiko), vor einer Puppenausstellung, die sie so begeistert, dass sie vergisst, die Gäste des *ozashiki* (Bankett) zu begrüßen.

Am 15. April 1960 wurde meine Adoption amtlich. Da ich zu der Zeit bereits seit fünf Jahren in der Okiya Iwasaki lebte, hatte der veränderte Status keine großen Auswirkungen auf mein tägliches Leben. Einmal abgesehen davon, dass ich nun oben im Zimmer bei Böse Alte schlafen musste.

Ich hatte die Brücke ganz überquert. Die Welt meiner Kindheit lag hinter mir. Vor mir lag die Welt des Tanzes.

14. Kapitel

Das einzig Erfreuliche an Yaekos Anwesenheit in der Okiya Iwasaki war, dass ihr Sohn Masayuki manchmal zu Besuch kam. Böse Alte fragte Masayuki, was er sich zu seinem dreizehnten Geburtstag wünsche. Er war ein sehr guter Schüler und gestand, mehr als alles andere wünsche er sich eine Weltenzyklopädie.

An seinem Geburtstag am 9. Januar kam er in die Okiya Iwasaki, so dass Böse Alte ihm sein Geschenk geben konnte. Masayuki war selig. Stundenlang saßen wir im Gästehaus und blätterten gemeinsam die Seiten durch.

Formelle japanische Empfangsräume haben einen *tokonoma* genannten Alkoven, um dort wertgeschätzte Objekte zur Schau zu stellen. Dazu gehören gewöhnlich eine Bildrolle mit einem jahreszeitlichen Motiv und Blumen, die kunstvoll in einer passenden Vase arrangiert sind. Ich erinnere mich noch immer an die Rolle, die an diesem Tag im Tokonoma hing. Es war ein Neujahrsbild von einer über den Bergen aufgehenden Sonne. Vor der Sonne flog ein Kranich vorbei. Die Kissen, auf denen wir saßen, waren mit warmer brauner Seide bezogen. Wäre Sommer gewesen, hätten sie einen Überzug aus kühlem blauem Leinen gehabt.

Sechs Tage später, gegen elf Uhr vormittags, läutete das Telefon. Kaum hörte ich das Klingeln, hatte ich eine schreckliche Vorahnung. Ich wusste, dass etwas Schlimmes passiert war. Der Anruf kam von meinem Vater. Er sagte, Masayuki sei verschwunden. Er war an diesem Morgen zum Laden gegangen, um Tofu zum Frühstück zu kaufen, und nicht zurückgekommen. Sie konnten ihn nirgends finden.

Yaeko war bei einem Lunch für irgendeinen ausländischen Botschafter im Hyotei, einem exklusiven Restaurant in der Nähe von Nanzenji, das eine vierhundert Jahre alte Geschichte hat. Nachdem wir meinem Vater gesagt hatten, wo sie war, rasten Kuniko, Tomiko und ich nach Hause.

Als wir in unser Wohnviertel kamen, sahen wir, dass am Rand des Kanals zahllose Polizisten und Feuerwehrleute umherliefen. Die Beamten hatten am steilen Ufer Kratzspuren von Fingernägeln entdeckt. Und die Kieselsteine am Uferrand waren aufgewühlt. Sie schlossen daraus, dass Masayuki gestolpert und gefallen war. Sie konnten zwar keine Leiche finden, aber sie nahmen an, dass er ertrunken war. In dem eiskalten Wasser konnte niemand länger als ein paar Minuten überleben.

Mein Gehirn und mein Herz setzten aus. Ich konnte es nicht glauben. Der Kanal. Der Kanal, der uns winzige Muscheln für Miso-Suppe schenkte. Der Kanal mit den schönen Kirschblüten. Der Kanal, der unser Haus vor dem Rest der Welt beschützt hatte. Dieser Kanal hatte meinen Freund verschlungen. Mehr als meinen Freund. Meinen Neffen. Ich war vom Schock wie betäubt.

Meine Eltern waren am Boden zerstört. Mein Vater betete seinen Enkel an, und ich konnte den Schmerz in seinem Gesicht nicht ertragen. Ich wollte ihn trösten, aber ich war nicht mehr seine Tochter. Ich hatte meine Eltern in den zwei Jahren seit dem Tag im Gerichtssaal, an dem ich erklärt hatte, eine Iwasaki und keine Tanaka sein zu wollen, nicht mehr gesehen. Ich fühlte mich hilflos. Ich wusste nicht, was von mir erwartet wurde. Ich wünschte mir, ich wäre an Stelle von Masayuki gestorben.

Yaeko wartete bis nach dem Mittagessen, bevor sie zum Haus ihrer Eltern hinauskam. Noch heute begreife ich nicht, wie sie in diesem Restaurant sitzen bleiben, essen und geistreiche Konversation machen konnte, wo sie doch wusste, dass ihr Sohn verschwunden war. Ich kenne den Raum, in dem sie saß. Er geht auf einen Garten hinaus. Der Garten hat einen Teich, der von einem Bach gespeist wird, und das Wasser des Bachs kommt aus demselben Kanal, der ihrem Sohn das Leben nahm.

Yaeko traf gegen drei Uhr ein. Sie zeigte mit dem Finger auf mich und begann wie von Sinnen zu schreien: »Das hätte dich treffen sollen! Du hättest diejenige sein sollen, die stirbt, du wertloses Stück Nichts! Nicht mein Masayuki.«

In diesem Augenblick stimmte ich ihr völlig zu. Ich hätte alles dafür gegeben, mein Leben gegen seines zu tauschen. Sie klagte meine Eltern an. Meine Eltern gaben sich selbst die Schuld. Es war ein furchtbarer Aufruhr.

Ich versuchte ruhig zu bleiben. Ich nahm an, dass mein Vater das von mir erwartete. Er würde nicht wollen, dass ich mich durch Tränen blamierte. Und Tantchen Oima. Sie würde ebenfalls wollen, dass ich meine Fassung bewahrte. Also entschied ich, dass ich beiden Familien gleichzeitig Ehre erwies, wenn ich meine Gefühle verbarg.

Ich würde stark sein müssen.

Als ich in die Okiya zurückkam, gestattete ich mir nicht, im Schrank Zuflucht zu suchen. Masayukis Leiche wurde eine Woche später geborgen. Sie war vom Kanal in das Flusssystem des Beckens von Kioto und von dort aus den ganzen Weg nach Süden bis Fushimi gespült worden. Wir hielten bei dem Leichnam die traditionelle Nachtwache. Und dann bestatteten wir ihn. Die Stadt errichtete am Kanalufer einen grünen Drahtzaun. Das war meine erste Erfahrung mit dem Tod, und zugleich einer meiner letzten Besuche im Haus meiner Eltern.

Yaekos Hass auf mich wurde immer schlimmer. Jedes Mal, wenn sie an mir vorbeikam, flüsterte sie leise: »Ich wünschte, du wärest tot.« Ich behielt die Enzyklopädie. Auf jeder Seite waren Masayukis Fingerabdrücke. Ich war wie besessen vom Tod. *Was passierte, wenn man starb? Wo war Masayuki? Gab es irgendeine Möglichkeit, wie ich auch dorthin gelangen konnte?* Darüber dachte ich die ganze Zeit nach. Es beschäftigte mich so sehr, dass ich meine Studien und meinen Unterricht ausnahmsweise vernachlässigte. Schließlich beschloss ich, alle alten Männer der Nachbarschaft zu befragen. Sie waren dem Tod näher als ich. Vielleicht würde einer von ihnen etwas wissen.

Ich fragte den Gemüsemann, Onkel Hori, meinen Kalligraphielehrer, Herrn Nohmura, den Vergolder, Herrn Sugane, den Wäscher, und den Kupferschmied. Ich fragte jeden, der mir einfiel, aber keiner hatte eine befriedigende Antwort. Ich wusste nicht, wohin ich mich sonst wenden sollte.

Inzwischen nahte der Frühling und damit die Aufnahmeprüfungen für die Mittelschule. Böse Alte wollte, dass ich mich bei der prestigeträchtigen Mittelschule bewarb, die zum Frauen-College von Kioto gehört. Aber ich konnte keinen klaren Gedanken fassen. Am Ende schrieb ich mich bei der örtlichen Mittelschule in unserer Nachbarschaft ein.

Yaeko war so wütend auf meine Eltern, dass sie ihren älteren Sohn Mamoru nicht mehr bei ihnen wohnen lassen wollte. Aber sie war zu egoistisch und zu verantwortungslos, um ein passendes Zuhause, etwa eine Wohnung, zu finden, wo sie zusammen leben konnten. Sie bestand darauf, ihn in die Okiya mitzubringen.

Dies war nicht das erste Mal, dass Yaeko die Regeln verletzte. Das tat sie ständig. Ihre bloße Anwesenheit war ein Verstoß. Die einzigen Geikos, die in der Okiya leben dürfen, sind die Atotori und die jungen Geikos, die noch unter Vertrag stehen.

Yaeko war weder das eine noch das andere. Sie dachte wohl gern, sie wäre noch immer eine Iwasaki, aber ihre Scheidung war noch nicht rechtskräftig, und ihr Nachname lautete Uehara. Sie hatte ihren Vertrag mit der Okiya gebrochen, als sie fortging, um zu heiraten. Deswegen hatte sie kein Recht, dort zu leben. Und obendrein ist es unzulässig, wieder in eine Okiya einzutreten, nachdem man sie einmal verlassen hat.

Yaeko setzte sich über Tantchen Oimas und Böse Altes Einwände hinweg. Sie holte Mamoru zu sich in die Okiya und verstieß weiter gegen die Regeln. Nachts schmuggelte sie sogar ihre Liebhaber in ihr Zimmer. Eines Morgens taumelte ich halb schlafend ins Badezimmer und traf dort auf einen Mann, den sie in der Nacht zuvor heimlich eingelassen hatte. Ich schrie auf. Der ganze Haushalt geriet in Aufruhr.

Typisch Yaeko.

Es gehörte sich nicht, dass ein Mann, irgendein Mann, die Nacht in der Okiya verbrachte, denn das weckte Zweifel an der Keuschheit ihrer Bewohnerinnen. In Gion

Kobu bleibt nichts geheim oder unbemerkt. Tantchen Oima war nie glücklich, wenn ein Mann im Haus war. Wenn aus irgendeinem Grund ein Mann über Nacht bleiben musste, auch wenn es ein naher Verwandter war, ließ sie ihn bis nach dem Mittagessen bleiben, damit niemand ihn morgens fortgehen sah und auf falsche Gedanken kam.

Ich war zwölf. Mamoru war fünfzehn. Er war vielleicht noch kein erwachsener Mann, aber seine Energie veränderte die Atmosphäre der Okiya. Sie vermittelte mir nicht mehr den gleichen Schutz und die Geborgenheit wie zuvor. Mamoru neckte mich auf eine Weise, die mir ausgesprochen unangenehm war.

Einmal waren er und zwei seiner Freunde oben in seinem Zimmer. Als ich hineinging, um ihnen Tee zu bringen, packten sie mich und schubsten mich herum. Ich bekam Angst und rannte nach unten. Sie lachten. Ein anderes Mal war ich allein im Bad und hörte jemanden im Umkleidezimmer. Ich rief: »Wer ist da?« Suzu-chan arbeitete im Garten, und durch das Fenster hörte ich ihre Stimme. »Ist alles in Ordnung, Fräulein Mineko?«

»Ja, alles in Ordnung«, antwortete ich.

Ich hörte, wie die Tür zufiel und jemand über die Außentreppe in den ersten Stock rannte. Das musste Mamoru sein.

Ich wusste so gut wie nichts über Sex. Darüber wurde niemals gesprochen, und ich war auch nicht besonders neugierig. Der einzige Mann, den ich jemals nackt gesehen hatte, war mein Vater, und das war so viele Jahre her, dass ich kaum noch wusste, wie er aussah.

Daher war es ein totaler Schock, als sich Mamoru eines Abends, während ich mich im Umkleidezimmer auszog, leise anschlich, mich packte, brutal zu Boden warf und zu vergewaltigen versuchte.

Es war ein heißer Sommerabend, aber ich erstarrte zu Eis. Mein Kopf war ganz leer, und mir wurde kalt vor Angst. Ich war zu erschrocken, um zu schreien, und kaum in der Lage, mich zu wehren. Doch in diesem Augenblick kam Kun-chan herein, um mir ein frisches Handtuch und Kleider zum Wechseln zu bringen – und dafür werde ich ihr ewig dankbar sein.

Sie riss Mamoru von mir herunter und stieß ihn gewaltsam beiseite. Ich dachte, sie würde ihn umbringen.

»Du dreckiger Bastard!«, kreischte sie.

Normalerweise war sie eine friedfertige Person, doch nun wurde sie zur wilden Furie.

»Du dreckiges, verdorbenes Schwein! Wie kannst du es wagen, Hand an Mineko zu legen? Verdammt, verschwinde von hier. Auf der Stelle! Ich bring dich um, wenn du jemals wieder daran denkst, sie anzufassen. HAST DU MICH VERSTANDEN?«

Mamoru schlich davon wie ein Dieb in der Nacht. Kuniko versuchte mich aufzuheben. Ich zitterte so sehr, dass ich nicht einmal stehen konnte. Mein Körper war mit blauen Flecken übersät.

Sie brachte mich zu Bett. Tantchen Oima und Böse Alte waren sehr lieb. Aber ich war völlig traumatisiert und konnte das Gefühl von Panik und Angst nicht abschütteln.

Tantchen Oima rief Yaeko und Mamoru zu sich und befahl ihnen ohne Umschweife, das Haus zu verlassen. »Ich will, dass ihr augenblicklich geht. Jetzt. Keine Entschuldigungen. Sagt nichts, kein Wort.« Später erzählte mir Tantchen Oima, dass sie noch nie in ihrem Leben wütender gewesen sei.

Yaeko weigerte sich zu gehen. Sie behauptete, sie wisse nicht, wohin, was, wenn ich zurückblicke, wahrscheinlich stimmte. Keiner konnte sie ausstehen. Böse Alte griff ein und sagte, sie würde Yaeko helfen, einen Zufluchtsort zu finden.

Tantchen Oima wollte Mamoru keine Minute länger als nötig mit mir in einem Haus lassen. Sie rief Mutter Sakaguchi zu Hilfe. Auch sie wollte uns nicht länger unter einem Dach wissen. Also schmiedeten die beiden einen Plan.

Am nächsten Tag rief Tantchen Oima mich zu sich. »Mine-chan, ich möchte dich um einen großen Gefallen bitten. Mutter Sakaguchi braucht im Augenblick etwas Hilfe zu Hause und hätte gern, dass du für eine Weile zu ihr ziehst. Würde dir das etwas ausmachen? Wir wären dir wirklich dankbar.«

Ich antwortete auf der Stelle. »Ich werde mit Freuden tun, was ich kann.«

»Danke, Liebes. Ich packe deine Kleider ein, aber deine Schulsachen suchst du besser selbst zusammen.«

Ehrlich gesagt, war ich insgeheim erleichtert.

Noch am gleichen Nachmittag zog ich zu Mutter Sakaguchi.

Es dauerte zwei Wochen, bis Böse Alte ein Haus für Yaeko gefunden hatte. Es lag südlich von Shijo in der Nishihanamikohi-Straße. Sie borgte ihr 35 000 Dollar, damit sie es kaufen konnte. Yaeko zog mit Mamoru dort ein. Ich versuchte, ihm möglichst aus dem Weg zu gehen, aber er machte stets anzügliche Bemerkungen, wenn wir uns auf der Straße begegneten. Tantchen Oima erklärte sich bereit, weiter Yaekos Karriere zu managen. So würde die Okiya Iwasaki wegen des Vorfalls in der Gemeinschaft nicht das Gesicht verlieren. Yaeko bekam ihre Strafe, aber das brauchte niemand zu wissen.

Ich durchlebte eine schreckliche Zeit. Ich hatte entsetzliche Alpträume und stand ständig am Rande der Hysterie. Dauernd musste ich mich übergeben. Ich wusste, alle waren wirklich um mich besorgt, aber ich konnte nicht so tun, als sei ich in Ordnung. Mutter Sakaguchi ließ eine ihrer Dienerinnen rund um die Uhr über mich wachen. Dieser Zustand hielt monatelang an.

15. Kapitel

Ich habe mich oft gefragt, wieso Tantchen Oima Yaekos Verhalten so lange hinnahm, wo sie doch in allen anderen Dingen so streng war. War es ihr wirklich so wichtig, die Harmonie und das Gesicht zu wahren, dass sie alles andere dafür hintanstellte? Teilweise bestimmt. Aber ich denke, ihre Ehre verpflichtet sie auch, Yaeko anständig zu behandeln, allein aus der Tatsache heraus, dass sie meine Schwester und ich die Atotori war. Und außerdem, welche Fehler sie auch immer haben mochte: Yaeko war noch immer ein Mitglied der Okiya-Familie Iwasaki.

Mutter Sakaguchi dagegen fand, dass Tantchen Oima Yaeko nicht genug bestrafte. Sie rief Yaeko zu sich und sprach ein härteres Urteil aus: »Ich verbiete dir für die nächsten drei Jahre, öffentlich zu tanzen. Ich habe Meisterin Aiko bereits über meine Entscheidung informiert, sie ist also endgültig. Bis auf weiteres bist du auch aus unserem engsten Kreis verbannt. Du darfst nicht mehr über die Schwelle dieses oder irgendeines anderen Hauses unserer Familie treten. Wir wünschen keinen Umgang mit dir. Sende mir keine Geschenke. Spar dir die üblichen Grüße oder rituellen Besuche, auch an Neujahr.

Und noch etwas. Ich verbiete dir, in Minekos Nähe zu

kommen. Hast du verstanden? Du hast nichts mit ihr zu schaffen. Ich entbinde dich von deinen Pflichten als ihre Onesan, nicht offiziell, aber faktisch. Du wirst ihrem Debüt in einer untergeordneten Stellung beiwohnen. Der Herr des Hauses Suehiroya wird dir sagen, wo du bei dieser Gelegenheit zu sitzen hast. Und jetzt geh und komm nicht mehr wieder.«

Niemand hätte Mutter Sakaguchi einen Vorwurf gemacht, wenn sie Yaeko wegen ihres Verhaltens aus Gion Kobu verbannt hätte. Doch sie wählte eine weniger drastische Bestrafung, eine Bestrafung, die Yaekos Aktivitäten für die nächsten paar Jahre wirksam beschnitt, ohne Schande über einen unserer Namen zu bringen, insbesondere meinen.

Während ich bei Mutter Sakaguchi lebte, lernte ich ungeheuer viel darüber, wie das Gewerbe der Geikos funktioniert. Sie war eine fabelhafte Geschäftsfrau und eine wirklich mächtige Vermittlerin. Ich betrachte sie gern als »Patin« des Viertels. Dauernd kamen Leute zu ihr, die ihren Einfluss und ihren Rat suchten.

Kanoko Sakaguchi war eine echte Tochter von Gion Kobu. Sie war nicht adoptiert, sondern die leibliche Tochter der Besitzerin der berühmten Okiya Sakaguchi. Diese war für ihre Musikerinnen bekannt, und Kanoko wurde eine Meisterin des japanischen Schlaginstruments *ohayashi*. Sie debütierte als Teenager und entwickelte sich zu einer sehr beliebten Geiko.

Kanokos Mutter setzte ihre Tochter als ihre Atotori ein. Die Okiya Sakaguchi war groß und florierte, und Kanoko hatte zahlreiche »jüngere Schwestern«. Doch sie wollte sich lieber auf ihre Musik konzentrieren, als die Okiya zu leiten. Sie ermutigte die jüngeren Geikos, die unter ihrer Obhut standen, unabhängig zu werden.

Frei, sich ihrer Musik zu widmen, stieg Kanoko in der

Hierarchie von Gion Kobu rasch auf. Sie erhielt eine Zulassung, die sie berechtigte, als Einzige bestimmte Tänze von Gion Kobu lehren. Nach den Regeln von Gion Kobu bedeutet dies, dass jeder, der mit dem Ohayashi auftreten wollte, sich bei ihr die Erlaubnis dazu holen musste.

In der Inoue-Schule gibt es eine Funktion, die als *koken* bezeichnet wird. Die Koken sind so etwas wie Regenten oder Wächter. Es gibt fünf Familien, die diesen Ehrentitel tragen. Eine davon ist die Familie Sakaguchi.

Die Koken sind unter anderem deshalb wichtig, weil sie mit der Wahl der Iemoto beauftragt sind. Zu einer derartigen Nachfolge kommt es nur einmal in zwei oder drei Generationen, und sie hat tiefgreifende Auswirkungen darauf, wie die Schule geleitet wird. Als Koken war Mutter Sakaguchi an der Wahl von Inoue Yachiyo IV beteiligt. Die Iemoto war ihr wegen ihrer Unterstützung verpflichtet.

Doch Mutter Sakaguchis Einfluss ging noch über den von Große Meisterin hinaus. Durch Geburt oder Umstände war sie eine Autoritätsfigur für viele wichtige Leute in Gion Kobu, darunter Meisterin Kazami, die Tanzlehrerin, Kotei Yoshizuma, die Shamisen-Spielerin, verschiedene Okiya-Besitzerinnen und Mitarbeiter des Kabuki, und sie war natürlich die Okasan aller Okiyas des Sakaguchi-Clans.

Mutter Sakaguchi war zehn Jahre jünger als Tantchen Oima und dürfte also um die achtzig gewesen sein, als ich bei ihr einzog. Doch sie war noch immer vital und kümmerte sich tatkräftig um die Belange von Gion Kobu. Denken Sie nur an all die Sorgfalt und Aufmerksamkeit, die sie meiner Karriere und meinem Wohlergehen widmete. Für den Rest des siebten und das ganze achte Schuljahr hindurch wohnte ich bei Mutter Sakaguchi.

Nun schlief ich zwar woanders, aber sonst änderte sich nichts an meinem Tagesablauf. Ich ging weiterhin morgens zur Schule und nachmittags zu meinem Unterricht. Ich lernte fleißig und übte noch fleißiger. Inzwischen war ich so in die größere Gemeinschaft von Gion Kobu eingebunden, dass ich nach meinem Umzug kaum einen Unterschied bemerkte, außer dass ich auf meine Gewohnheit verzichten musste, an Kunikos oder Tantchen Oimas Brust zu nuckeln, bis ich einschlief.

In der Schule kam ich weiterhin gut voran. Im achten Schuljahr hing ich sehr an meinem Klassenlehrer. Eines Tages wurde er krank und musste in ein Krankenhaus eingeliefert werden. Ich war noch immer ziemlich mitgenommen von Masayukis Tod und hatte schreckliche Angst, ihm könne das gleiche Schicksal widerfahren. Der Schulleiter wollte mir nicht sagen, wo er lag, aber ich gab keine Ruhe, bis er schließlich die Adresse aufschrieb und mir den Zettel zusteckte.

Ich brachte die ganze Klasse auf die Beine. Wir ignorierten die Proteste der stellvertretenden Lehrerin und falteten in nur drei Tagen neunhundertundneunundneunzig Origami-Kraniche, die wir zu einem Mobile verbanden, das unserem Lehrer helfen sollte, schneller gesund zu werden. Dann falteten wir den letzten Kranich, den tausendsten. Den sollte unser Lehrer dem Mobile hinzufügen, wenn er wieder gesund war. Ich durfte die Shijo-Straße nicht überqueren, also mussten meine Klassenkameradinnen das Mobile ohne mich abliefern.

Zwei Monate später kehrte unser Lehrer an die Schule zurück. Als Dank schenkte er uns allen Stifte. Ich war ungeheuer erleichtert, dass er nicht gestorben war.

Zu Beginn des neunten Schuljahrs kehrte ich in die Okiya Iwasaki zurück.

Während meiner Abwesenheit war Tomikos Dienstzeit

abgelaufen. Als Tomiko in die Okiya eingetreten war, hatte sie einen Vertrag für sechs Jahre unterschrieben. Das bedeutete, dass sie im Grunde eine Angestellte der Okiya war. Nach Ablauf ihres Vertrages stand es ihr frei, weiterhin als Geiko zu arbeiten, die zwar nicht mehr in der Okiya wohnte, sich aber von dieser betreuen ließ, oder etwas anderes zu tun. Sie entschied sich zu heiraten.

Als Vertrags-Geiko blieb Tomiko während ihres ganzen Aufenthalts in der Okiya eine Tanaka. Deshalb wurde sie im Gegensatz zu mir ermuntert, die Beziehung zu meinen Eltern und Geschwistern zu pflegen, was sie auch tat. Sie besuchte sie regelmäßig. Meine Schwester Yoshio verlobte sich, und ihr Verlobter machte Tomiko mit dem Mann bekannt, den sie am Ende heiratete.

Ich vermisste sie, aber es war gut, wieder zu Hause in der Okiya zu sein. Ich freute mich auf meine Klassenfahrt in der Mittelschule, ein Highlight im Leben jedes japanischen Jugendlichen. Wir sollten nach Tokio fahren. Eine Woche vor der geplanten Abreise bekam ich Bauchschmerzen und ging auf die Toilette. Irgendetwas stimmte ganz und gar nicht. Ich blutete da unten. Ich musste Hämorrhoiden bekommen haben, was in meiner Familie häufig vorkam. Ich wusste nicht, was ich tun sollte. Endlich kam Fusae-chan, eines unserer Lehrlingsmädchen, um nach mir zu sehen. Ich bat sie, Tantchen Oima zu rufen, die durch die geschlossene Tür mit mir sprach.

»Mine-chan, was ist da drinnen los?«

»Ach, etwas Schreckliches ist passiert. Ich blute.«

»Das ist nicht schrecklich, Mineko. Es ist alles in Ordnung. Das ist gut.«

»Hämorrhoiden sind gut?«

»Das sind keine Hämorrhoiden. Du hast deine Periode.«

»Meine was?«

»Deine Periode. Du menstruierst. Das ist vollkommen normal. Hast du das nicht in der Schule gelernt?«

»Sie haben uns so was gesagt. Aber das ist schon lange her.«

Man könnte meinen, das Leben in einer rein weiblichen Gesellschaft hätte mich auf so etwas vorbereitet. Doch das Gegenteil war der Fall. Niemand sprach jemals über intime Dinge. Ich war vollkommen ahnungslos.

»Lass mich Kun-chan holen, damit sie dir hilft. Du wirst einige Dinge brauchen, die sie dir geben kann.«

Der Haushalt machte viel Wind um meine »Errungenschaft«. Im Allgemeinen wird dieser Anlass in Japan mit einem besonderen Essen zu Hause gefeiert, aber weil ich die Iwasaki-Atotori war, machte Tante Oima es zu einem großen Ereignis. Am Abend gab es ein großes, festliches Dinner, und Leute aus ganz Gion Kobu kamen vorbei, um ihren Respekt zu erweisen und Glückwünsche auszusprechen. Wir verschenkten Schachteln mit einer besonderen Süßigkeit, die *ochobo* heißt, ein kleines, rundes Konfekt mit roter Spitze, das einer knospenden Brust ähneln soll.

Ich fand die ganze Geschichte schrecklich peinlich, und wie viele Mädchen meines Alters hasste ich die Vorstellung, dass alle wussten, was passiert war. Wieso feierten wir dauernd Sachen, bei denen ich mich unwohl fühlte?

Yaeko beglich in diesem Jahr ihre Schulden. Sie zahlte Tantchen Oima das Geld zurück, mit dem diese 1952 ihre Schulden bezahlt hatte. Auch Böse Alte bekam das Geld wieder, das Yaeko 1962 für den Kauf des Hauses gebraucht hatte. Tantchen Oima erstattete Mutter Sakaguchi die entsprechenden Summen. Aber dann leistete sich Yaeko wieder einen Fauxpas.

Statt Zinsen überreichte Yaeko Böse Alte eine Obi-Spange aus Amethyst. Böse Alte war von dieser Geste total beleidigt. Yaeko hatte die Spange in einem Juweliergeschäft gekauft, mit dem wir dauernd zu tun hatten. Sie wusste, dass wir erfahren würden, wie viel genau sie gekostet hatte. Statt zur Beilegung der Streitigkeiten beizutragen, lieferte Yaeko mit diesem protzigen Geschenk einen weiterer Beweis dafür, wie vulgär sie war und wie wenig Ahnung sie davon hatte, wie die Karyukai funktionierte.

Ich selbst begann mich gegen die starren Regeln aufzulehnen, die jeden Aspekt des Lebens in der Karyukai diktieren. Das war nur natürlich. Ich war vierzehn. Ohne meiner Familie etwas zu sagen, tat ich etwas wirklich Schlimmes. Ich trat in die Basketball-Mannschaft ein. Das war ein ziemliches Bravourstück. Mir waren alle Aktivitäten streng verboten, bei denen ich mich verletzen konnte. Ich erzählte Böse Alte, ich hätte mich dem Club für das Arrangieren von Blumen angeschlossen. Sie freute sich über mein edles Streben.

Ich liebte das Spiel. Das jahrelange Tanzen hatte meine Konzentration und meinen Gleichgewichtssinn gefördert. Ich war eine begabte Spielerin. In diesem Jahr errang meine Mannschaft bei der Landesmeisterschaft den zweiten Platz.

Böse Alte kam nie dahinter.

16. Kapitel

Im November 1964, sie war vierundneunzig Jahre alt, wurde Tantchen Oima plötzlich krank und musste das Bett hüten. Mein fünfzehnter Geburtstag kam und ging. Ich saß so oft wie möglich bei ihr, sprach mit ihr und massierte ihre alten, müden Muskeln. Sie ließ sich von niemandem außer Kuniko und mir baden oder die Bettpfanne wechseln.

In Gion Kobu beginnen wir mit den Neujahrsvorbereitungen Mitte Dezember, früher als der Rest des Landes. Es geht am 13. Dezember los, einem Tag, den wir *Kotohajime* nennen. An Kotohajime besteht der erste Punkt der Tagesordnung darin, der Iemoto einen Besuch abzustatten, um Grüße und Geschenke auszutauschen. Die Iemoto gibt jeder von uns einen neuen Fächer für das kommende Jahr. Die Farbe des Fächers entspricht unserem gegenwärtigen Rang. Dafür schenken wir ihr im Namen unserer Familie zwei Gegenstände: *okagamisan*, zwei übereinander gelegte, klebrige Reiskuchen, sowie einen rot-weißen Briefumschlag, der Bargeld enthält. Der Umschlag ist mit einer komplizierten Girlande aus goldenem und silbernem Band verziert. Der Geldbetrag entspricht dem »Wert« des Fächers, den wir bekommen haben, also unserem Status innerhalb der Hierarchie der Schule: weniger für Kinder, mehr für ältere Geikos. Wenn Kotohajime vorbei ist, stiftet die Iemoto die Süßigkeiten und das Geld einer Schule für körperlich behinderte oder geistig zurückgebliebene Kinder.

Am 13. Dezember kleidete ich mich an und machte mich pflichtschuldig auf den Weg zu meinem Kotohajime-Besuch. Es war mein letztes Jahr als Nicht-Profi. Im folgenden Herbst, wenn ich sechzehn wurde, sollte ich meine Prüfung als Maiko ablegen, und falls ich bestand, würde meine berufliche Laufbahn beginnen.

Deshalb war ich verwirrt, als Große Meisterin mir zunickte und sagte: »Mine-chan, übermorgen findet in der Nyokoba eine Prüfung statt, und ich möchte, dass du daran teilnimmst. Sie beginnt um zehn Uhr, also sei pünktlich um halb zehn dort.«

Ich hatte keine Wahl, ich musste zustimmen, obwohl ich das Gefühl hatte, neben Tantchen Oimas Krankheit nichts weiter bewältigen zu können. Ich ging nach Hause und berichtete Tantchen Oima die Neuigkeit. Die Verwandlung, die mit ihr vorging, machte mich fassungslos. Sie war wieder ganz die Alte. Ihr Gesicht verzog sich zu einem Grinsen, und sie fing sogar an, das *sui-sui*-Lied zu singen. Zum ersten Mal begriff ich, wie wichtig es für Tantchen Oima war, dass ich Maiko wurde. Diese Erkenntnis traf mich wie ein Schlag. Das war mir nie wirklich klar gewesen.

Böse Alte kam mitten aus einem Bankett nach Hause. Tantchen Oima erzählte ihr von der Prüfung. Böse Alte regte sich noch mehr auf als Tantchen Oima.

»Ach du meine Güte. Das lässt uns nicht mehr viel Zeit. Kuniko, sag meine restlichen Termine für heute ab. Und wenn ich's mir recht überlege, die für morgen und übermorgen auch. So, Mineko, machen wir uns an die Arbeit.

Zuerst rufst du zwei von den anderen Mädchen an und bittest sie, zu uns zu kommen. Es ist besser, wenn ihr als Gruppe übt. Los, beeil dich, wir müssen anfangen.«

Ich bemühte mich, mir das Lachen über ihren Eifer zu verkneifen.

»Aber richtig mache ich die Prüfung doch erst nächstes Jahr. Diesmal ist es keine große Sache. Im Grunde kenne ich die Tänze.«

»Rede keinen Unsinn. Wir müssen uns an die Arbeit machen, und wir haben nicht viel Zeit. Jetzt ruf deine Freundinnen an. Und mach schnell.«

Ich verstand noch immer nicht, was das sollte, aber ich tat, was von mir verlangt wurde.

Die Mädchen freuten sich, dass wir sie brauchten.

Man hatte uns angewiesen, sieben Stücke vorzubereiten. Böse Alte holte ihr Shamisen heraus und begann zu spielen. Wir probten jedes Stück hunderte von Malen. Wir arbeiteten Tag und Nacht und hielten kaum inne, um zu essen oder zu schlafen. Nach zwei Tagen kannte ich auch die winzigsten Bewegungen aller sieben Tänze auswendig. Böse Alte ließ keine Minute nach. Es war erstaunlich.

Am 15. Dezember weckte Böse Alte mich extra früh auf, um sicherzustellen, dass wir rechtzeitig in der Nyokoba eintrafen. Dreizehn Mädchen saßen und warteten in Studio zwei. Alle waren sehr nervös. Nur ich nicht. Ich hatte die Bedeutung des Augenblicks noch immer nicht begriffen.

Für einige von ihnen war das heute ihre letzte Chance. Wenn sie diesmal nicht bestanden, mussten sie ihren Traum aufgeben, eine Maiko zu werden.

Eine nach der anderen wurden wir zur Prüfung aufgerufen. Die Tür wurde geschlossen, sodass wir nicht sehen konnten, was dahinter vorging. Das verstärkte die Angst auf dem Flur nur.

Welches Stück wir vorführen sollten, erfuhren wir erst, wenn wir drinnen waren und allein die Bühne betraten. Große Meisterin sagte uns dann, was wir tun sollten.

Zwei meiner Freundinnen waren vor mir an der Reihe.

»Was musstet ihr machen?«, fragte ich, als sie wieder herauskamen.

»*Torioi* (die Geschichte einer umherziehenden Shamisen-Spielerin)«, antworteten beide.

»Kein Problem«, dachte ich. »Das kann ich.« Im Geiste begann ich, Torioi zu tanzen, und ging gewissenhaft jede einzelne Bewegung durch. Ich begriff wirklich nicht, warum sich alle so aufregten.

Dann kam ich an die Reihe.

Der erste Teil der Prüfung bestand darin, die Tür zu öffnen. Ich tat das genauso, wie man es mir beigebracht hatte. Inzwischen waren mir die mechanischen Bewegungen zur zweiten Natur geworden. Sie fühlten sich flüssig und anmutig an.

Ich schob die Tür auf, verneigte mich und bat um Erlaubnis einzutreten. Ich verstand, warum die anderen Mädchen so nervös waren. Große Meisterin war nicht allein da. Alle Kleinen Meisterinnen waren bei ihr. Und die Herrin des Ichirikitei. Und Mitglieder des Kabukai. Und Abgesandte der Ochaya- und Geiko-Verbände. Und einige Leute, die ich nicht erkannte. Die Zuschauer saßen in mehreren Reihen vor der Bühne. Bereit, ihr Urteil zu fällen.

Ich versuchte, gefasst zu bleiben, und stieg so ruhig ich konnte auf die Bühne.

Große Meisterin wandte sich mir zu und sagte nur ein Wort: »*Nanoha* (die Geschichte von einem Schmetterling und einer Kohlblüte).«

»Hoppla«, dachte ich. »Also nicht Torioi. Nun gut, dann eben das. Ich werde mein Bestes tun.«

Ich hielt einen Moment inne, sagte »Danke«, verneigte mich vor dem Richterkollegium und begann zu tanzen. Den ersten Teil des Stückes führte ich fehlerlos vor. Aber dann, unmittelbar vor dem Ende, unterlief mir ein winziger Fehler. Ich erstarrte mitten in der Pose.

Ich wandte mich an die Begleiterin und verkündete: »Ich habe einen Fehler gemacht. Bitte, beginnen Sie noch einmal von vorn.«

Große Meisterin unterbrach. »Wir hätten das niemals gemerkt, wenn du nichts gesagt hättest. Ich bitte alle Anwesenden um Entschuldigung, aber da Mineko den Tanz schon fast beendet hatte, würde es Ihnen etwas ausmachen, wenn sie nur den letzten Teil wiederholt?«

»Natürlich nicht«, antworteten alle.

»Mine-chan, bitte nur den letzten Teil.«

»Ja«, sagte ich und führte den letzten Teil des Tanzes auf.

Dann dankte ich dem Kollegium erneut und verließ die Bühne.

Böse Alte tigerte im Flur auf und ab wie eine Wildkatze. Kaum sah sie mich, fragte sie auch schon: »Wie ist es gelaufen?«

»Ich habe einen Fehler gemacht.«

»Einen Fehler? Was für einen Fehler? War er schlimm? Glaubst du, dass du durchgefallen bist?«

»Bestimmt.«

»Ach du liebe Güte, hoffentlich nicht.«

»Wieso?« Ich nahm die ganze Sache noch immer nicht recht ernst.

»Weil Tantchen Oima am Boden zerstört sein würde. Sie liegt da, hält die Luft an und wartet auf das Ergebnis. Ich hatte gehofft, ihre gute Nachrichten bringen zu können.«

Jetzt fühlte ich mich wirklich elend. Tantchen Oima

hatte ich ganz vergessen. Ich war nicht nur eine lausige Tänzerin, sondern dazu auch noch egoistisch und illoyal. Je länger wir warteten, desto schlechter fühlte ich mich. Endlich rief uns ein Mitglied des Kabukai alle in die Eingangshalle der Nyokoba.

»Hier sind die Ergebnisse der heutigen Prüfung. Ich freue mich mitteilen zu können, dass Fräulein Mineko Iwasaki mit siebenundneunzig Punkten den ersten Platz errungen hat. Glückwunsche, Mineko.«

Er heftete eine Liste an die Wand. »Hier sind die weiteren Ergebnisse. Tut mir Leid für diejenigen von euch, die es nicht geschafft haben.«

Ich konnte es nicht glauben. Ich dachte, da müsse ein Irrtum vorliegen. Aber es stand da, schwarz auf weiß.

»Besser hätte es nicht laufen können.« Böse Alte war begeistert. »Tantchen Oima wird außer sich sein! Wirklich, Mineko, ich bin so stolz auf dich. Was für eine Leistung! Lass uns feiern, bevor wir nach Hause gehen, ja? Laden wir deine Freundinnen auch ein. Wohin sollen wir gehen? Alles, was du willst, ist okay. Es geht auf meine Rechnung.« Sie verhaspelte sich fast beim Sprechen.

Wir gingen mit der ganzen Gruppe ins Takarabune zum Steakessen. Wir brauchten ewig, um hinzukommen. Böse Alte verbeugte sich vor jedem, den wir unterwegs trafen, erklärte: »Mineko ist Erste geworden! Vielen herzlichen Dank!«

Sie bedankte sich bei allen, weil sie wie so viele Japaner glaubte, dass ein ganzes Dorf nötig ist, um ein Kind großzuziehen. Ich war eher das Ergebnis einer kollektiven als einer individuellen Anstrengung. Und das Kollektiv war Gion Kobu.

Die Besitzer des Restaurants waren alte Freunde, überschütteten uns mit Glückwünschen und versorgten uns reichlich mit Speisen. Alle hatten ihren Spaß, aber ich war nicht sehr glücklich. Eines der Mädchen fragte mich, was los sei.

»Halt einfach den Mund und iss dein Steak«, sagte ich.

Es war nicht so, als hätte ich schlechte Laune gehabt. Nur, in meinem Kopf drehte sich alles. Da waren so viele Gedanken und Gefühle. Ich war froh, die Prüfung bestanden zu haben, aber mir taten diejenigen Leid, die durchgefallen waren. Und ich machte mir schreckliche Sorgen um Tantchen Oima. Außerdem dachte ich über meine Beziehung zu Böse Alte nach.

Ich lebte nun zehn Jahre in der Okiya Iwasaki. Masako hatte mich vor fast fünf Jahren adoptiert und zum Familienmitglied gemacht. Ich dachte darüber nach, dass ich mir nie gestattet hatte, sie »Mutter« zu nennen.

Einmal, nachdem die Adoptionspapiere gekommen waren, spielte ich mit einer Wasserpistole herum und spritzte sie – ein Kind, das Aufmerksamkeit sucht – nass. Sie lief hinter mir her und sagte: »Wenn du wirklich mein Kind wärst, würde ich dir jetzt eine ordentliche Abreibung verpassen.« Das war wie ein Schlag ins Gesicht. Ich hatte gedacht, ich wäre ihr Kind. Jedenfalls irgendwie. Ich gehörte nicht mehr richtig zu meiner eigenen Mutter. Zu wem gehörte ich eigentlich?

Als Masako noch jünger war, hatte Tantchen Oima ihr vorgeschlagen, sie solle doch versuchen, ein Kind zu bekommen. Die Karyukai fördert die Unabhängigkeit der Frauen, und es ist keine Schande, eine alleinstehende Mutter zu sein. Wie ich schon erwähnt habe, ist es in der Karyukai leichter, Mädchen großzuziehen als Jungen, aber viele Frauen haben auch Söhne großgezogen. Tantchen Oima hoffte natürlich, Masako würde eine Tochter bekommen, jemanden, der weiter den Familiennamen trug, eine Atotori.

Doch Masako wollte darüber nicht einmal nachdenken. Sie war nie ganz darüber hinweggekommen, dass sie unehelich war, und sie wollte kein weiteres Kind in die gleiche Lage bringen. Außerdem war sie durch eine Tuberkulose körperlich geschwächt. Sie war nicht sicher, ob sie stark genug wäre, die Schwangerschaft durchzustehen.

Als ich adoptiert wurde, hatte ich beschlossen, Böse Alte niemals »Mutter« zu nennen. Aber jetzt war ich nicht mehr so sicher. Was war mit den beiden letzten Tagen? Sie hatte so hart für mich gearbeitet. Und sich meinen Erfolg so sehr gewünscht. Eine echte Mutter hätte nicht mehr tun können.

Vielleicht ist es an der Zeit, meine Meinung zu ändern, dachte ich.

Nachdem wir fertig gegessen hatten, wagte ich den Sprung ins kalte Wasser. Ich sah sie direkt an und sagte: »Mama, lass uns nach Hause gehen.«

Der überraschte Ausdruck, der über ihr Gesicht huschte, verschwand gleich wieder, aber ich werde ihn nie vergessen. »Ja, sollen wir?«, sagte sie lächelnd. »Danke euch allen, dass ihr gekommen seid. Ich habe mich so gefreut, dass ihr dabei wart.«

Wir gingen zurück in die Okiya Iwasaki.

»Das ist einer der schönsten Tage meines Lebens«, sagte sie.

Wir eilten in Tantchen Oimas Zimmer, um ihr die gute Nachricht zu bringen. Ich hatte die Geistesgegenwart, ihr für all ihre Bemühungen um mich zu danken.

Tantchen Oima war begeistert, versuchte aber, sich gelassen zu geben. »Ich hatte nie den leisesten Zweifel, dass du bestehen würdest. Kein bisschen. Jetzt müssen wir deine Garderobe planen. Morgen fangen wir an. Masako, wir müssen Eriman und Saito und eine Menge anderer anrufen. Lass uns eine Liste machen. Wir haben so viel zu tun!«

Tantchen Oima lag im Sterben, aber ihr entging nichts. Dafür hatte sie gelebt. Und sie gelobte, mein Debüt würde spektakulär sein. Ich war glücklich, weil sie glücklich war, aber der Gedanke daran, eine Maiko zu werden, erweckte in mir gemischte Gefühle. Ich glaubte noch immer nicht, dass es das war, was ich mir wünschte. Sicher, ich wollte weiterhin tanzen. Aber ich wollte auch auf die Oberschule gehen.

Doch nach der Prüfung überschlugen sich die Ereignisse, sodass ich wenig Zeit für solche Überlegungen hatte. Wir schrieben schon den 15. Dezember. Mutter Sakaguchi, Tantchen Oima und Mama Masako entschieden, dass ich am 15. Februar eine Minarai oder Lernmaiko werden und mein formelles Debüt, das Misedashi, am 26. März geben würde.

Dass ich ein Jahr früher als geplant Maiko werden würde, bedeutete, dass ich mit dem Unterricht in der Nyokoba vor meinem Abschluss an der Mittelschule am 15. März beginnen würde. Und wenn ich im nächsten Frühjahr beim Miyako Odori auftreten sollte, dann müsste ich ab dem darauf folgenden Monat für Presseauftritte zur Verfügung stehen.

Die Okiya Iwasaki hatte mit den Vorbereitungen für mein Debüt und für das neue Jahr alle Hände voll zu tun. Unsere Mittel wurden knapp. Tantchen Oima war bettlägerig und musste gepflegt werden.

In der Okiya war ein Großputz fällig. Und der Strom von Lieferanten, die ins Haus kamen, um alle Details meiner Garderobe zu besprechen, riss nicht ab. Kunchan, Aba und Mama Masako waren furchtbar beschäftigt, ich verbrachte jede freie Minute bei Tantchen Oima.

Tomiko kam häufig vorbei, um bei dem ganzen Wahnsinn zu helfen. Sie erwartete den ersten ihrer beiden Söhne, war aber so nett, uns bei den Vorkehrungen für mein Debüt zu unterstützen.

Mir war bewusst, dass die Zeit, die ich mit Tantchen Oima verbrachte, kostbar war. Sie wollte mir unbedingt sagen, wie sehr sie sich freute, dass ich beschlossen hatte, Masako Mutter zu nennen. »Mineko, ich weiß, dass Masako eine schwierige Person ist, aber sie ist ein sehr guter Mensch. Sie hat ein so reines Herz, dass sie manchmal zu ernst und direkt wirkt. Aber du kannst ihr immer vertrauen. Also, sei bitte gut zu ihr. An ihr ist nichts Böses. Sie ist nicht wie Yaeko.«

Ich tat mein Bestes, um sie zu beruhigen. »Ich verstehe, Tantchen Oima. Bitte, mach dir keine Gedanken um uns. Es wird mit uns gut gehen. So, und nun lass dich von mir massieren.«

Eine Minarai ist man nur für kurze Zeit, für ein oder zwei Monate. Minarai bedeutet Lernen durch Beobachten. Die angehende Maiko hat die Chance, aus erster Hand Erfahrungen über die Ochaya zu sammeln. Sie trägt ein professionelles Kostüm und besucht nächtliche Bankette. Sie beobachtet die komplizierten Nuancen von Verhalten, Etikette, Benehmen und geschickter Konversation, die sie bald selbst beherrschen muss.

Die Minarai wird von einer Ochaya (ihrer *minaraijaya*) gesponsert, darf allerdings auch Bankette anderer Veranstalter besuchen. Sie kleidet sich jeden Abend an und stellt sich ihrer Ochaya zur Verfügung. Der Besitzer (oder die Besitzerin) macht die Terminplanung. Das ist deshalb praktisch, weil der Besitzer in seiner oder ihrer Rolle als Mentor in der Lage ist, alle Fragen zu beantworten, die sich vielleicht ergeben. Nicht selten entsteht zwischen dem Besitzer einer Ochaya und der Minarai eine Bindung, die jahrelang hält.

Eine der ersten Entscheidungen, die meine älteren Verwandten zu treffen hatten, nachdem ich überraschend die Prüfung bestanden hatte, betraf die Wahl der Ochaya, der ich anvertraut werden sollte. Sie hatten mehrere Optionen. Die Sakaguchi-Frauen lernten gewöhnlich bei Tomiyo, die Iwasakis bei Mankiku, und Yaeko hatte ihre Lehrzeit bei Minomatsu absolviert. Aus irgendeinem Grund entschieden sich meine Verwandten bei mir für Fusanoya. Ich bin sicher, dass das etwas mit der damaligen Interessenpolitik von Gion Kobu zu tun hatte.

Am 9. Januar gab der Kabukai ein mit seinem offiziellen Stempel versehenes Dokument heraus, in dem die Namen der Geikos aufgelistet waren, die beim diesjährigen Miyako Odori auftreten würden. Mein Name war dabei. Jetzt war es amtlich.

Man teilte mir mit, dass der Fototermin für die Werbebroschüre am 26. Januar stattfinden würde. Das bedeutete, dass die Okiya Iwasaki bis zu diesem Tag ein stilechtes Kostüm für mich fertig stellen musste. Die Vorbereitungen wurden immer hektischer.

Am 21. Januar kam ich von meinem Tanzunterricht zurück und ging zu Tantchen Oima, um den Rest des Tages mit ihr zu verbringen. Als hätte sie darauf gewartet, dass ich nach Hause kam, starb sie in dem Moment, als ich mich neben sie setzte. Kun-chan war auch dabei. Wir waren so geschockt, dass keine von uns weinte. Ich wollte einfach nicht glauben, dass sie wirklich tot war.

In meiner Erinnerung wirkt Tantchen Oimas Bestattung wie ein alter Schwarz-Weiß-Film. Es war ein eiskalter Morgen. Schnee fiel vom Himmel. Der Boden war weiß überpudert. Hunderte von Trauernden versammelten sich in der Okiya Iwasaki. Alle trugen düstere, schwarze Trauerkimonos.

Ein Läufer führte vom Genkan bis in den Altarraum. Er war von einer fast zehn Zentimeter dicken Schicht

Salz bedeckt. Es war ein Weg aus Salz, reinem, weißem Salz.

Mama Masako saß an der Stirnseite des Raums. Ich saß zwischen ihr und Kuniko. Der Sarg stand vor dem Altar. Die buddhistischen Priester saßen vor dem Sarg und sangen Sutras.

Nach der Trauerfeier begleiteten wir den Sarg zum Krematorium. Wir warteten zwei Stunden, während Tantchen Oima verbrannt wurde. Dann nahmen wir mit besonderen Stäbchen einige ihrer verkohlten Knochen und legten sie in eine Urne. Die Asche war weiß. Wir trugen die Urne in die Okiya Iwasaki zurück und stellten sie auf den Altar. Die Priester kamen noch einmal, und wir, die Familienangehörigen, hielten einen privaten Gottesdienst ab.

Der starke Kontrast zwischen hell und dunkel an diesem Tag schien die intensive Klarheit und Würde von Tantchen Oimas Leben widerzuspiegeln.

Jetzt war Mama Masako die Besitzerin der Okiya Iwasaki.

Wir setzten unsere Vorbereitungen für mein Debüt fort. Ich musste mich für den am 26. Januar geplanten Fototermin bereitmachen. Zufällig war dies der siebte Tag nach Tantchen Oimas Tod, der Tag des ersten Gedenkgottesdienstes.

An diesem Morgen ging ich zu einem Meisterfriseur und ließ mein Haar herrichten. Dann kam Mutter Sakaguchi in die Okiya, um mir Gesicht und Hals zu schminken. Ich saß vor ihr und fühlte mich wie eine Königin, sehr erwachsen mit meiner ersten richtigen Frisur. Sie musterte mich mit einem zärtlich-schmerzlichen Ausdruck von Stolz.

In diesem Moment wurde mir wirklich bewusst, dass Tantchen Oima tot war. Ich brach in Tränen aus. Endlich. Der Heilungsprozess hatte eingesetzt. Ich weinte zwei Stunden, bevor Mutter Sakaguchi anfangen konnte, mich zu schminken. Alle mussten auf mich warten.

Neunundvierzig Tage nach ihrem Tod begruben wir Tantchen Oimas Urne in der Iwasaki-Grabstätte auf dem Otani-Friedhof.

17. Kapitel

Die Ästhetik der Ochayas hat sich aus der traditionellen japanischen Teezeremonie heraus entwickelt, einer anspruchsvollen künstlerischen Disziplin, die korrekter mit »Weg des Tees« übersetzt ist.

Teezeremonien sind Rituale mit komplizierten Vorschriften, die den schlichten Akt zelebrieren, mit einer kleinen Gruppe von Freunden eine Tasse Tee zu genießen, eine angenehme Erholung von den Sorgen der Alltagswelt. Die ideale Einfachheit der Teezeremonie ist nur mit höchster Kunstfertigkeit zu erreichen. Das Teehaus selbst und alle handgefertigten Gegenstände, die darin benutzt werden, sind mit äußerster Sorgfalt geschaffene Kunstwerke. Der Gastgeber richtet mit einer Abfolge minutiös choreographierter und endlos geübter Bewegungen die Teeschalen für seine Gäste her. Nichts bleibt dem Zufall überlassen.

So ist es auch in den Ochayas. Alles Menschenmögliche wird getan, um den Gästen etwas wirklich Erlesenes zu bieten. Kein Detail wird übersehen. Ein solches Ereignis in einer Ochaya nennt man *ozashiki*. Man könnte das frei mit Bankett oder Dinnerparty übersetzen, und das Wort bezeichnet auch den Raum, in dem die Zeremonie stattfindet.

Bei einem Ozashiki erfreuen sich Gastgeber und Gäste an dem Besten, was an kulinarischen Genüssen, Entspannung, anregender Konversation und kultivierter Unterhaltung geboten werden kann. Ein Ozashiki dauert einige Stunden, findet in einem absolut privaten Raum ohne jede Störung statt und sorgt im Idealfall, wie die Teezeremonie, für eine Erholung vom Alltag. Die Ochaya stellt die Umgebung zur Verfügung, die Maikos und Geikos wirken als Katalysatoren, aber es ist die Kultiviertheit der Gäste, die den Ton des Abends bestimmt.

Es kann jemand nur durch persönliche Empfehlung Kunde einer Ochaya werden. Man kann nicht einfach von der Straße hereinkommen. Neue Kunden werden von Stammgästen eingeführt. Dieser Auswahlprozess sorgt dafür, dass jeder Gast, der die Mittel hat, Gastgeber eines Banketts in einer Ochaya in Gion Kobu zu sein, quasi per Definition eine vertrauenswürdige, gebildete und kultivierte Person ist. Nicht selten bringen Eltern ihre gerade erwachsen gewordenen Kinder im Rahmen ihrer Erziehung zu solchen Banketten mit. So kommt es, dass eine Familie eine Beziehung zu einer bestimmten Ochaya haben kann, die über Generationen gewachsen ist.

Ein regelmäßiger Besucher von Gion Kobu geht eine feste Verbindung mit einer bestimmten Ochaya ein. In einigen Fällen nimmt der Kunde auch die Dienste zweier Häuser in Anspruch, eines für geschäftliche Anlässe und das andere für zwanglose Geselligkeiten, doch meistens erfüllt eine einzige Ochaya beide Zwecke.

Zwischen einer Ochaya und ihren Stammkunden, von denen viele mindestens einmal in der Woche oder noch öfter Ozashikis geben, entsteht eine starke Bindung. Ähnlich entwickeln die Kunden echte Beziehungen zu der Geiko, die ihnen am besten gefällt. Wir lernen unsere regelmäßigen Kunden sehr gut kennen. Einige der mir teuersten Beziehungen meines Lebens begannen bei Ozashikis. Meine Lieblingskunden waren diejenigen, die Experten auf irgendeinem Gebiet waren. Die Ozashikis, die ich persönlich am meisten genossen habe, waren die, bei denen ich etwas lernte.

Es gab einige Kunden, die ich so gern mochte, dass ich immer Zeit fand, ihre Ozashikis zu besuchen, ganz gleich, wie voll mein Terminkalender war. Andere versuchte ich nach Möglichkeit zu meiden. Das Wesentliche ist allerdings, dass die Geiko engagiert wird, um den Gastgeber des Ozashiki und die Gäste zu unterhalten. Sie ist da, damit die Besucher sich wohl fühlen. Wenn eine Geiko zu einem Ozashiki kommt, muss sie zu demjenigen gehen, der den Ehrenplatz einnimmt, und mit dieser Person Konversation machen. Ganz gleich, was sie empfindet, ihr Verhalten muss ausdrücken: »Ich konnte es gar nicht erwarten, sofort zu Ihnen zu kommen und mit Ihnen zu sprechen.« Wenn ihr Gesicht sagt: »Ich kann Sie nicht ausstehen«, dann verdient sie nicht, eine Geiko zu sein. Es ist ihr Job, an jedem etwas Liebenswertes zu finden.

Manchmal musste ich nett zu Leuten sein, die ich körperlich abstoßend fand. Das war am schwierigsten, weil Abscheu schwer zu verbergen ist. Doch die Kunden hatten für meine Gesellschaft bezahlt. Das Mindeste, was ich tun konnte, war, jeden von ihnen liebenswürdig zu behandeln. Die persönlichen Empfindungen unter einem Mantel von Freundlichkeit zu verstecken ist eine der fundamentalen Herausforderungen des Berufes.

In früherer Zeit waren Kunden häufig Verehrer der Künste und des Shamisen, Kenner der traditionellen Kunst oder des japanischen Tanzes. Sie verstanden etwas von dem, was sie sahen, und freuten sich auf die feinsinnigen Gespräche über Kunst, die Maikos und Geikos meisterhaft zu führen wissen. Heutzutage haben die Wohlhabenden wohl leider nicht mehr die Zeit und das Interesse, solche Hobbys zu pflegen. Doch die Schönheit und das Können der Maikos und Geikos sprechen für sich selbst und können von jedermann geschätzt werden.

Das Themenspektrum bei einem Bankett kann breit gefächert sein, und von Geikos wird erwartet, dass sie über aktuelle Ereignisse und zeitgenössische Literatur Bescheid wissen und außerdem über profunde Kenntnisse in traditionellen Kunstformen wie Teezeremonie, Blumenstecken, Dichtung, Kalligraphie und Malerei verfügen. Die ersten vierzig oder fünfzig Minuten eines Banketts sind normalerweise einer angenehmen Diskussion dieser Themen gewidmet.

Serviererinnen *(nakai)* bedienen beim Bankett, unterstützt von Hausmädchen, doch der Sake wird von der Geiko eingeschenkt. Unnötig zu erwähnen, dass die Küche hervorragend sein muss. Die Ochayas bereiten die Speisen nicht selbst zu, sondern verlassen sich darauf, dass die zahlreichen Gourmetrestaurants und Cateringfirmen *(shidashi)* der Gegend ein Festessen liefern, das dem Geschmack und der Brieftasche des Kunden entspricht.

Die Kosten für ein Bankett in einer Ochaya sind nicht unerheblich. Ein Ozashiki kostet etwa 500 Dollar pro Stunde. Dieser Preis umfasst die Benutzung des Raumes und die Dienste des Ochaya-Personals. Nicht inbegriffen sind die bestellten Speisen und Getränke und die Gebühren für die Dienste der Geikos. Eine zweistündige Gesellschaft mit einem kompletten Dinner für ein paar Gäste und dem Auftritt von drei oder vier Geikos kann leicht 2000 Dollar kosten.

Die Ochaya muss den Maßstäben der anspruchsvollen Kunden aus den obersten Rängen der japanischen und internationalen Gesellschaft gerecht werden. Historisch auf der verfeinerten Ästhetik der Teezeremonie begründet, bietet die Ochaya das Beste an traditioneller japanischer Architektur und Innendekoration. Jeder Raum muss einen Tatami-Boden und eine Tokonoma-Nische mit einer dem jeweiligen Monat entsprechenden Bildrolle und einem passenden Blumenarrangement in der richtigen Vase haben. Diese Vorkehrungen werden für jeden Gast ganz neu getroffen.

Zu einem bestimmten Zeitpunkt haben die Geikos ihren Auftritt. Man unterscheidet zwischen zwei Arten von Geikos, nämlich der *tachikata* und der *jikata*. Die Tachikata ist die eigentliche Tänzerin. Sie ist als solche ausgebildet und beherrscht außerdem noch ein anderes Instrument als das Shamisen, etwa Flöte oder Handtrommel. Die Jikata ist eine Begleiterin, die Shamisen und Gesang studiert hat. Tachikatas beginnen früh mit der Ausbildung und debütieren als Maikos, wenn sie noch junge Teenager sind, während Jikatas, die als gewöhnliche Geikos auftreten, in der Regel eine kürzere Ausbildung absolvieren und ihr Debüt erst in fortgeschrittenerem Alter geben (wie meine Schwester Tomiko).

Eine Tachikata muss physische Schönheit besitzen, eine Jikata nicht. Tachikatas, die es im Tanz nicht so weit bringen, konzentrieren sich darauf, Meisterinnen in der Beherrschung ihres Instruments zu werden.

Die Okiya Iwasaki war für ihre Trommlerinnen berühmt und ich begann schon als Kind mit der Ausbildung an der *tsutsumi* genannten Handtrommel. Wegen meines Rufs als Tänzerin wurde ich bei Ozashikis selten gebeten, Tsutsumi zu spielen, doch bei den Miyako Odori trat ich jedes Jahr mit diesem Instrument auf der Bühne auf.

Während des Banketts tritt also eine Tachikata mit einem Tanz auf und eine Jikata spielt Shamisen und singt.

Nach dem Auftritt wendet sich das Gespräch oft künstlerischen Belangen zu. Die Geiko erzählt vielleicht eine amüsante Geschichte oder leitet die Runde zu einem Trinkspiel an.

Die Gebühren für eine Geiko werden in Zeiteinheiten berechnet, die als *hanadai* oder »Blumenkosten« bekannt sind, gewöhnlich fünfzehn Minuten umfassen und dem Kunden in Rechnung gestellt werden. Zusätzlich zu den Hanadais geben die Kunden der Geiko auch noch Trinkgelder in bar *(goshugi)*, die sie in kleine, weiße Umschläge stecken und ihr in den Obi oder den Ärmel schieben. Diese darf die Geiko für sich selbst behalten.

Am Ende des Abends berechnet die Ochaya die Hanadais für alle Maikos und Geikos, die an diesem Abend dort aufgetreten sind. Sie schreiben die Beträge auf Papierstreifen, die sie in eine Schachtel am Eingang der Ochaya legen. Am nächsten Morgen macht ein Vertreter des *kenban* (Finanzbüros) die Runde durch die Ochayas, um alle Zettel vom Vorabend einzusammeln. Sie werden zusammengezählt und dem Kabukai mitgeteilt. Das Kenban ist eine unabhängige Organisation, die im Dienst des Geikoverbandes steht.

Das Kenban überprüft zusammen mit den Okiyas, ob die Berechnungen übereinstimmen, und rechnet, wenn alles fehlerfrei ist, die Verteilung der Einnahmen aus. Es teilt den Ochayas mit, wie viel für Steuern und monatliche Unkosten zu entrichten ist. Dann berechnet es den Betrag, den die Ochaya an die Okiya bezahlen muss.

Die Ochaya ihrerseits führt ihre eigenen Bücher und stellt ihren Kunden regelmäßige Rechnungen aus. Früher geschah das einmal im Jahr, heute wird es monatlich gemacht. Sind diese Rechnungen beglichen, regelt die Ochaya ihre Konten mit der Okiya.

Die Okasan der Okiya notiert den erhaltenen Betrag

in der Akte der Geiko, zieht Gebühren und Unkosten ab und schreibt die restliche Summe dem Konto der Geiko gut.

Dieses transparente Buchführungssystem bedeutet, dass wir wissen, welche Geiko an welchem Tag am meisten verdient hat. So ist immer klar, wer die Nummer eins ist.

Der 15. Februar war ein großer Tag. Ich begann mit den Proben für das Miyako Odori, fing mit dem Vollzeitunterricht in der Nyokoba an (von der Mittelschule war ich für den letzten Monat freigestellt) und trat meine Lehrzeit als Minarai in der Ochaya Fusanoya an, die ungefähr einen Monat dauerte.

Mutter Sakaguchi kam in die Okiya, um persönlich darüber zu wachen, wie ich angekleidet wurde, und mich selbst zu schminken.

Das war eine ziemliche Prozedur.

Eine Maiko in vollem Kostüm kommt dem japanischen Ideal weiblicher Schönheit recht nahe.

Sie hat das klassische Aussehen einer Heian-Prinzessin, so als wäre sie einer Bildrolle des 11. Jahrhunderts entstiegen. Ihr Gesicht ist ein perfektes Oval. Ihre Haut ist makellos weiß, ihr Haar schwarz wie die Flügel eines Raben. Ihre Brauen sind Halbmonde, ihr Mund eine zarte Rosenknospe. Ihr Hals ist lang und sinnlich, ihre Figur sanft gerundet.

Ich ging zum Friseur und ließ mir die *wareshinobu*-Frisur machen, die erste Frisur, die eine Maiko trägt. Das Haar wird bauschig hochgezogen und auf dem Oberkopf zu einer Art Dutt zusammengenommen, vorn und hinten mit roten Seidenbändern *(kanoko)* befestigt und mit *kanzashi* geschmückt, den Ziernadeln, die für den Karyukai-Look so charakteristisch sind. Es heißt, dieser schlichte, elegante Stil bringe die Nackenlinie des jungen Mädchens und die Frische ihrer Züge am besten zur Geltung.

Nachdem ich beim Friseur fertig war, ging ich zum Barbier, um mir das Gesicht rasieren zu lassen. Das ist unter japanischen Frauen eine gängige Praxis. Zum ersten Mal wurde mir das Gesicht von meinem Vater rasiert, nachdem ich von ihm an dem Tag, an dem ich ein Jahr alt wurde, den ersten Haarschnitt bekommen hatte. Seit dieser Zeit lasse ich es einmal im Monat machen.

Von da an wurde ich alle fünf Tage frisiert. Um die Frisur zu erhalten, schlief ich mit dem Nacken auf einem rechteckigen, lackierten Holzblock, auf dem oben ein schmales Kissen lag. Zuerst hielt dieses Holzkissen mich wach, aber bald gewöhnte ich mich daran. Anderen Mädchen fiel das schwerer. Die Okiya hatte einen Trick, um uns daran zu hindern, das Kissen während der Nacht zu entfernen. Die Dienerinnen verstreuten rings um das Kissen Reiskleie. Wenn ein Mädchen das Kissen wegnahm, blieben Stückchen von Kleie wie Leim an der Pomade in ihrem Haar kleben, und am nächsten Morgen musste sie reumütig wieder zum Friseur trotten.

Ich trug zwei Haarnadeln mit seidenen Pflaumenblüten (weil Februar war) zu beiden Seiten hinter dem Dutt, ein Paar silberne Flügel *(bira)* rechts und links davor, eine Nadel mit Orangenblüten *(tachibana)* obenauf und eine lange Nadel mit Kugeln aus roter Koralle *(akadama)* und Jade, die unten quer durch den Dutt gesteckt war.

Mutter Sakaguchi trug das typische Make-up der Maiko auf mein Gesicht und meinen Hals auf. Diese Schminke hat eine interessante Geschichte. Ursprünglich wurde sie von männlichen Adeligen benutzt, wenn sie eine Audienz beim Kaiser hatten. Früher empfing der Kaiser, dessen Gegenwart als geheiligt galt, seine Untertanen hinter einem dünnen Schleier verborgen. Der Audienzraum war von Kerzen beleuchtet. Die weiße Schminke reflektierte das schwache Licht, und so konnte der Kaiser leichter erkennen, wen er vor sich hatte.

Tänzer und Schauspieler übernahmen diesen Brauch später. Das weiße Make-up sieht auf der Bühne nicht nur gut aus, sondern zeigt auch, wie sehr helle Haut geschätzt wird. Früher enthielt diese Schminke Zink, was sehr schlecht für die Haut war. Doch das ist heute nicht mehr so.

Als Nächstes verteilte Mutter Sakaguchi rosa Puder auf meinen Wangen und Augenbrauen und tupfte etwas roten Lippenstift auf meine Unterlippe. (Ein Jahr später begann ich, auch auf der Oberlippe Lippenstift zu tragen.) Danach war es Zeit zum Ankleiden.

Den Kimono, den eine Maiko trägt, bezeichnet man als *hikizuri*. Er unterscheidet sich von einem normalen Kimono durch seine langen Ärmel, seine breite Schleppe und den tiefen Ausschnitt im Nacken. Der Saum der Schleppe ist besonders schwer und breitet sich so hinten in einem hübschen Bogen aus. Ein Hikizuri wird mit einem extra langen (mehr als sieben Meter) Obi befestigt, der so gebunden wird, dass beide Enden herunterhängen. Der Kimono einer Minarai ähnelt dem einer Maiko, aber weder die Schleppe noch der Obi sind so lang; der Teil des Obi, der herunterhängt, ist halb so lang wie der einer Maiko.

Mein Kimono bestand aus in mehreren Türkistönen changierendem Satin. Der schwere Saum der Schleppe war in verschiedenen Schattierungen von Orange gefärbt und mit einem Muster aus Piniennadeln, Ahornblättern, Kirschblüten und den Blumenblättern von Chrysanthemen verziert. Den schwarzen Damast meines Obis schmückten Schwalbenschwanz-Schmetterlinge. Die passende Obi-Spange aus Silber hatte die Form eines Schwalbenschwanzes.

Ich trug die traditionelle Handtasche namens *kago*, eine

Art Beutel, der oben mit einem Zugband aus bunter, auf eine bestimmte Art gefärbter Seide *(shibori)* verschlossen wird. *Shibori* entsteht, indem man die Seide mit Garn zu unzähligen winzigen Knoten bindet, ehe sie gefärbt wird. Das Ganze sieht aus wie gesprenkelt – ein überwältigender Effekt! Kioto ist berühmt für diese Technik. Auch meine Mutter praktizierte sie.

Das Shibori meines Beutels war blass pfirsichfarben und hatte ein Muster aus Kohlweißlingen. Der Beutel selbst enthielt meinen Tanzfächer (verziert mit den drei roten Diamanten der Familie Konoe – enge Berater des Kaisers –, gemalt auf goldenem Hintergrund), ein mit einem passenden Muster versehenes, rot-weißes Taschentüchlein, einen Kamm aus Buchsbaumholz und verschiedene andere Accessoires. Jeder dieser Gegenstände steckte in einer Hülle aus derselben Seide wie die Tasche selbst, und jede Hülle trug ein Monogramm.

Schließlich war ich angekleidet und fertig zum Aufbruch. Ich schlüpfte in meine Okobos, und die Dienerin schob die Haustür auf. Gerade wollte ich über die Schwelle treten, als ich überrascht innehielt. Die Straße war überfüllt mit Menschen. Sie standen Schulter an Schulter. Dass ich da hinausging, kam gar nicht in Frage.

Verwirrt drehte ich mich um.

»Kun-chan, ich weiß nicht, was da los ist, aber auf der Straße steht eine Million Leute. Kann ich warten, bis sie gegangen sind?«

»Sei nicht albern, Mineko. Sie sind hier, um dich zu sehen.«

Ich hatte gewusst, dass die Leute sich auf mein Debüt als Maiko freuten, aber keine Ahnung gehabt, wie sehr. Viele hatten jahrelang auf diesen Moment gewartet.

Stimmen riefen von draußen: »Komm heraus, Mineko! Lass uns sehen, wie schön du bist!«

»Ich kann nicht vor all diese Leute treten. Ich werde einfach warten, bis sich die Menge zerstreut.«

»Mineko, diese Leute werden nirgends hingehen. Nimm von ihnen einfach keine Notiz, wenn du musst, aber es ist höchste Zeit, dass du gehst. Du kannst an deinem ersten Tag nicht zu spät kommen.«

Ich weigerte mich weiterhin. Ich wollte nicht, dass all diese Leute auf mich schauten. Kuniko wurde allmählich ungehalten. Die Abgesandte des Fusanoya wartete draußen, um mich zu begleiten. Sie wurde ärgerlich. Kuniko versuchte, sie zu besänftigen und gleichzeitig mich zum Gehen zu bewegen.

Schließlich redete sie mir ins Gewissen. »Du musst es für Tantchen Oima tun. Es ist das, was sie sich immer gewünscht hat. Untersteh dich, sie zu enttäuschen.«

Ich wusste, dass sie Recht hatte. Ich hatte keine Wahl.

Ich wandte mich wieder der Tür zu, holte tief Luft und dachte: *Also gut, Mama, also gut, Papa. Also gut, Tantchen Oima. Ich gehe!* Ich knurrte leise und entschlossen und setzte meinen Fuß über die Schwelle.

Noch eine Brücke. Noch ein Übergang.

Die Menge brach in ohrenbetäubenden Beifall aus. Die Menschen riefen mir Glückwünsche und Lobesworte zu, aber ich war zu beschämt, um sie zu hören. Auf dem ganzen Weg zum Fusanoya hielt ich den Kopf gesenkt und die Augen niedergeschlagen. Entlang der gesamten Strecke standen dicht gedrängt Leute, die mir alles Gute wünschten, und es war schon ziemlich spät, als wir uns endlich unseren Weg zwischen ihnen gebahnt hatten. Ich habe sie nicht gesehen, aber ich bin sicher, dass meine Eltern da waren.

Der Herr (*otosan* oder Vater) der Ochaya schalt mich sofort, weil ich zu spät kam. »Es gibt keine Entschuldigung für eine solche Unpünktlichkeit, junge Dame, besonders an deinem ersten Tag. Das zeigt einen Mangel an Hingabe und Zielstrebigkeit. Du bist jetzt eine Minarai. Benimm dich auch wie eine.«

Offenbar nahm er seine Verantwortung mir gegenüber ernst.

»Ja, Herr«, antwortete ich mit fester Stimme.

»Und hör auf, das normale Japanisch zu sprechen. Sprich unsere Sprache. Sag *hei*, nicht *hae*.«

»*Hae*, bitte vergeben Sie mir.«

»Du meinst ›*hei, eraisunmahen*‹. Du musst so lange daran arbeiten, bis du dich wie eine richtige Geiko anhörst.«

»*Hae*.«

Falls Sie sich erinnern: Dies war die gleiche Kritik, die ich von Große Meisterin erhielt, als ich fünf war. Ich habe Jahre gebraucht, bis mir dieser einschmeichelnde, poetisch vage und für mich schwierige Dialekt des Bezirks flüssig von den Lippen kam. Heute fällt es mir schwer, anders zu sprechen.

Die Okasan des Fusanoya war ermutigender. »Mach dir keine Sorgen, Liebes. Es wird vielleicht eine Weile dauern, aber ich bin sicher, mit der Zeit wirst du es schaffen. Tu einfach dein Bestes.«

Ihre Freundlichkeit tat mir gut. Sie wurde zu einem Leitstern, einem Lotsen, der mir half, die heimtückischen Gewässer zu durchschiffen, die vor mir lagen.

18. Kapitel

An diesem Abend nahm ich an meinem ersten Ozashiki teil. Der Ehrengast war ein Herr aus dem Westen. Der Dolmetscher erklärte ihm, ich sei eine Lernmaiko und dies sei mein erstes öffentliches Erscheinen bei einem Bankett. Der Gast wandte sich mir zu, um mir eine Frage zu stellen, und in meinem Schulmädchenenglisch antwortete ich ihm, so gut ich konnte.

»Schauen Sie sich manchmal amerikanische Filme an?«

»Ja.«

»Kennen Sie irgendeinen amerikanischen Schauspieler mit Namen?«

»Ich kenne James Dean.«

»Und was ist mit Regisseuren?«

»Ich kenne den Namen eines Regisseurs. Er heißt Elia Kazan.«

»Oh, danke schön. Das bin ich. Ich bin Elia Kazan.«

»Nein, Sie scherzen! Wirklich? Ich hatte keine Ahnung«, rief ich auf Japanisch. Die Titelmelodie von *Jenseits von Eden* war damals sehr populär. Jeder summte sie. Dies schien ein vielversprechender Beginn meiner Karriere zu sein.

Doch bald erschien eine Wolke am Horizont. Der

Dolmetscher sagte Herrn Kazan, ich hätte vor, Tänzerin zu werden, und er fragte, ob er mich tanzen sehen könne.

Das war normalerweise nicht üblich, da ich mein offizielles Debüt noch nicht gehabt hatte, aber ich willigte ein und schickte nach einer Begleiterin *(jikata)*.

Wir trafen uns im Nebenzimmer, um uns vorzubereiten.

»Welches Stück soll ich denn spielen?«, flüsterte sie.

Ich hatte absolut keine Ahnung.

»Eh, eh ...«, stotterte ich.

»Wie wär's mit *Gionkouta (Die Ballade von Gion)*?«

»Das kenne ich nicht.«

»Na, dann vielleicht *Die Jahreszeiten in Kioto*?«

»Das habe ich noch nicht gelernt.«

»*Akebono (Morgendämmerung)*?«

»Das kenne ich auch nicht.«

»Du bist doch Fumichiyos Tochter, oder? Du musst doch irgendetwas tanzen können.«

Man erwartet von uns, dass wir leise sprechen, aber ihre Stimme wurde immer lauter und lauter. Ich hatte Angst, die Gäste könnten uns hören.

»Dies ist mein erstes Bankett, deswegen weiß ich nicht, was ich tun soll. Bitte, entscheide du für mich.«

»Soll das heißen, du hast noch gar nicht angefangen, die Maikotänze zu lernen?«

Ich schüttelte den Kopf.

»Na, in dem Fall werden wir mit dem arbeiten müssen, was wir haben. Was lernst du im Moment?«

Ich zählte einiges auf. »*Shakkyou* (eine Geschichte über eine Löwin und ihre Jungen), *Matsuzukushi* (eine Geschichte über eine Pinie), *Shisha* (die Geschichte eines Wettbewerbs zwischen vier Gefährten des Kaisers, die in vier Ochsenwagen fahren), *Nanoha* (die Geschichte von dem Schmetterling und der Kohlblüte).« Keiner dieser Tänze kommt im Standardrepertoire einer Maiko vor.

»Ich habe meine Noten heute nicht dabei, und ich bin nicht sicher, ob ich irgendetwas davon auswendig spielen kann. Kennst du *Kaiserliche Pferdekutsche*?«

»Ja, das kenne ich. Versuchen wir es damit.«

Ich hatte nicht allzu viel Vertrauen in ihre Fähigkeit, sich an das Lied zu erinnern, und sie machte tatsächlich ein paar Fehler. Ich war mit den Nerven völlig am Ende, aber die Gäste schienen den Unterschied nicht zu bemerken. Es sah so aus, als seien sie entzückt über den Auftritt. Ich war erschöpft.

Der zweite Tag meiner Reise in die Welt der Geikos war nicht so schwierig wie der erste. Ich war imstande, den Kopf etwas höher zu tragen, und erschien pünktlich im Fusanoya.

Die Ochaya hatte für mich ein Engagement angenommen, bei dem ich zu einem Dinner im Restaurant Tsuruya in Okazaki erscheinen musste. Geikos unterhalten die Gäste nicht nur in Ochayas, sondern treten auch bei privaten Essen in exklusiven Restaurants, Ballsälen von Hotels und dergleichen auf. Die Okasan des Fusanoya begleitete mich zu diesem Anlass.

Es ist üblich, dass die jüngste Geiko einen Bankettraum als Erste betritt. Die Okasan des Fusanoya sagte mir, was ich tun sollte. »Du öffnest die Tür, trägst die Sake-Flasche aus Ton herein und verneigst dich vor den Gästen.«

Kaum hatte ich die Tür aufgeschoben, wurde meine Aufmerksamkeit auf die prachtvolle Puppenausstellung gelenkt, die sich auf einer Plattform an der gegenüberliegenden Wand befand. Diese Miniaturen, die Angehörige des Kaiserlichen Hofes darstellten, gehören zum »Tag der

Mädchen«, der im frühen Frühjahr gefeiert wird. Ohne nachzudenken, ging ich an den zehn Gäste vorbei, schnurstracks auf die Puppen zu. »Die sind aber schön«, rief ich begeistert.

Die Okasan des Fusanoya war außer sich und zischte mir mit heiserem Flüstern zu: »Mineko! Bediene die Gäste!«

»Hoppla. Natürlich.« Die Flasche war nicht in meiner Hand. Ich sah mich um, und da stand sie, direkt an der Tür, wo ich sie stehen gelassen hatte. Zum Glück fanden die Gäste mein unpassendes Benehmen eher reizend als beleidigend. Wie ich höre, amüsieren sich einige der damals Anwesenden heute noch darüber.

Jeden Nachmittag wurde ich angekleidet und ging zum Fusanoya. Wenn ich keine anderen Verpflichtungen hatte, aß ich mit Okasan und Otosan und deren Tochter Chichan im Wohnzimmer der Ochaya zu Abend. Wir spielten Karten, bis es um zehn Uhr abends Zeit für mich war, in die Okiya zurückzukehren.

Eines Abends bekamen wir einen Anruf von der Okasan der Ochaya Tomiyo, die mich bat herüberzukommen. Als ich dort eintraf, führte die Okasan mich in einen Bankettraum. Dieser hatte eine Bühne, auf der mindestens fünfzehn Maikos in einer Reihe nebeneinander standen. Ich wurde aufgefordert, mich zu ihnen zu stellen. Ich war schüchtern und versuchte, mich im Schatten einer Säule zu verstecken.

In der Mitte des Raumes saßen zehn Personen. Eine davon sagte: »Entschuldigung, du da bei der Säule. Komm nach vorn.« »Setz dich hin.« »Nun steh auf.« »Dreh dich zur Seite.« Ich hatte keine Ahnung, was das alles sollte, aber ich tat, was von mir verlangt wurde.

»Großartig«, sagte der Mann. »Sie ist perfekt. Ich nehme sie als Modell für das diesjährige Plakat.«

Der Mann war der Vorsitzende des Verbandes der Kimonohändler. Er hatte darüber zu entscheiden, wer als Modell für das jährliche Werbeposter des Verbandes ausgewählt wurde. Diese riesigen Plakate, etwa einen mal drei Meter groß, werden in jedem Geschäft für Kimonos und Accessoires in ganz Japan aufgehängt. Dafür ausgewählt zu werden ist eine Ehre und der Traum jeder jungen Maiko.

Das Modell für das Poster dieses Jahres war aber schon bestimmt worden, und so wusste ich nicht, wovon er redete.

Ich ging ins Fusanoya zurück.

»Mutter, ich muss für irgendein Foto Modell stehen.«

»Was für ein Foto?«

»Ich weiß nicht genau. Irgendeins.«

»Mine-chan, ich glaube, wir müssen uns ein bisschen unterhalten. Vater erzählt mir, dass du für die Doppelseite in der Mitte des Programmhefts für das Miyako Odori ausgesucht worden bist. Weißt du, das ist eine große Sache. Und jetzt hat man dich auch noch für etwas anderes ausgewählt. Ich möchte dir nicht die Freude über all diese guten Neuigkeiten verderben, aber ich fürchte, dass die anderen auf dich eifersüchtig werden könnten. Ich möchte, dass du vorsichtig bist. Mädchen können sehr gemein sein.«

»Dann soll es doch eine andere machen, wenn es so eine große Sache ist. Mir liegt nichts daran.«

»Ich fürchte, so läuft das nicht.«

»Aber ich will nicht, dass sie gemein zu mir sind.«

»Ich weiß, Mineko. Du kannst nicht viel tun, um das zu vermeiden, aber ich will, dass du dir über den Neid im Klaren bist, den du erregst. Ich möchte nicht, dass du überrascht bist.«

»Ich verstehe nicht.«

»Ich wünschte, ich könnte es erklären.«

»Ich hasse solche komplizierten Sachen. Ich habe es lieber, wenn alles klar und einfach ist.«

Wenn ich es doch nur gewusst hätte.

Die Worte der Okasan konnten mich nur sehr unzureichend vorbereiten auf die schrecklichen Qualen, die ich in den nächsten fünf Jahren erleiden sollte.

Es fing schon am nächsten Morgen an, als ich in die Schule kam. Alle ignorierten mich. Buchstäblich alle.

Wie sich herausstellte, hatte der Vorsitzende des Verbandes der Kimonohändler die Maiko, die er vorher ausgesucht hatte, zu meinen Gunsten fallen gelassen. Die Leute waren wütend, weil sie fanden, ich hätte mich vorzeitig in eine Spitzenposition gedrängt. Ich war ja noch nicht einmal eine Maiko. Ich war erst Minarai. Selbst Mädchen, die ich für meine Freundinnen gehalten hatte, wollten nicht mit mir reden. Ich war verletzt und wütend. Ich hatte doch nichts Unrechtes getan!

Doch wie ich bald lernte, spielte das keine Rolle. Wie viele rein weibliche Gesellschaften ist Gion Kobu voll von Intrigen, Heimtücke und bösartigem Konkurrenzdenken. Die Strenge und Starrheit des Systems hat mich vielleicht jahrelang frustriert, aber die Jahre der Rivalität machten mich wirklich traurig.

Ich begriff noch immer nicht, warum irgendjemand einem anderen wehtun wollte. Vor allem, wenn diese Person niemandem etwas zuleide getan hatte. Ich versuchte, pragmatisch zu sein und mir etwas auszudenken. Tagelang arbeitete ich daran. Ich versuchte, mir jeden möglichen Blickwinkel vorzustellen.

Was könnten diese gemeinen Mädchen tun? Und wie würde ich reagieren? Wenn jemand meinen Fuß packen wollte, sollte ich ihn dann so hoch heben, dass er ihn nicht erreichen konnte?

Ich hatte ein paar Ideen. Statt auf die Eifersucht der anderen einzugehen und mich klein zu machen, wollte ich die beste Tänzerin werden, die ich nur werden konnte. Ich würde versuchen, Eifersucht in Bewunderung zu verwandeln. Dann würden sie so wie ich und meine Freundinnen sein wollen. Ich schwor mir, noch fleißiger zu lernen! Noch länger zu üben! Ich würde nicht aufgeben, bis ich die Nummer eins war!

Ich musste einfach dafür sorgen, dass mich alle gern hatten.

So. Wenn ich also wollte, dass mich alle gern hatten, musste ich zuallererst meine Schwächen erkennen und beseitigen.

Ich nahm das so todernst, wie es nur ein sehr junger Mensch kann.

Meine Tage und Nächte waren ausgefüllt, aber ich stahl so viel Zeit, wie ich nur konnte, um Klarheit in meine Gedanken zu bringen.

Hier einige der Fehler, die ich fand:

Ich bin aufbrausend.
Wenn ich vor einer schwierigen Entscheidung stehe, tue ich oft genau das Gegenteil von dem, was ich eigentlich möchte.
Ich bin zu schnell. Ich will alles auf der Stelle erledigen.
Ich habe keine Geduld.

Und eine unvollständige Liste meiner Lösungen:

Ich muss ruhig bleiben.
Ich muss standhaft bleiben.
Ich muss einen freundlichen und sanften Gesichtsausdruck bewahren wie Tantchen Oima.

Ich muss mehr lächeln.
Ich muss professionell sein. Das bedeutet, dass ich mehr Ozashikis wahrnehmen muss als alle anderen.
Ich darf nie ein Engagement verweigern.
Ich muss meinen Job ernst nehmen und ihn gut machen.

Das wurde mein Glaubensbekenntnis.
Ich war fünfzehn.

19. Kapitel

Als Mama Masako anfing, die Okiya zu managen, war sie wirklich ganz in ihrem Element. Die tausend kleinen Dinge, die ein Geschäft mit sich bringt, zu erledigen, verschaffte ihr große Befriedigung: die Bücher führen, die Termine planen, das Geld zählen. Sie war erstaunlich gut organisiert und führte die Okiya wie eine tadellos funktionierende Maschine.

Mama Masako war außerdem sehr sparsam. Sie achtete genau darauf, wofür jeder Yen des Einkommens ausgegeben wurde. Ihre einzige Schwäche waren Haushaltsgeräte. Immer hatten wir den neuesten Staubsauger, den geräumigsten Kühlschrank, den größten Farbfernseher. Wir waren die Ersten in Gion Kobu, die eine Klimaanlage installieren ließen.

Unglücklicherweise ließ sie ihr gesunder Menschenverstand im Stich, wenn es um Männer ging. Nicht nur, dass sie sich immer hässliche Männer aussuchte, sie verliebte sich auch stets in unpassende Kandidaten, die ihre Liebe nicht erwiderten.

Mama Masako machte aus ihrem Herzen keine Mördergrube. War sie verliebt, so strahlte sie. Ging die Beziehung kaputt, so machte sie sich nicht einmal mehr die

Mühe, sich zu frisieren, und war dauernd in Tränen aufgelöst. Ich klopfte ihr dann auf die Schulter. »Ich bin sicher, du wirst jetzt bald den Richtigen finden.« Sie hat die Hoffnung nie aufgegeben. Sie hat ihn nie gefunden.

Eine von Mama Masakos ersten Aufgaben als Besitzerin der Okiya war die Vorbereitung meines Debüts.

Misedashi, der Begriff für das Debüt einer Maiko, bedeutet »offen für Geschäfte« und zeigt an, dass die Maiko bereit ist, die Arbeit als Profi aufzunehmen. Ich hatte mein Misedashi am 26. März 1965. Damals gab es bereits dreiundsechzig Maikos. Ich war Nummer vierundsechzig.

Ich erwachte um sechs Uhr morgens, nahm ein Bad und ging zum Friseur, um mein Haar im *wareshinobu*-Stil frisieren zu lassen. Als ich zurückkam, gab es ein besonderes Frühstück aus Reis mit roten Bohnen und Meerbrasse. Ich trank so wenig Tee und Wasser wie möglich, weil es sehr schwierig ist, zur Toilette zu gehen, wenn man erst einmal angekleidet ist.

Mutter Sakaguchi kam um neun Uhr, um mich zu schminken. Der Brauch verlangt, dass diese Aufgabe von der Onesan erfüllt wird, aber Mutter Sakaguchi, getreu ihrem Wort, weigerte sich, Yaeko in meine Nähe zu lassen. Sie machte es selbst. Zuerst bereitete sie meinen Hals, meinen Nacken, den oberen Teil meines Rückens und mein Gesicht vor, indem sie sie mit *binsuke*-Ölpaste bestrich, einer Art Pomade, die als Grundierung dient. Dann deckte sie den Bereich mit weißer Schminke ab und ließ nur in meinem Nacken drei senkrechte Streifen frei, um die Länge und Zartheit meines Halses zu betonen. Maikos und Geikos bekommen zwei Streifen im Nacken, wenn sie »normale« Kostüme anziehen, und drei Streifen, wenn sie einen formellen Kimono tragen.

Dann schminkte Mutter Sakaguchi mir Kinn, Nasenrücken und Dekolleté. Sie tupfte mir pfirsichfarbenen Puder auf die Wangen und um die Augen herum und überpuderte dann alles noch einmal in Weiß. Meine Augenbrauen färbte sie zunächst mit rotem Puder und malte sie dann schwarz nach. Auf meine Unterlippe kam ein Tupfer rosa Lippenstift.

Dann steckte sie mir den Haarschmuck in die Frisur. In meinem Chignon trug ich ein rotes Seidenband, das *arimachikanoko* heißt, und oben auf den Kopf ein *kanokodome*-Band, Haarnadeln aus Koralle, Jade und Silber, dazu vorn zwei silberne Flügel, in deren Muster das Familienwappen der Okiya eingearbeitet war, und Schildpattornamente, die *chirikan* heißen. Die *chirikan* sind etwas sehr Besonderes. Eine Maiko trägt sie in ihrem ganzen Leben nur einmal, nämlich während der ersten drei Tage ihres Debüts.

Dann legte ich die übliche Unterkleidung an. Die beiden ersten Teile sind Rechtecke aus gebleichter weißer Baumwolle. Eines trägt man eng um die Hüften, das andere um die Brust. Letzteres flacht die Linie des Kimonos ab und glättet sie. Danach kommt ein langes Wickeltuch aus Baumwolle für die Hüften, etwa wie ein halber Slip, und dann eine lange Pumphose, um die Schicklichkeit zu wahren, falls sich die vordere Falte des Kimonos öffnen sollte.

Als Nächstes folgt das *hadajuban*, ein lockeres, blusenähnliches Kleidungsstück, das den Linien des Kimonos folgt. Das Hadajuban einer Maiko hat einen roten Kragen. Darüber trug ich das lange Unterkleid, das *nagajuban* heißt. Meines bestand aus der schon erwähnten besonders gefärbten Seide, die ein fächerförmiges Muster hatte und mit verschiedenen Blumen bestickt war.

Zum Ensemble einer Maiko gehört ein bestimmter Kragen *(eri)*, der bei jedem Mal von Hand an das Nagajuban genäht wird. Dieser rote Kragen hat seine ganz eigene Geschichte. Er besteht aus Seide, die fein mit weißem, silbernem und goldenem Garn bestickt ist. Je jünger man ist, desto weniger dicht die Stickerei und desto sichtbarer das Rot der Seide. Im Laufe der Zeit wird diese Stickerei immer dichter, bis kaum noch Rot (das Symbol der Kindheit) zu sehen ist. Dies geht so weiter bis zu dem Tag, an dem man seinen »Kragen wendet«, von Maiko zu Geiko wird und beginnt, statt des roten Kragens einen weißen zu tragen.

Für mich wurden jedes Jahr fünf Krägen angefertigt, zwei für den Sommer aus Seidentüll und drei für den Winter aus Crêpe. Jeder Einzelne davon kostete mindestens 2000 Dollar. Ich habe sie behalten und bewahre die Sammlung bei mir zu Hause auf. Dieser erste Kragen, den ich bei meinem Misedashi trug, war mit einem Motiv aus Silber- und Goldfäden bestickt, das »Prinz Genjis Kutsche« hieß.

Nach dem Nagajuban legte mir der Ankleider den formellen, mit Wappen verzierten *hikizuri*-Kimono über die Schultern. Der Kimono selbst bestand aus schwarzer Seide mit einem floralen Muster des Kaiserpalastes. Er war mit fünf Wappen verziert: eines auf dem Rücken, zwei auf den Revers und zwei auf der Außenseite der Ärmel. Jede Familie in Japan hat ein *mon* oder Wappen, das sie bei offiziellen Anlässen verwendet. Das Iwasaki-Wappen ist eine stilisierte Glockenblume mit fünf Blütenblättern.

Mein Obi war ein Kunstwerk. Ihn zu fertigen hatte drei Jahre gedauert. Er bestand aus handgewebtem Damast, bestickt mit dunkel- und hellgoldenen Ahornblättern, und war mehr als sechs Meter lang. Er kostete mehrere zehntausend Dollar. Der Obi wurde so gebunden, dass beide Enden fast bis zum Boden hinunterhingen. Befestigt wurde er mit einem *obiage*, einem Band aus Seidencrêpe, das außen getragen wird. Wie es Brauch ist, bestand meines aus roter Seide, bestickt mit dem Wappen der Okiya. (Zu einem formellen Kimono mit Wappen gehört keine Obi-Spange.)

Dazu trug ich einen ähnlichen Beutel wie als Minarai. Er enthielt meinen Fächer, ein Taschentuch, Lippenstift, Kamm und ein kleines Kissen. Jeder Gegenstand hatte seine eigene Hülle aus roter Eriman-Seide und war in Weiß mit den Schriftzeichen für Mineko bestickt.

Ein paar von den Dingen, die ich an diesem Tag trug, waren seit Generationen im Besitz der Okiya Iwasaki, aber viele, mindestens zwanzig, waren speziell für diesen Anlass bestellt worden. Ich kenne die genauen Zahlen nicht, aber ich bin sicher, von dem, was all das kostete, hätte man ein Haus bauen können. Ich nehme an, dass sich die Summe auf weit über 100 000 Dollar belief.

Als ich fertig war, begleitete mich eine Delegation der Okiya auf meine Runde offizieller Besuche. Wie so oft bei rituellen Anlässen kam der Ankleider mit, um sich als eine Art Zeremonienmeister zu betätigen. Meine erste Verpflichtung bestand darin, der Iemoto meinen Respekt zu erweisen. Als wir in der Shinmonzen angekommen waren, verkündete der Ankleider mit tiefer Stimme:

»Anlässlich ihres Misedashi darf ich mir erlauben, Ihnen Fräulein Mineko vorzustellen, jüngere Schwester von Fräulein Yaechiyo. Wir bitten um Ihre Anerkennung und Ihre guten Wünsche.«

»Ich gratuliere ihr sehr herzlich«, erwiderte Große Meisterin aus der Vorhalle. Darauf folgten die Glückwünsche des restlichen Personals. »Wir bitten Sie inständig, hart zu arbeiten und Ihr Bestes zu geben«, sprachen sie im Chor.

»Ja, danke, das werde ich tun«, sagte ich im Japanisch meiner Familie.

»Du machst es ja schon wieder«, versetzte Große Meisterin auf der Stelle. »Eine Geiko sagt *heh* und *ookini.*«

So gescholten, setzte ich meine Runde fort. Wir erwiesen den Besitzern der Ochayas, den älteren Geikos und wichtigen Kunden unseren Respekt. Ich verneigte mich und bat jedermann um Unterstützung. Allein an diesem ersten Tag machten wir siebenunddreßig Besuche.

Unterwegs machten wir bei einem Festsaal Station, um das *osakazuki*-Ritual zu vollziehen, durch das Yaeko und ich unsere Bindung formell bestätigten. Der Ankleider Suehiroya hatte die Zeremonie arrangiert. Als wir den Raum betraten, bat Suehiroya Mutter Sakaguchi, den Ehrenplatz vor dem Tokonoma einzunehmen. Ich erhielt den Platz neben ihr, dann kam Mama Masako, dann die Oberhäupter der anderen Häuser, die mit uns verbunden waren. Yaeko, die normalerweise neben mir gesessen hätte, wurde ein Platz von geringer Bedeutung zugewiesen. Dann folgte der Austausch der Schalen. Ich bin sicher, die Anwesenden waren verblüfft über diese Sitzordnung. Sie wussten ja nicht, dass es ein Privileg für Yaeko war, überhaupt dabei sein zu dürfen.

Ich trug das offizielle Misedashi-Ensemble drei Tage lang und tauschte es dann gegen eine neue Garderobe, die die zweite Phase meines Debüts kennzeichnete. Dieses Gewand war nicht schwarz und trug auch keine Wappen. Der äußere Kimono bestand aus veilchenblauer Seide und trug den Namen »Pinienwind«. Der Saum der Schleppe war beige wie ein Sandstrand und zeigte eingefärbte Pinien sowie verstreut aufgestickte Muscheln. Der Obi bestand aus tieforangenem Seidendamast und hatte ein Muster aus goldenen Kranichen.

Normalerweise habe ich ein gutes Gedächtnis, aber die ersten sechs Tage meines Misedashi habe ich nur noch verschwommen in Erinnerung. Ich muss hunderte von Besuchen und Auftritten hinter mich gebracht haben. Das Miyako Odori begann sieben Tage nach meinem Debüt.

Ich musste in meiner ersten wirklichen Rolle als Profi auf der Bühne auftreten. Ich war überwältigt. Ich weiß noch, dass ich mich bei Kuniko beklagte: »Kun-chan, wann werde ich mal ein bisschen freie Zeit haben?«

»Ich habe keine Ahnung«, antwortete sie.

»Aber wann soll ich denn all das lernen, was ich lernen muss? Ich bin noch immer nicht gut genug. Ich kann nicht einmal *Gionkouta* (*Die Ballade von Gion*). Werde ich immer hinter allen anderen herhinken? Wie soll ich es je bis zu einem Solo schaffen? Das geht alles zu schnell.«

Doch es gab keine Möglichkeit, die Woge, die über mich hinwegrollte, aufzuhalten. Sie riss mich einfach vorwärts. Jetzt, da ich offiziell eine Maiko war, ging ich nicht mehr ins Fusanoya, um meine Aufträge entgegenzunehmen. Anfragen für Engagements wurden direkt an die Okiya gerichtet, und Mama Masako machte meine Termine.

Der erste Auftrag, als Maiko an einem Ozashiki teilzunehmen, kam aus dem Ichirikitei, der berühmtesten Ochaya von Gion Kobu. Eine Reihe wichtiger historischer Begegnungen und Ereignisse haben in den Privaträumen des Ichirikitei stattgefunden, sodass es geradezu eine Legende geworden und häufig Schauplatz von Romanen und Theaterstücken ist.

Das hat Gion Kobu nicht immer gut getan. Einige dieser erfundenen Geschichten haben die Vorstellung verbreitet, in Gion Kobu würden Kurtisanen ihrem Gewerbe nachgehen und Geikos die Nacht mit ihren Kunden verbringen. Sobald ein solcher Gedanke einmal ins allgemeine Bewusstsein gedrungen ist, gewinnt er ein Eigenleben. Soviel ich weiß, gibt es in anderen Ländern sogar einige Experten für japanische Kultur, die ebenfalls dieser irrigen Meinung sind.

Aber von solchen Dingen hatte ich noch nichts gehört, als ich an diesem Abend den Bankettraum betrat. Gastgeber des Ozashiki war der erfolgreiche Geschäftsmann Sazo Idemistsu. Gäste waren der Filmregisseur Zenzo Matsuyama und seine Frau, die Schauspielerin Hideko Takamine. Yaeko war schon da, als ich ankam.

»Dies ist Ihre jüngere Schwester?«, fragte Frau Takamine. »Ist sie nicht einfach entzückend?«

Yaeko verzog den Mund zu ihrem typischen schmallippigen Lächeln.

»Wirklich? Sie finden Sie entzückend? Was finden Sie denn so süß an ihr?«

»Wie meinen Sie das? Alles an ihr ist kostbar.«

»Ach, ich weiß nicht. Ich glaube, es liegt bloß daran, dass sie so jung ist. Und, um Ihnen die Wahrheit zu sagen, sie ist keine besonders nette Person. Lassen Sie sich von ihr nicht hinters Licht führen.«

Ich konnte nicht glauben, was ich da vernahm. Ich hatte noch nie von einer »älteren Schwester« gehört, die vor Kunden ihre »jüngere Schwester« schlechtmachte. Ich spürte einen stechenden Schmerz des Bedauerns, dass nicht Satoharu meine Onesan war. Sie würde so etwas niemals tun.

Mein alter Fluchtimpuls gewann die Oberhand, und ich entschuldigte mich. Ich war zu alt, um mich in einem Wandschrank zu verstecken, deswegen ging ich auf die Damentoilette. Ich konnte es nicht ertragen, vor Fremden derart in Verlegenheit gebracht zu werden. Sobald ich allein war, begann ich zu weinen, zwang mich aber sofort, damit aufzuhören. So würde ich niemals weiterkommen. Ich nahm mich zusammen, ging zurück in den Bankettraum und tat so, als sei nichts geschehen.

Nach ein paar Minuten griff Yaeko erneut an.

»Mineko ist nur deshalb hier«, sagte sie, »weil ein paar

sehr mächtige Leute hinter ihr stehen. Sie hat nichts getan, um ihr Glück zu verdienen, deswegen rechne ich nicht damit, dass sie sich sehr lange hält. Es würde mich nicht überraschen, wenn es mit ihr vorbei wäre, bevor es richtig angefangen hat.«

»Dann müssen Sie sie beschützen«, sagte Frau Takamine freundlich.

»So weit kommt es noch«, sagte Yaeko.

In diesem Moment rief die oberste Naikai der Ochaya, eine gutmütige Frau namens Bu-chan, in den Raum: »Entschuldigen Sie, Mineko-san, es ist Zeit für Ihren nächsten Termin.«

Sobald ich draußen war, sah sie mich verständnislos an und fragte: »Was in aller Welt ist denn mit Yaeko los? Sie ist doch deine Onesan, nicht? Wieso ist sie so gemein zu dir?«

»Ich wünschte, ich wüsste es«, antwortete ich. Es war unmöglich, ihr das zu erklären.

»Na ja, wie auch immer, der nächste Gast ist hier Stammkunde, also wirst du es wohl ein bisschen leichter haben ...«

»Danke. Ich meine, *ookini*«, verbesserte ich mich.

Bu-chan führte mich in einen anderen Raum.

»Darf ich Ihnen Mineko-chan vorstellen? Sie ist vor kurzem Maiko geworden.«

»Nun denn, Mineko-chan, willkommen. Lass dich genau anschauen. Ach, wie hübsch du bist! Möchtest du etwas Sake?«

»Nein, danke. Das Gesetz verbietet das Trinken, bevor man zwanzig ist.«

»Auch nicht einen winzigen Schluck?«

»Nein, ich kann nicht. Aber ich will gern so tun als ob. Dürfte ich bitte eine Schale haben?«

Ich war wie ein kleines Kind bei einer Teegesellschaft.

»Da, bitte.«

»Danke ... eh, ich meine, *ookini.*«

Ich spürte, wie ich mich entspannte. Und sofort drohten erneut Tränen zu fließen.

»Na, na, meine Liebe, was ist denn? Habe ich etwas getan, das dich verletzt hat?«

»Nein, es tut mir schrecklich Leid. Es ist nichts, wirklich.«

Ich konnte ihm nicht sagen, dass es meine eigene Schwester war, die mich so weit gebracht hatte.

Er versuchte mich aufzuheitern, indem er das Thema wechselte.

»Was ist deine Lieblingsbeschäftigung, Mine-chan?«

»Ich tanze gern.«

»Wie schön. Und woher kommst du?«

»Von dort drüben.«

»Von wo drüben?«

»Aus dem anderen Raum.«

Das fand er sehr erheiternd.

»Nein, ich meine, wo bist du geboren?«

»Kioto.«

»Aber du sprichst richtiges Standard-Japanisch.«

»Es ist mir nicht gelungen, meinen Akzent loszuwerden.«

Er lächelte über meine verquere Art zu denken. »Ich weiß, der Dialekt von Kioto ist schwer zu beherrschen. Aber mit mir kannst du sprechen, wie immer du willst.«

Mir gerieten die beiden Dialekte durcheinander, und ich antwortete ihm in einer bunten Mischung aus beiden. Er lächelte weiter.

»Mine-chan, ich glaube, du hast heute eine neue Eroberung gemacht. Ich hoffe, du wirst mich als Freund betrachten – und als Fan!«

Was für ein liebenswürdiger Mann. Später erfuhr ich,

dass er Jiro Ushio war, der Vorstandsvorsitzende von Ushio Electric. Ushio-san rettete für diesen Abend meine Stimmung und stellte mein Selbstvertrauen wieder her, aber Yaekos dunkler Schatten verfolgte und bedrückte mich auch weiterhin. Unsere Bindung als Maiko und Onesan war lockerer als die der meisten anderen, aber ich musste mich trotzdem an die Grundregeln halten.

Eine der Pflichten einer Maiko besteht beispielsweise darin, regelmäßig den Schminktisch ihrer Onesan aufzuräumen. Also ging ich kurz nach meinem Misedashi eines Tages auf dem Heimweg von der Schule bei Yaeko, die in der Nishihanamikoji-Straße wohnte, vorbei. Ich war noch nie dort gewesen.

Ich betrat das Haus und sah eine Dienerin, die gebeugt irgendetwas sauber machte. Sie kam mir vage bekannt vor. Es war meine Mutter! Sie schrie auf: »Ma-chan!« Genau in diesem Moment betrat Yaeko den Raum und kreischte: »Das ist das Miststück, das uns verkauft und Masayuki umgebracht hat!« Ich spürte einen scharfen Schmerz in der Brust. Beinahe hätte ich zurückgeschrien: «Ich bring dich um!« Doch da fing ich den Blick meiner Mutter auf und wusste, ich musste aufhören, bevor ich alles noch schlimmer machte. Ich fing an zu weinen und rannte einfach aus dem Haus.

Ich kehrte nie zurück. Manche Grundregeln waren es einfach nicht wert.

20. Kapitel

Schon seit Jahren war ich ziemlich gut beschäftigt, aber jetzt gerieten die Dinge allmählich außer Kontrolle. Zwischen den Unterrichtsstunden in der Nyokoba, den Proben für öffentliche Tanzvorstellungen und allabendlichen Auftritten bei Ozashikis hatte ich kaum eine Atempause. Meine Tage begannen bei Morgengrauen und endeten nicht vor zwei oder drei Uhr am folgenden Morgen.

Ich stellte meinen Radiowecker auf sechs Uhr früh und hörte etwas klassische Musik oder lauschte einem Text, bevor ich aufstand. Zuallererst übte ich dann den Tanz, an dem ich gerade arbeitete, um meinen Geist auf die Aufgaben zu konzentrieren, die vor mir lagen. Ein ungewöhnliches Leben für eine Fünfzehnjährige. Jungen interessierten mich nicht. Das hatte Mamoru mir kaputtgemacht. Außer Big John hatte ich keine Freunde. Ich vertraute keinem der anderen Mädchen genug, um mich ihm anzuschließen. Ehrlich gesagt, dachte ich immer nur an meine Karriere.

Ich frühstückte nie, weil das meine Konzentrationsfähigkeit beeinträchtigte. Um zehn Minuten nach acht brach ich zur Nyokoba auf. Lassen Sie mich erzählen, wie die Nyokoba entstand.

Im Jahre 1872 legte im Hafen von Yokohama ein peruanisches Schiff, die Maria Luz, an. Auf diesem Schiff waren einige chinesische Sklaven, denen es gelang, ihren Häschern zu entkommen und die Meiji-Regierung um Asyl zu bitten. Die Regierung, die Sklaverei ablehnte, ließ die Männer frei und schickte sie nach China zurück. Das löste einen Proteststurm der peruanischen Regierung aus. Die Peruaner behaupteten, dass es doch de facto auch in Japan Sklaverei gebe, da Lizenzen für die Frauen in den Vergnügungsvierteln ausgestellt würden.

Die Meiji-Regierung, die bestrebt war, Japan als ein modernes Land auf der Weltbühne erscheinen zu lassen, war extrem empfindlich, was die internationale Meinung anbelangte. Um die Peruaner zu besänftigen, erließ sie einen »Emancipation Act«, ein Gesetz, das die obligatorischen Dienstverträge *(nenki-boko)*, mit denen viele der Frauen arbeiteten, abschaffte. In der Folge geriet die allgemeine Vorstellung von den Rollen der *oiran* (Kurtisane) und der *geisha* (Unterhalterin) irgendwie durcheinander. Und das ist bis heute so geblieben.

Drei Jahre später, 1875, kam die Angelegenheit ganz offiziell vor ein internationales Gericht unter Vorsitz des russischen Zaren. Das war das erste Mal, dass Japan in einen Rechtsstreit um Menschenrechte verwickelt wurde, und es gewann den Prozess. Doch es war zu spät, um die irrige Meinung zu korrigieren, Geikos wären Sklavinnen. Als Reaktion auf den Emancipation Act gründeten Jiroemon Sugiura, neunte Generation der Ochaya Ichirikitei, Inoue Yachiyo III, Iemoto der Inoue-Schule, Nobuatsu Hase, Gouverneur von Kioto, und Masanao Uemura, Ratsmitglied, einen Verband, der als Gion-Kobu-Gesellschaft für Weibliche Berufsausbildung bekannt ist. Der Name wurde abgekürzt zu *kabukai* oder Darstellerinnenverband. Aufgabe der Organisation war es, die wirtschaftliche Unabhängigkeit und die soziale Stellung von Frauen zu verbessern, die als Künstlerinnen und Unterhalterinnen arbeiteten. Ihr Motto lautete: »Wir verkaufen Kunst, nicht Körper.«

Gion Kobu wird von einem Konsortium aus drei Gruppen verwaltet: dem Kabukai (Darstellerinnenverband), dem Verband der Ochayas und dem Verband der Geikos.

Das Konsortium gründete eine Berufsschule zur Ausbildung von Geikos. Vor dem Krieg durften Mädchen, die eine solche Berufsausbildung beginnen wollten, nach Abschluss ihrer vierten Grundschulklasse in diese Schule eintreten. Da sie mit sechs Jahren (nach moderner Zählung mit fünf) in die Grundschule gekommen waren, konnten Mädchen damals also schon mit elf oder zwölf Jahren Maiko oder Geiko werden. Nach dem Krieg, im Jahre 1952, konzentrierte sich der Verband auf die Ausbildung, und der Name der Schule wurde in Yasaka-Nyokoba-Akademie geändert. Aufgrund der Ausbildungsreform mussten Mädchen jetzt die Mittelschule abgeschlossen haben, bevor sie in die Nyokoba eintraten, und konnten erst mit fünfzehn Maiko werden.

Die Nyokoba lehrt die Disziplinen, die eine Geiko beherrschen muss: Tanz, Musik, gutes Benehmen, Kalligraphie, Teezeremonie und Blumenstecken. Sie ist dem Kaburenjo-Theater angeschlossen. Ihre Lehrer gehören zu den größten Künstlern Japans. Viele Angehörige des Lehrkörpers erhielten den Titel »Lebendes Nationales Kulturgut« (wie die Iemoto) oder »Wichtiges Kulturgut«. Leider werden keine Schulfächer unterrichtet.

Ich verließ das Haus um zehn nach acht, um gegen zwanzig nach acht in der Nyokoba zu sein, also vor Große Meisterin, die etwa um halb neun eintraf. Damit war Zeit, all das, was sie für ihren Unterricht brauchte, herzurichten und ihr eine Tasse Tee zu bereiten. Das war nicht übertrieben höflich oder streberhaft; ich versuchte, alles für sie bereitzuhaben, damit ich die erste Unterrichtsstunde bekam.

Ich hatte zweimal täglich Tanzunterricht, zuerst bei Große Meisterin, dann bei einer der Kleinen Meisterinnen. Wenn ich keine frühe Stunde bei Große Meisterin bekam, kam mein ganzer Zeitplan durcheinander. Neben den beiden Tanzstunden musste ich auch noch Musik, Teezeremonie und No-Tanz unterbringen. Und ich brauchte auch noch Zeit, um die obligatorischen Besuche zu machen, bevor ich zum Mittagessen in die Okiya zurückkehrte.

Diese Besuche gehörten zu meinem Job. Damals gab es in Gion Kobu ungefähr hundertundfünfzig Ochayas, und obwohl ich hauptsächlich mit zehn von ihnen zu tun hatte, arbeitete ich doch regelmäßig mit etwa vierzig bis fünfzig zusammen. Jeden Tag bemühte ich mich, so viele Ochayas wie möglich zu besuchen. Ich sprach den Besitzern jener Häuser, in denen ich am Vorabend gewesen war, meinen Dank aus und prüfte noch einmal die Termine für den bevorstehenden Abend. Wenn ich arbeitete, konnte ich mir dafür keine Zeit nehmen, und bei den seltenen Gelegenheiten, bei denen mir ein paar Minuten blieben, versuchte ich, meine Termine selbst auszumachen. Mittagessen gab es um halb eins. Während wir aßen, unterrichteten uns Mama Masako und Tante Taji genau über die Verabredungen des Abends und sagten uns, was sie über die Kunden wussten, die wir unterhalten würden.

Jeder Tag war anders. Manchmal musste ich um drei Uhr nachmittags ausgehfertig sein, dann wieder nicht vor fünf oder sechs. Es gab Tage, da musste ich mich morgens für ein Fotoshooting zurechtmachen (ich ging dann im Kostüm zur Schule) oder zu einer Veranstaltung in einer entfernten Stadt fahren. Doch selbst wenn ich außerhalb zu tun hatte, versuchte ich, rechtzeitig wieder nach Kioto zurückzukehren, um abends arbeiten zu können.

Ich engagierte mich so sehr für meine Arbeit, wie es nur menschenmöglich ist. Nur so konnte ich die Nummer eins werden. Ich war ständig unterwegs, sodass die Familie scherzhaft meinte, ich sei eine Taube und die Okiya der Taubenschlag. Jede Nacht erschien ich bei so vielen Ozashikis, wie es die Zeit zuließ. Ich kam nie vor ein oder zwei Uhr nachts nach Hause. Mein Terminplan war ein totaler Verstoß gegen das Gesetz gegen Kinderarbeit, aber ich wollte arbeiten und kümmerte mich nicht darum.

Wenn ich endlich nach Hause kam, zog ich einen bequemen Kimono an, schminkte mich ab und übte noch einmal für die Tanzstunden am nächsten Morgen, damit ich nichts vergaß. Danach nahm ich ein schönes heißes Bad und las noch ein Weilchen, um mich zu entspannen. Vor drei Uhr morgens schlief ich selten ein.

Es war schwer, dieses Tempo mit nur drei Stunden Schlaf pro Nacht durchzuhalten, aber irgendwie schaffte ich es. Ich fand, es schicke sich nicht für eine Maiko, öffentlich bei einem Nickerchen gesehen zu werden, also schlief ich niemals, wenn ich mein Kostüm trug, nicht einmal im Flugzeug oder im Schnellzug. Das war mit am schwierigsten.

Eines Tages besuchte ich eine Modevorführung von Kimonos in einem Kaufhaus. Ich war nicht als Maiko gekleidet, also konnte ich mich ein ganz klein wenig gehen lassen. Ich war so erschöpft, dass ich im Stehen einschlief. Aber ich schloss nicht die Augen. Sie waren weit offen.

21. Kapitel

Dass ich meine Schulausbildung mit fünfzehn aufgeben musste, habe ich immer bedauert. Ich verstand nicht, warum die Nyokoba keine normalen Schulfächer unterrichtete. Ich konnte es nicht begreifen, dass wir dort kein Englisch oder Französisch lernten. Wir wurden dazu ausgebildet, die wichtigsten Männer der Welt zu unterhalten, aber man gab uns nicht die Mittel an die Hand, mit ihnen zu kommunizieren. Das erschien wider alle Vernunft.

Kurz nachdem ich Maiko geworden war, ging ich zum Kabukai und reichte eine Beschwerde wegen des fehlenden Fremdsprachenunterrichts ein. Man sagte mir, ich solle mir eine Privatlehrerin suchen, was ich auch tat, aber darum ging es ja eigentlich nicht. Andererseits verschaffte mir meine Eigenschaft als Novizin der Karyukai eine ungewöhnliche Ausbildung, die ich wohl an keinem anderen Ort hätte bekommen können. Ich traf alle möglichen geistreichen und kultivierten Menschen, von denen einige enge Freunde für mich wurden.

Unterdessen erweiterten sich meine Grenzen in geographischer Hinsicht nicht so schnell wie in intellektueller. Selten wagte ich mich über unser Viertel hinaus.

Mama Masako behütete mich ebenso wie vorher Tantchen Oima. Gion Kobu liegt östlich vom Kamu-Fluss, Kiotos Lebensader. Die Innenstadt von Kioto und das Geschäftszentrum liegen auf der anderen Seite. Bevor ich achtzehn war, durfte ich weder den Fluss überqueren noch das Viertel ohne Begleitung verlassen.

Meine Kunden waren meine Eintrittskarte in die Außenwelt. Sie waren meine wahren Lehrer. Eines Abends wurde ich zu einem Ozashiki in der Ochaya Tomiyo bestellt, dessen Gastgeber ein Stammkunde war, der Kostümbildner für No-Dramen, Kayoh Wakamatsu. Herr Wakamatsu war als Aficionado der Geikos und unserer Welt bekannt.

Ich bereitete mich darauf vor, den Raum zu betreten, stellte die Sakeflasche auf ihr Tablett, schob die Tür auf und sagte: *»Ookini.«* Eigentlich heißt das Danke, aber wir benutzen es auch im Sinne von »Entschuldigung«. Ein ziemlich großes Fest war im Gange. Sieben oder acht meiner Onesans waren bereits bei ihm.

Eine von ihnen sagte: »Du hast die Tür nicht korrekt aufgeschoben.«

»Es tut mir Leid«, antwortete ich.

Ich schob die Tür wieder zu und versuchte es noch einmal.

Niemand beschwerte sich.

Ich sagte erneut »ookini« und betrat den Raum.

»Du hast den Raum nicht korrekt betreten.«

Und dann: »Du hältst das Tablett ganz falsch.«

Und dann: »So hält man keine Sakeflasche.«

Allmählich verlor ich die Geduld, aber ich bemühte mich, ruhig zu bleiben. Ich ging wieder hinaus in den Flur, um es noch einmal zu versuchen.

Die Okasan des Tomiyo nahm mich beiseite.

»Mine-chan, was ist da los?«

»Meine Onesans sind so freundlich, mich darin zu unterweisen, wie man alles richtig macht«, antwortete ich.

Ich wusste, dass sie in Wirklichkeit grausam waren. Ich wollte nur sehen, wie weit sie es treiben würden, ehe der Gast oder die Okasan eingriff.

»Ach bitte«, sagte sie. »Sie nehmen dich nur auf den Arm. Geh hinein und achte gar nicht auf sie.«

Diesmal sagte niemand ein Wort.

Herr Wakamatsu bat mich freundlich, ihm einen großen Schreibpinsel, einen Tintenstab und einen Tintenstein zu bringen. Ich ging, um seine Bitte zu erfüllen. Er bat mich, die Tinte vorzubereiten. Ich rieb den Stab am Stein und gab sorgfältig die richtige Menge Wasser zu. Als die Tinte die richtige Konsistenz hatte, tauchte ich den Pinsel hinein und reichte ihn ihm.

Er bat die Rädelsführerin der Truppe, Fräulein S., sich vor ihn hinzustellen.

Fräulein S. trug einen weißen, mit einem Pinienmotiv verzierten Kimono. Herr Wakamatsu hob den Pinsel und sah ihr ins Gesicht. »Ihr habt Mineko alle ungezogen behandelt, aber ich mache dich persönlich dafür verantwortlich.«

Mit einer einzigen Bewegung zog er den Pinsel über die Vorderseite ihres Kimonos und hinterließ dort dicke schwarze Striche.

»Geht, alle. Ich will keine von euch jemals wieder sehen. Bitte geht!«

Alle zusammen trippelten die Geikos aus dem Raum.

Die Okasan hörte den Aufruhr und kam angelaufen.

»Wa-san (sein Spitzname), was in aller Welt ist passiert?«

»Diese Ungezogenheit nehme ich nicht hin. Bitte engagieren Sie nie wieder eine aus dieser Truppe für mich.«

»Natürlich, Wa-san, ganz wie Sie wünschen.«

Dieses Erlebnis hinterließ einen starken Eindruck bei mir. Es machte mich gleichzeitig traurig und glücklich. Es war traurig, dass meine Onesans mich so behandelten. Ich befürchtete, dass mich noch mehr in dieser Art erwartete. Doch Wa-sans Freundlichkeit machte mir auch Mut. Sie gab mir das Gefühl, nicht allein zu sein. Er hatte mein Unbehagen nicht nur bemerkt, sondern sich die Mühe gemacht, selbst zu meinen Gunsten einzugreifen. Wa-san war ein unglaublich netter Mann. Am nächsten Tag schickte er Fräulein S. über die Ochaya drei Kimonos und Brokatobis. Damit gewann er für immer meine Zuneigung. Er wurde einer meiner Lieblingskunden *(gohiiki)* und ich eine seiner Lieblingsmaikos.

Etwas später sprach ich mit zwei der anderen Mädchen, die ihm ebenfalls häufig Gesellschaft leisteten.

»Wa-san ist so gut zu uns dreien. Warum tun wir nicht etwas für ihn? Vielleicht sollten wir ihm ein Geschenk machen.«

»Das ist eine nette Idee. Aber was sollen wir ihm schenken?«

»Hmm.« Wir dachten alle angestrengt nach. Dann lächelte ich. »Ich hab's!«

»Was?«

»Wir machen ihn zum Beatle.«

Sie starrten mich verständnislos an.

»Was ist ein Beatle?«

»Ihr werdet sehen. Vertraut mir einfach, ja?«

Am nächsten Tag nach dem Unterricht stiegen wir zu dritt in ein Taxi, und ich bat den Fahrer, uns zu einem Geschäft an der Ecke von Higashioji Nijo zu bringen. Meine Freundinnen begannen zu kichern, sobald wir vor dem Geschäft gehalten hatten. Es war ein Perückenladen. Wa-san war vollkommen kahlköpfig, deshalb dachte ich, eine Perücke wäre doch ein großartiges Geschenk. Wir wählten eine in Blond und lachten dabei die ganze Zeit. Wir konnten uns nicht vorstellen, wo er die Haarnadel befestigen würde.

Bald darauf rief er uns zu einem Ozashiki. Aufgeregt trugen wir das Geschenk herein und legten es vor ihn hin. Wir verneigten uns förmlich, und eine meiner Freundinnen hielt eine kleine Rede.

»Wa-san, wir danken Ihnen für all Ihre Freundlichkeit. Wir haben Ihnen etwas mitgebracht, um unsere Dankbarkeit zu bezeugen. Bitte nehmen Sie es als Zeichen unserer Zuneigung und Wertschätzung.«

»Du meine Güte! Das wäre doch nicht nötig gewesen!«

Er wickelte die dichte Masse Haare aus. Zuerst hatte er keine Ahnung, um was es sich handelte, aber als er die Perücke hochhielt, fiel sie in die richtige Form. Er setzte sie sich auf den Kopf und fragte grinsend: »Na, was meint ihr?«

»Es sieht toll aus!«, riefen wir alle im Chor. »Wirklich toll!« Wir gaben ihm einen Spiegel.

Genau in diesem Augenblick traf einer von Wa-sans Gästen ein. »Was ist denn hier los?«, fragte er. »Hier geht es ja heute so lebhaft zu.«

»Willkommen, Herr O.«, sagte Wa-san. »Kommen Sie herein und nehmen Sie an unserem Fest teil.«

»Wie sehe ich aus?«, fragte Wa-san. Wir schauten hinüber zu Herrn O. Sein Toupet fehlte! Keine von uns konnte der Versuchung widerstehen, auf seinen Kopf zu starren. Herr O. fuhr sich mit der Hand über den Schädel, bedeckte seinen Kopf instinktiv mit der Zeitung, die er bei sich hatte, und rannte hastig die Treppe hinunter. zwanzig Minuten später kam er zurück. »Das war eine Überraschung«, sagte er. »Ich habe es am Eingang des Miyako-Hotels verloren.« Sein Toupet war wieder da, aber es saß schief.

Am folgenden Abend engagierte Wa-san mich erneut. Seine Frau und seine Kinder waren auch dabei. Seine Frau war überströmend freundlich. »Vielen Dank für das prachtvolle Geschenk, das Sie meinem Mann gemacht haben. Er hatte seit Jahren keine so gute Laune mehr«, erzählte Frau Wakamatsu mir fröhlich. »Ich würde Sie dafür sehr gern einmal zu uns nach Hause einladen. Warum kommen Sie nicht einmal einen Abend vorbei, um Glühwürmchen zu fangen?«

Es brachte mich in Verlegenheit, dass unser kleines Geschenk eine solche Reaktion hervorrief.

Eine der falschen Vorstellungen in Bezug auf die Karyukai ist, dass sie nur für die Unterhaltung von Männern sorgt. Das stimmt einfach nicht. Auch Frauen sind häufig Gastgeberinnen oder Gäste von Ozashikis.

Es ist richtig, dass die Mehrzahl unserer Kunden Männer sind, aber wir lernen oft ihre Familien kennen. Meine Kunden haben häufig ihre Frauen und Kinder mitgebracht, damit sie mich in der Ochaya treffen und auf der Bühne erleben konnten. Den Ehefrauen schien besonders das Miyako Odori zu gefallen, und oft luden sie mich zu besonderen Anlässen wie etwa dem Neujahrstag zu sich nach Hause ein. So mochte der Ehemann etwa in einem Raum ein opulentes Ozashiki für Geschäftsfreunde geben, während seine Frau und ihre Freundinnen sich in einem anderen amüsierten. Ich verabschiedete mich dann von den Herren, sobald der Anstand es erlaubte, und schlüpfte glücklich über den Flur, um mich den Damen anzuschließen.

Es war nicht ungewöhnlich, dass ich die gesamte Familie eines Kunden kannte. Manchmal wurden Ozashikis für Familienfeiern, besonders um Neujahr herum, gebucht. Oder ein Großvater gab ein Ozashiki für sein neugeborenes Enkelkind, und während die stolzen Eltern sich amüsierten, wetteiferten wir Geikos darum, das Baby halten zu dürfen. Manchmal scherzten wir und sagten, die Ochayas seien so etwas wie hochklassige »Familienrestaurants«.

Wie ich schon erwähnte, fördert die Kultur der Karyukais langfristige Beziehungen, die auf gegenseitigem Vertrauen beruhen. Die Bindung, die mit der Zeit zwischen einer Ochaya, einem Stammkunden und seiner oder ihrer bevorzugten Geiko entsteht, kann sehr stark sein.

Was im privaten Rahmen eines Ozashiki gesagt und getan wird, hat vielleicht wenig mit dem normalen Leben zu tun, aber die Beziehungen, die sich dort drinnen entwickeln, sind sehr real. Ich war so jung, als ich anfing, dass ich im Lauf der Jahre sehr enge Beziehungen zu vielen meiner Stammkunden und ihren Familien aufbaute.

Ich habe ein gutes Gedächtnis für Daten und wurde dafür berühmt, dass ich mich an die Geburtstage meiner Kunden sowie die ihrer Ehefrauen und ihre Hochzeitstage erinnerte. Es gab eine Zeit, da hatte ich diese Daten für über hundert meiner besten Kunden im Kopf. Ich hatte immer einen Vorrat an kleinen Geschenken zur Hand, damit ich meinen männlichen Kunden etwas für ihre Frauen zu Hause mitgeben konnte, falls sie zufällig ein wichtiges Datum vergessen hatten.

22. Kapitel

Bevor ich Ihnen von einigen der schwierigen Erfahrungen berichte, die ich als Maiko machte, würde ich Ihnen gern etwas von den wunderbaren erzählen. Ich lernte auf meinem Weg viele bedeutende Menschen kennen, aber zwei Männer ragen unter allen Übrigen hervor.

Der Erste und Wichtigste ist der Philosoph und Schöngeist Dr. Tetsuzo Tanigawa. Kurz nach meinem Debüt hatte ich das Glück, ein Ozashiki zu besuchen, bei dem Dr. Tanigawa Gast war.

»Ich bin seit fünfzig Jahren nicht mehr in Gion Kobu gewesen«, sagte Dr. Tanigawa zur Begrüßung.

Ich hielt das für einen Scherz. Dafür sah er nicht alt genug aus. Doch als ich mit ihm und seinem Gastgeber, dem Chef eines großen Verlages, plauderte, wurde mir klar, dass Dr. Tanigawa weit über siebzig sein musste.

Als ich ihn kennen lernte, hatte ich keine Ahnung, was für ein wichtiger Mann Dr. Tanigawa war. Offenkundig war er sehr gebildet, aber er war kein Snob. Er hatte eine offene Art, die zum Gespräch einlud. Ich stellte ihm eine Frage zu etwas. Er hörte mir mit echtem Interesse zu und dachte ein paar Augenblicke nach, ehe er antwortete. Seine Antwort war klar, pointiert und präzise. Eifrig fragte ich ihn noch etwas. Wieder gab er mir eine ernsthafte, überlegte Antwort. Ich fand es wunderbar.

Es war fast Zeit für meinen nächsten Termin, aber ich wollte nicht gehen. Ich schlüpfte für einen Augenblick aus dem Raum und bat die Okasan, sie möge ausrichten, ich fühlte mich nicht wohl, und meine anderen Verabredungen absagen, etwas, was ich noch nie zuvor getan hatte.

Ich ging zum Ozashiki zurück, und wir setzten unser Gespräch fort. Als Dr. Tanigawa sich erhob und gehen wollte, sagte ich ihm, wie sehr ich mich gefreut habe, ihn kennen zu lernen, und dass ich hoffe, ich würde Gelegenheit haben, ihn eines Tages wiederzusehen.

»Unser Gespräch hat mir sehr gefallen«, antwortete er, »und ich finde, Sie sind eine entzückende junge Frau. Bitte betrachten Sie mich als Fan. Ich muss hier in der Stadt an einer Reihe monatlicher Symposien teilnehmen und werde versuchen, Sie wieder zu besuchen. Überlegen Sie sich ein paar weitere Fragen für mich!«

»Das wird mir nicht schwerfallen. Bitte kommen Sie wieder, sobald Sie können.«

»Ich werde es einplanen. Aber für den Augenblick darf ich mich verabschieden.«

Dr. Tanigawa benutzte das englische Wort »Fan«, ein Wort, das damals sehr in Mode war. Er verwendete den Begriff allgemein, aber ich hatte tatsächlich eine große Zahl von Fanclubs, sogar unter Maikos und Geikos in anderen Karyukais in Kioto und unter Geishas im ganzen Land. (Maikos gibt es nur in Kioto.)

Dr. Tanigawa hielt Wort und kam einige Zeit später wieder in die Ochaya.

Bei diesem nächsten Gespräch stellte ich ihm Fragen zu ihm selbst. Er war sehr mitteilsam und ich erfuhr eine ganze Menge über seine lange und eindrucksvolle Karriere.

Es stellte sich heraus, dass Dr. Tanigawa ein Jahr älter war als mein Vater. Im Laufe der Jahre hatte er an Universitäten in ganz Japan Ästhetik und Philosophie gelehrt, darunter auch an der Kunstakademie von Kioto, wo mein Vater studiert hatte. Außerdem war er Direktor des Nationalmuseums von Nara, des Nationalmuseums von Kioto und des Nationalmuseums von Tokio gewesen. Kein Wunder, dass er über alles so gut Bescheid wusste! Außerdem war er Mitglied der elitären Japan Art Academy und Vater des Dichters Shuntaro Tanigawa, der so berühmt war, dass sogar ich ihn kannte.

Ich fragte Dr. Tanigawa nach seiner akademischen Laufbahn. Er erzählte mir, dass er sich entschlossen hatte, nicht an der Universität von Tokio, sondern an der von Kioto zu studieren, um den großen Philosophen Kitaro Nishida zu hören. Er liebte Kioto und Gion Kobu, und kannte sich dort noch aus seinen Studententagen gut aus.

Immer wenn ich wusste, dass Dr. Tanigawa kommen würde, lehnte ich alle anderen Verpflichtungen ab, um mich ganz seiner Gesellschaft widmen zu können. Zwischen uns entwickelte sich eine Freundschaft, die bis zu seinem Tod Anfang der Neunzigerjahre dauern sollte. Ich betrachtete meine Verabredungen mit ihm nicht als geschäftliche Termine. Es war eher so, als würde ich bei meinem Lieblingsprofessor Unterricht nehmen.

Ich bombardierte ihn mit Fragen. Er gab mir weiterhin ernsthafte Antworten, immer klar und auf den Punkt. Er drängte mir nie seine Ansichten auf, sondern ermutigte mich vielmehr, den Dingen selbst auf den Grund zu gehen. Wir sprachen endlos über Kunst und Ästhetik. Als Künstlerin wollte ich mich dazu erziehen, Schönheit in all ihren Formen zu erkennen.

»Wie betrachte ich ein Kunstwerk?«, fragte ich.

»Du brauchst nur zu sehen, was du siehst, und zu fühlen, was du fühlst«, war, kurz und bündig, seine Antwort.

»Liegt Schönheit nur im Auge des Betrachters?«

»Nein, Mineko, Schönheit ist etwas Allgemeingültiges. Es gibt auf dieser Welt ein absolutes Prinzip, das dem Erscheinen und Verschwinden aller Phänomene zugrunde liegt. Das ist das, was wir als Karma bezeichnen. Es ist konstant und unwandelbar und bringt universale Werte wie Schönheit und Moral hervor.«

Diese Lehre wurde zur Grundlage meiner persönlichen Philosophie.

Eines Abends dinierte Dr. Tanigawa mit dem Chef eines anderen Verlagshauses, und dieser Herr begann ein Gespräch über Ästhetik und benutzte dabei viele schwierige Wörter. Er fragte Dr. Tanigawa: »Wie kann ich ein Kunstwerk so einschätzen, dass andere Leute mich für einen Kenner halten?«

»Er sollte sich was schämen«, dachte ich.

Dr. Tanigawa versetzte mich in Erstaunen, indem er ihm exakt die gleiche Antwort gab wie mir: »Sie brauchen nur zu sehen, was Sie sehen, und zu fühlen, was Sie fühlen.«

Ich konnte es nicht glauben. Da war ich, dieses kaum gebildete fünfzehnjährige Mädchen, und Dr. Tanigawa gab dem Chef eines großen Unternehmens denselben Rat, den er mir gegeben hatte.

Ich war sehr bewegt. »Er sagt wirklich die Wahrheit«, dachte ich.

Dr. Tanigawa lehrte mich, die Wahrheit zu finden, indem ich in mein Inneres hineinschaute. Ich denke, das ist das größte Geschenk, das mir jemals jemand gemacht hat. Ich liebte ihn von Herzen.

Im März 1987 erschien ein neues Buch von Dr. Tanigawa, das den Titel *Zweifel mit neunzig* trug. Ich ging zu der Party im Hotel Okura in Tokio, bei der das Buch in Anwesenheit der hundert engsten Freunde von Dr. Tanigawa vorgestellt wurde. Ich hatte die Ehre, zu diesen Freunden zu gehören.

»Haben Sie immer noch Zweifel?«, fragte ich ihn. »Auch noch mit über neunzig?«

»Bei manchen Dingen können wir nie sicher sein«, gab er zur Antwort, »selbst wenn wir hundert Jahre alt werden. Das beweist, dass wir menschlich sind.«

In seinen letzten Jahren besuchte ich Dr. Tanigawa in seinem Haus in Tokio, wann immer ich die Gelegenheit hatte. Eines Tages tat ich im Spaß so, als wollte ich eine antike ägyptische Fliege aus Gold aus seiner Sammlung stehlen. Er sagte: »Jedes Stück meiner Sammlung ist bereits einem Museum versprochen. Die Dinge gehören dahin, wo sie für jedermann sichtbar sind, damit sie uns lehren können, was sie über Kunst und Kultur zu sagen haben. Also bitte, gib mir das unverzüglich zurück.«

Um meinen peinlichen Fauxpas wieder gutzumachen, bestellte ich für das Amulett eine Schachtel, die ich selbst entwarf. Das Äußere bestand aus chinesischem Quittenholz, das Innere aus Paulownienholz, und ausgeschlagen war das Ganze mit amethystfarbener Seide. Dr. Tanigawa freute sich sehr über das Geschenk und bewahrte das Amulett von da an in dieser besonderen Schatulle auf.

Ein anderer brillanter Mann, der tiefen Eindruck auf meinen jungen Geist machte, war Dr. Hideki Yukawa. Dr. Yukawa war Professor für Physik an der Universität von Kioto und hatte 1949 dafür, dass er die Existenz des Elementarteilchens Meson vorhergesagt hatte, den Physiknobelpreis erhalten. Auch er war jemand, der meine Fragen ernst nahm.

Dr. Yukawa wurde immer schläfrig, wenn er Sake trank. Einmal nickte er ein, und ich musste ihn wecken.

»Wachen Sie auf, Dr. Yukawa. Es ist noch nicht Schlafenszeit.«

Sein Gesicht war verknittert, seine Augen trübe. »Was willst du? Ich bin so müde.«

»Ich möchte, dass Sie mir die Physik erklären. Was ist das? Und sagen Sie mir, was Sie tun mussten, um diesen wichtigen Preis zu gewinnen. Sie wissen schon, den Nobelpreis.«

Ich war völlig ahnungslos, aber er lachte mich nicht aus. Er setzte sich auf und beantwortete geduldig und in aller Ausführlichkeit meine Fragen (obwohl ich nicht genau weiß, wie viel davon ich wirklich begriff).

23. Kapitel

Leider waren nicht alle meine frühen Begegnungen in den Ochayas erfreulich oder lehrreich. Eines Abends war ich zu einem bestimmten Ozashiki bestellt. Man sagte mir, der Gastgeber lege großen Wert auf mein Erscheinen, aber irgendwie hatte ich bei diesem Termin kein gutes Gefühl. Und tatsächlich warteten einige Unannehmlichkeiten auf mich. Eine Geiko namens Fräulein K. war dort. Sie war wie gewöhnlich bereits betrunken.

Wenn eine Geiko in Gion Kobu zu einem Ozashiki erscheint, verneigt sie sich zuerst vor ihren älteren Schwestern, ehe sie sich vor den Kunden verbeugt. Ich verneigte mich also vor Fräulein K. und begrüßte sie höflich. »Guten Abend, Onesan.« Dann wandte ich mich um und verbeugte mich vor dem Gastgeber.

Er erwiderte meinen Gruß. »Wie schön, dich wiederzusehen.«

Ich blickte auf und sah, dass er einer der Männer war, die bei dem unrühmlichen Bankett zugegen gewesen waren, bei dem ich zu den Puppen lief, ehe ich die Gäste begrüßt hatte. Das war erst ein paar Wochen her, aber inzwischen hatte sich so viel ereignet, dass es mir wie eine Ewigkeit vorkam. »Ach, es scheint so viel Zeit vergangen zu sein, seit wir uns das letzte Mal begegnet sind. Vielen Dank, dass Sie mich eingeladen haben, heute Abend bei Ihnen zu sein.«

Fräulein K. mischte sich ein. Sie sprach undeutlich. »Wovon redest du, viel Zeit? Viel Zeit seit was?«

»Wie bitte?« Ich hatte keine Ahnung, worauf sie hinauswollte.

»Ach, und überhaupt, was ist eigentlich mit deiner Onesan? Was hat sie für ein Problem? Sie ist nicht mal eine gute Tänzerin. Warum benimmt sie sich immer, als wäre sie besser als alle anderen?«

»Es tut mir schrecklich Leid, wenn sie etwas getan hat, was Sie kränkt.«

Fräulein K. paffte an einer Zigarette und war von einer Rauchwolke umgeben.

»Es tut dir Leid? Was soll das heißen? Dass es dir Leid tut, ändert überhaupt nichts.«

Mir wurde unbehaglich zumute, und ich merkte, dass der Kunde zunehmend verärgert aussah. Dafür hatte er nicht bezahlt.

Er versuchte, die Situation unter Kontrolle zu bringen. »Na, na, Fräulein K., ich bin hergekommen, um mich zu amüsieren. Lassen Sie uns das Thema wechseln, ja?«

Aber sie ließ nicht locker.

»Nein, wir wechseln das Thema nicht. Ich versuche, Mineko zu helfen. Ich will nicht, dass sie so wird wie ihre schreckliche Onesan.«

Er versuchte es erneut.

»Ich bin sicher, dazu wird es nie kommen.«

»Was wissen Sie denn schon davon? Warum halten Sie nicht einfach die Klappe?«

Der Kunde war zu Recht empört. Er erhob die Stimme. »Fräulein K., wie können Sie es wagen, so mit mir zu reden?«

Mir fiel nichts anderes ein, als die Situation dadurch zu entschärfen, dass ich mich pausenlos für Yaeko entschuldigte.

»*Nesan*, ich verspreche, ich werde sofort mit Yaeko darüber sprechen. Ich werde ihr sagen, wie ärgerlich Sie sind. Es tut uns sehr Leid, dass wir Sie gekränkt haben.«

Sie wechselte abrupt das Thema.

»Was ist mit dir los? Kannst du nicht sehen, dass ich rauche?«

»Oh, natürlich. Entschuldigen Sie. Ich bringe Ihnen sofort einen Aschenbecher.« Als ich aufstehen wollte, legte mir Fräulein K. eine Hand auf den Arm.

»Nein, schon gut. Es ist ja einer da. Gib mir einen Augenblick deine Hand.«

Ich dachte, sie würde mir einen Aschenbecher geben, der ausgeleert werden musste.

Stattdessen packte sie meine linke Hand und klopfte ihre Asche in meine offene Handfläche. Sie hielt die Hand so fest, dass ich sie nicht wegziehen konnte. Der Kunde war entsetzt und rief nach der Okasan. Fräulein K. wollte meine Hand nicht loslassen.

Ich erinnerte mich, wie Tantchen Oima mir immer wieder gesagt hatte, dass eine echte Geiko stets ruhig bleibt, ganz gleich, was geschieht. Ich dachte bei mir: »Das ist wie eine spirituelle Übung. Wenn ich denke, dass die Asche heiß ist, dann ist sie heiß. Wenn ich denke, dass ich nichts spüre, dann werde ich nichts spüren. Ich muss mich konzentrieren.« In dem Moment, in dem die Okasan hastig zur Tür hereinkam, drückte Fräulein K. den Stummel ihrer Zigarette in meiner Handfläche aus und ließ meine Hand los. Ich weiß, das klingt wie eine Übertreibung, aber es ist wirklich passiert.

»Danke«, sagte ich, weil mir nichts anderes einfiel. »Ich werde Sie morgen aufsuchen.«

»Gut. Ich glaube, ich werde jetzt gehen.«

Sie war zu betrunken, um aufzustehen. Die Okasan musste sie halb aus dem Raum schleppen. Ich entschuldigte mich und ging in die Küche, um einen Eiswürfel zu holen. Ich hielt ihn fest in meiner verbrannten Hand, kehrte in den Raum zurück und begrüßte den Kunden erneut, als wäre nichts passiert.

Ich verneigte mich. »Das mit den Puppen tut mir sehr Leid. Bitte, verzeihen Sie mir.«

Er war sehr liebenswürdig, doch die Stimmung war etwas eingetrübt. Zum Glück geleitete die Okasan bald darauf einige ältere Geikos in den Raum, und sie verstanden es geschickt, wieder neuen Schwung in die Gesellschaft zu bringen.

Und ich hatte zwei wichtige Regeln befolgt:

Zeige immer Respekt vor deinen älteren Schwestern.

Lass den Kunden niemals Konflikte oder grobes Benehmen sehen.

Aber ich musste Fräulein K. zeigen, dass ihr anstößiges Verhalten mich nicht einschüchterte. Also ergriff ich am nächsten Tag die Initiative und stattete ihr einen Besuch ab. Meine Hand war verbunden, und ich hatte große Schmerzen, aber ich tat so, als wäre das nicht ihre Schuld.

»Onesan, es tut mir sehr Leid wegen der Unannehmlichkeiten gestern Abend.«

»Na gut. Was hast du mit deiner Hand gemacht?«

»Ach, ich bin so ungeschickt. Ich habe nicht aufgepasst, wohin ich trete, und bin gestolpert. Es ist nichts. Aber ich wollte Ihnen für all die guten Ratschläge danken, die Sie mir gestern Abend gegeben haben. Ich werde mir Ihre Worte zu Herzen nehmen und in Zukunft versuchen, mich daran zu halten.«

»Nun gut.« Sie war eindeutig beschämt und erstaunt,

dass ich schlau genug war, so zu tun, als sei nichts passiert. »Möchtest du vielleicht eine Tasse Tee?«

»Das ist sehr freundlich von Ihnen, aber ich muss wirklich gehen. Ich bin mit meinem Unterricht für heute noch nicht fertig. Einstweilen auf Wiedersehen.«

Ich hatte die Oberhand gewonnen. Sie hat mir nie wieder etwas getan.

Als ich meine Laufbahn begann, musste ich nicht nur mit schwierigen Charakteren fertig werden, sondern auch einen extrem anstrengenden Terminplan mit täglichem Unterricht, allabendlichen Ozashikis und regelmäßigen öffentlichen Auftritten durchstehen.

Schauen Sie sich meine ersten sechs Monate an. Am 15. Februar begannen die Proben für mein erstes Miyako Odori. Am 26. März wurde ich Maiko. Das Miyako Odori begann am 1. April, sieben Tage später, und dauerte einen ganzen Monat. Im Mai tanzte ich einen Monat lang in einer Reihe von Sondervorstellungen im Neuen Kabukiza-Theater in Osaka. Kaum waren die zu Ende, begannen auch schon die Proben für die *Rokkagai*-Aufführungen im Juni.

Ich konnte es gar nicht erwarten, an den Rokkagai teilzunehmen. Rokkagai bezieht sich auf »die fünf Karyukais«. Einmal im Jahr kommen alle Karyukais von Kioto zusammen und veranstalten eine gemeinsame Aufführung, bei der unsere verschiedenen Tanzstile gezeigt werden. (Früher gab es sechs Karyukais in Kioto. Heute sind es nur noch fünf, weil der Bezirk Shimabara nicht mehr mitmacht.)

Ich freute mich darauf, die anderen Mädchen kennen zu lernen, und hoffte auf eine Art Gemeinschaftsgefühl. Aber ich wurde bald enttäuscht. Das ganze Unternehmen war durchtränkt von Konkurrenzdenken und kaum verhüllter Rivalität. Die Reihenfolge, in der die

Karyukais im Programm auftreten, gilt praktisch als Rangordnung für das jeweilige Jahr. Gion Kobu hat das Privileg, stets zuerst aufzutreten, und erspart sich so diesen Machtkampf, aber es war verstörend, die Schärfe der Konflikte mitzuerleben. Meine Phantasie von einer »glücklichen Familie« war damit für alle Zeit erledigt.

Ich wurde schnell zur beliebtesten Maiko in Kioto, was bedeutete, dass ich auch für Ozashikis in Ochayas in anderen Karyukais außer Gion Kobu zahlreiche Anfragen erhielt. Wer immer sich das leisten konnte, wollte mich sehen, und wenn die Einladung wichtig genug war, nahm Mama Masako sie an. Dass ich mich auch in den anderen Karyukais bewegte, kam mir nicht komisch vor. Ich war so naiv anzunehmen, dass alles, was den Geschäften der Karyukais nützte, auch gut für alle Beteiligten sei.

Doch nicht jedermann in Gion Kobu teilte diese Überzeugung. Andere Maikos und Geikos hatten das Gefühl, ich würde in fremden Revieren wildern, und pflegten schnippisch zu fragen: »Was hast du noch mal gesagt, aus welcher Karyukai du bist?«

Wie ich schon sagte, ich mochte es, wenn immer alles klar und einfach war, und ich fand diese ganze Streiterei um Rang und Stellung albern. Im Nachhinein kann man leicht sagen, dass ich mir diese Auffassung leisten konnte, weil ich so erfolgreich war, aber damals verstand ich den Grund für dieses ganze Theater wirklich nicht. Und es gefiel mir überhaupt nicht. Dauernd versuchte ich, meine Stellung zu nutzen, damit die Offiziellen des Kabukai mich anhörten.

Schnappschüsse von Maikos zu ergattern gehört in Kioto zu den Lieblingsbeschäftigungen von Touristen und Paparazzi. Oft war ich vom Klicken der Fotoapparate umgeben, wenn ich von einer Veranstaltung zur nächsten unterwegs war. Eines Tages ging ich zum Bahnhof von Kioto, um mit dem Zug nach Tokio zu fahren. Überall war mein Gesicht. An den Kiosken gab es Einkaufsbeutel, die für Kioto Werbung machten – mit meinem Bild darauf. Ich hatte das Foto nie vorher gesehen und schon gar keine Erlaubnis gegeben, es kommerziell zu nutzen. Ich war wütend. Am nächsten Tag stürmte ich zum Kabukai.

»Wie kann es jemand wagen, ohne meine Erlaubnis ein Foto von mir zu verwenden?«, wollte ich wissen.

Ich war fünfzehn, aber der Mann hinter dem Schreibtisch redete mit mir, als sei ich vier.

»Aber, aber Mine-chan, zerbrich dir doch nicht dein hübsches Köpfchen über solche Erwachsenenangelegenheiten. Betrachte es als Preis des Ruhmes.«

Ich brauche wohl nicht zu sagen, dass diese Antwort mich nicht zufrieden stellte. Am nächsten Tag ging ich nach der Schule wieder hin und setzte dem Angestellten so lange zu, bis er mich mit dem Direktor sprechen ließ. Doch der war auch nicht viel besser. Er sagte mir mehrmals, er würde sich darum kümmern, aber es geschah nie etwas.

Solche Dinge wiederholten sich jahrelang.

Doch ich ließ nicht zu, dass meine wachsende Unzufriedenheit die Hingabe an meinen Beruf beeinträchtigte. Als die Rokkagais Mitte Juni zu Ende waren, war ich vollkommen erschöpft. Gleich danach sollte ich mit den Proben für die *Yukatakai* beginnen, eine von der Inoue-Schule veranstalteten Reihe von Tanzaufführungen im Sommer. Aber es war zu viel für mich, und schließlich brach ich zusammen.

Ich bekam eine akute Blinddarmentzündung und musste operiert werden. Ich sollte zehn Tage im Krankenhaus bleiben. Kuniko wich nicht von meiner Seite, obwohl ich während der ersten vier Tage nur schlief und keinerlei Erinnerung daran habe.

Später hat sie mir erzählt, dass ich sogar noch im Schlaf meinen Terminplan durchging. »Ich muss um Punkt sechs im Ichirikitei sein und dann um sieben im Tomiyo.«

Endlich wachte ich auf.

Der Oberarzt kam, um mich zu untersuchen, und fragte mich, ob Gase abgegangen seien.

»Gase?«, fragte ich.

»Ja, Gase. Sind schon welche abgegangen?«

»Abgegangen? Wo denn?«

»Ich meine, sind Winde abgegangen? Haben Sie gefurzt?«

»Entschuldigen Sie«, antwortete ich indigniert, »so etwas tue ich nicht.«

Allerdings fragte ich Kuniko, ob sie etwas dergleichen bemerkt habe, und sie sagte, sie habe nichts gehört oder gerochen. Der Arzt beschloss, es sich auf alle Fälle zu notieren.

Mama Masako kam mich besuchen.

»Wie fühlst du dich, mein Kind?«, fragte sie freundlich. Und dann grinste sie schalkhaft und sagte: »Weißt du, du solltest nicht lachen, wenn du genäht bist, weil das wirklich weh tut.«

Sie hob die Hände an den Kopf und schnitt eine vollkommen verrückte Grimasse. »Wie findest du das?«, fragte sie. »Und das?«

Der ganze Auftritt war so untypisch für sie, dass ich ihn unwiderstehlich komisch fand und nicht aufhören konnte zu lachen. Es tat so weh, dass mir die Tränen über die Wangen liefen.

»Bitte, hör auf«, flehte ich.

»Wenn ich dich sonst besucht habe, hast du immer geschlafen, und mir war langweilig. Aber das macht Spaß. Ich muss wiederkommen.«

»Das brauchst du nicht«, antwortete ich. »Und sag allen, sie sollen bitte aufhören, mir all diese Blumen zu schicken.«

Es gab so viele Sträuße im Zimmer, dass der Duft schon langsam unangenehm wurde. Er war regelrecht erstickend. Mama Masako überredete meine Freundinnen, mir stattdessen *manga* mitzubringen, die dicken Comic-Bücher, die von japanischen Teenagern verschlungen werden wie Süßigkeiten. Das war mit Abstand das Schönste an meinem Krankenhausaufenthalt. Ich verbrachte Stunden damit, Manga zu lesen, etwas, wozu ich zu Hause sonst nie Zeit hatte. Und so lag ich da, entspannte mich, las, lachte und hatte Schmerzen.

Während der zehn Tage, die ich im Krankenhaus lag, hoffte ich, einen Tag eher entlassen zu werden. Seit vielen Jahren schon hatte ich mir gewünscht, *ochaohiku* zu erleben, und beschlossen, es zu versuchen. Die Okiya hatte bereits in ganz Gion Kobu Flugblätter verteilt, auf denen stand, dass ich in diesen zehn Tagen nicht zur Verfügung stand, damit keine Anfragen für Auftritte kamen. Und so hatte ich endlich die Chance, Ochaohiku auszuprobieren.

Es gehört zum Job einer Geiko, sich jeden Abend anzukleiden, auch wenn sie keine festen Engagements hat, damit sie sofort reagieren kann, wenn doch eine Anfrage in der Okiya eintrifft. Den Begriff Ochaohiku verwendet man für die Zeit, in der eine Geiko sich herrichten, aber nirgends hingehen muss. Mit anderen Worten, der Laden ist geöffnet, aber es gibt keine Kunden.

Seit ich angefangen hatte zu arbeiten, war ich immer

ausgebucht gewesen, sodass ich nie Gelegenheit gehabt hatte, Ochaohiku zu machen. Ich dachte, ich sollte es zumindest ein einziges Mal erleben. Zuerst nahm ich ein luxuriöses Bad.

Es tat gut, nach der Enge im Krankenhaus in unserem geräumigen Badehaus zu sein. Ich verklebte meine Narbe wasserdicht, damit sie nicht nass wurde, und begoss mich dankbar mit heißem Wasser aus dem großen Zedernholzbottich. Dann ließ ich mich vorsichtig in das dampfende Wasser sinken und so lange einweichen, bis meine Haut ganz geschmeidig war. Danach stieg ich aus der Wanne, nahm einen Eimer, den ich mit heißem Wasser aus dem Hahn an der Wand füllte und wusch mich gründlich mit Wasser und Seife. Als Nächstes rieb ich mich von Kopf bis Fuß mit einem Netzbeutel ab, der mit Reiskleie gefüllt war. Reiskleie enthält viel Vitamin B und ist wunderbar für die Haut. Danach tauchte ich ein letztes Mal in die Wanne.

Die Familienmitglieder und Kuniko waren die einzigen Bewohnerinnen der Okiya, die das Badehaus benutzen durften. Alle anderen gingen in das öffentliche Badehaus in unserem Viertel, was damals üblich war. Nur wenige Japaner konnten es sich leisten, zu Hause ein Badehaus zu unterhalten. Entspannt von meinem Bad, ging ich anschließend zum Friseur.

»Ich dachte, Sie würden erst morgen wieder arbeiten«, sagte meine Friseuse, als sie mich sah.

»Ich weiß«, sagte ich. »Aber ich wollte mal einen Versuch mit Ochaohiku machen.«

Sie sah mich merkwürdig an, tat aber, was ich verlangte. Ich rief bei Suehiroya an und bat, mein Ankleider solle kommen und mich anziehen. Auch er verstand nicht, tat aber wie gebeten. Als ich ausgehfertig war, setzte ich mich hin und wartete. Natürlich geschah gar nichts, da ich ja nicht im Dienst war. Aber ich lernte etwas sehr Wichtiges. Es gefiel mir nicht, untätig zu sein. Ich fand es ermüdend, in dem schweren Kostüm herumzusitzen. Mir wurde klar, dass es ist viel einfacher ist, etwas zu tun zu haben.

24. Kapitel

Am nächsten Tag begann ich mit den Proben für die Yukatakai, die Sommertänze, und das Leben ging wieder seinen normalen Gang.

An diesem Abend – ich fühlte mich noch immer schwach und verwundbar – besuchte ich ein Ozashiki, für das ich verpflichtet war. Als ich mich grüßend verneigte, gab einer der Gäste, der so tat, als sei er betrunken, mir einen Stoß, und ich fiel zu Boden. Ich landete auf dem Rücken und wollte mich eben aufrappeln, als er den gepolsterten Saum meines Kimonos packte, den Rock bis zu meinen Oberschenkeln hochzog und meine Beine und meine Unterkleidung entblößte. Dann fasste er meine Beine und zog mich über den Boden wie eine Stoffpuppe. Alle begannen zu lachen, auch die anderen Maikos und Geikos, die im Raum waren.

Ich glühte vor Wut und Verlegenheit. Ich sprang auf, raffte meine Röcke zusammen und marschierte schnurstracks in die Küche. Von einer der Dienerinnen borgte ich mir ein Sashimi-Messer. Ich legte es auf ein Tablett und ging in den Bankettraum zurück.

»So, meine Herrschaften, jetzt ist Schluss! Keiner rührt sich!«

»Bitte, Mine-chan, es war doch nur ein Scherz. Es war nicht so gemeint.«

Die Okasan kam mir nachgelaufen.

»Aufhören, Mine-chan! Nicht!«

Ich beachtete sie nicht. Ich war außer mir.

Ich sprach langsam und ruhig. »Bleibt, wo ihr seid. Ich möchte, dass ihr alle sehr genau zuhört, was ich zu sagen habe. Ich werde diesen Herrn verletzen. Ich werde ihn vielleicht sogar umbringen. Ich möchte, dass ihr alle erkennt, wie tief ich mich gedemütigt fühle.«

Ich ging zu meinem Angreifer und hielt ihm das Messer an die Kehle.

»Stich in den Körper, und er heilt. Aber verletze das Herz, und die Wunde bleibt ein Leben lang. Sie haben meinen Stolz verletzt. Und Schande ertrage ich nicht. Was heute Abend hier passiert ist, werde ich nicht vergessen, solange ich lebe. Aber Sie sind nicht wert, dass ich für Sie ins Gefängnis komme, also werde ich Sie gehen lassen. Doch tun Sie so etwas nie wieder.«

Und damit stieß ich das Messer in die Tatami direkt neben ihm und marschierte mit hoch erhobenem Haupt hinaus.

Am nächsten Tag aß ich in der Schulcafeteria zu Mittag, als eine der Maikos, die am Vorabend auch dabei gewesen waren, sich an meinen Tisch setzte. Sie war nicht viel älter als ich. Sie erzählte mir, wie die Geikos die ganze Sache geplant und den Kunden dazu angestachelt hatten. Sie sagte, sie hätten alle gemeint, es müsse großen Spaß machen, mich zu demütigen. Das arme Mädchen fühlte sich schrecklich. Sie hatte nicht mitmachen wollen, aber nicht gewusst, was sie tun sollte.

Mein kalter Zorn machte den Quälereien kein Ende. Sie wurden sogar noch schlimmer. Die Feindseligkeit hatte verschiedene Ausprägungen; einige waren grausamer als andere. So verschwanden beispielsweise ständig meine Sachen und meine Accessoires (Fächer, Sonnenschirme, Teequirle etc.). Bei Banketten waren andere Geikos grob zu mir oder ignorierten mich. Leute riefen in der Okiya an und hinterließen Nachrichten, die mich absichtlich in die Irre führten und zu falschen Terminen schickten.

Der Kimono einer Maiko ist am Saum wattiert, damit die Schleppe die richtige Form hat und richtig fällt. Eines Abends steckte jemand Nadeln in die Wattierung. Nachdem ich mich zahllose Male gestochen hatte, ging ich nach Hause und zog traurig zweiundzwanzig Nadeln aus dem Saum meines schönen Kimonos.

Je länger all dies andauerte, desto schwerer wurde es für mich, irgendjemandem zu trauen oder etwas für selbstverständlich zu halten. Und wenn ich tatsächlich einen Fehler machte, schien die Strafe nie dem Vergehen zu entsprechen. Eines Abends kam ich in eine Ochaya. Es war dunkel, und ich konnte nicht sehen, wer mir im Flur begegnete. Es war die Okasan, und sie war wütend auf mich, weil ich sie nicht angemessen grüßte. Ein ganzes Jahr lang verwehrte sie mir den Zutritt zu ihrer Ochaya. Ich bewältigte diese Schikanen, so gut ich konnte. Ich glaube, am Ende haben sie mich stärker gemacht.

In meiner Altersgruppe hatte ich keine einzige Freundin. Einige der älteren Geikos, deren Stellung aufgrund ihrer eigenen Erfolge sehr gefestigt war, taten alles Erdenkliche, um freundlich zu mir zu sein.

Sie gehörten zu den wenigen, die die Tatsache würdigten, dass ich ein solches Phänomen war.

Das Buchhaltungssystem von Gion Kobu setzt Beliebtheit sofort in konkrete Zahlen um. Diese Stellung hatte ich sechs Jahre lang inne, während meiner fünf Jahre als Maiko und meinem ersten Jahr als Geiko. Danach schraubte ich die Zahl meiner Auftritte leicht zurück. Zwar verdiente ich jetzt etwas weniger *hanadais*, was aber mehr als wettgemacht wurde durch die regelmäßigen Trinkgelder, die ich von meinen zahlreichen Kunden erhielt.

Den Begriff, den wir für unseren Gesamtverdienst benutzen, ist *mizuage* (nicht zu verwechseln mit der Mizuage-Zeremonie). Die Geiko mit der höchsten Mizuage des vergangenen Jahres wird bei der jährlichen Zeremonie zu Beginn des neuen Jahres, die am 7. Januar in der Nyokoba-Schule stattfindet, öffentlich gewürdigt. In jenem ersten Jahr erhielt ich die Auszeichnung.

Von Anfang an wurde ich zu ungewöhnlich vielen Ozashikis gebeten. Pro Abend besuchte ich durchschnittlich zehn Ochayas und erschien dort jeweils bei so vielen Ozashikis, wie ich bewältigen konnte; selten hielt ich mich länger als eine halbe Stunde in jedem dieser Häuser auf. Manchmal ging ich nur für fünf Minuten oder noch weniger auf eine Gesellschaft, bevor ich zu meinem nächsten Engagement eilen musste.

Weil ich so populär war, wurde den Kunden eine volle Stunde meiner Zeit in Rechnung gestellt, selbst wenn ich nur ein paar Minuten bei ihnen war. Auf diese Weise sammelte ich viel mehr Hanadais an, als ich in Zeiteinheiten tatsächlich gearbeitet hatte. Jeden Abend. Ich habe die genauen Zahlen nicht, aber ich glaube, dass ich im Jahr etwa 500 000 Dollar verdiente. Das war in den Sechzigerjahren in Japan viel Geld, mehr als die Geschäftsführer der meisten Unternehmen verdienten (und darum ist auch die Vorstellung, Geikos würden ihren Kunden sexuelle Gefälligkeiten erweisen, so lächerlich. Warum sollten wir das tun, wenn wir so viel verdienen?).

Trotzdem nahm ich die Arbeit bei den Ozashikis nicht allzu ernst. Für mich waren sie ein Ort, wo ich tanzen konnte, und ich dachte nicht viel über den Umgang mit den Kunden nach. Ich nahm an, wenn ich mich amüsierte, würden sie sich auch amüsieren, und gab mir keine übertriebene Mühe, ihnen zu gefallen.

Mit den Geikos war das eine andere Sache. Ich wünschte mir ihren Respekt und ihre Freundschaft und versuchte durchaus, ihnen zu gefallen. Zumindest wollte ich von ihnen gemocht werden. Doch nichts, was ich tat, schien zu funktionieren. Je beliebter ich bei den Kunden wurde, desto mehr entfremdete ich mich den anderen Geikos. Die meisten behandelten mich schäbig, von den jüngsten Maikos bis zu den älteren, erfahrenen Geikos. Ich wurde immer frustrierter und deprimierter. Dann hatte ich auf einmal eine Idee.

Weil ich jedes Bankett nur kurz besuchen konnte, blieb recht viel Zeit übrig, die von anderen Geikos ausgefüllt werden musste. Also beschloss ich, solche Gesellschaften möglichst selbst zu organisieren, indem ich die Okasan der Ochaya bat, bestimmte Geikos zu den Ozashikis zu bitten, für die ich gebucht war. Ich koordinierte all das nachmittags auf dem Heimweg aus der Nyokoba.

»Okasan, könnten Sie vielleicht für mein heutiges Engagement bei Soundso diese oder jene Person bitten, mir auszuhelfen?« Die Okasan rief dann in den Okiyas an und sagte, Mineko habe ausdrücklich darum gebeten, dass Soundso an diesem Abend mit ihr arbeite. Ich verpflichtete drei bis fünf zusätzliche Geikos pro Bankett. Multipliziert man dies mit der Anzahl der Bankette, die ich besuchte, kommt schnell eine beträchtliche Zahl zusammen. Es handelte sich dabei um Aufträge, die diese Geikos andernfalls vielleicht nicht bekommen hätten, und so siegte ihre Wertschätzung schließlich über ihren Neid.

Als ihre Börsen sich aufgrund meiner Nachfrage nach ihnen zu füllen begannen, konnten sie nicht anders: Sie behandelten mich allmählich besser. Die Schikanen ließen nach. Das stärkte nur meine Entschlossenheit, an der Spitze zu bleiben. Meine geschickte Strategie funktionierte nur, solange ich die Nummer eins war.

Das half bei den Frauen, aber nicht bei den Männern. Ich musste lernen, mich auch gegen sie zu verteidigen. Den Frauen gegenüber gab ich mir Mühe, freundlich und liebenswürdig zu sein. Bei den Männern war ich hart.

Eines Tages kehrte ich vom Shimogamo-Schrein zurück, wo ich einen Neujahrstanz aufgeführt hatte. Es war der 5. Januar. Ich trug einen »Dämonenvertreibungs-Pfeil«, einen Talisman, der an Neujahr in Shinto-Schreinen verkauft wird, um böse Geister abzuwehren. Ein Herr in mittleren Jahren kam auf mich zu. Als er an mir vorbeikam, drehte er sich um und fing ohne Vorwarnung an, mich am ganzen Körper zu begrapschen.

Ich nahm den Bambuspfeil, packte das rechte Handgelenk des Kerls und stieß ihm den Pfeil in den Handrücken. Die Spitze war gezackt. Ich drückte sie so tief hinein, wie ich konnte. Die Hand blutete. Der Mann versuchte sie wegzuziehen, aber ich hielt sie mit aller Kraft fest und bohrte den Pfeil noch tiefer hinein. Ich starrte ihn kalt an und sagte:

»Also, mein Herr, wir haben jetzt zwei Möglichkeiten. Wir können zur Polizei gehen, oder Sie können hier und jetzt schwören, dass Sie so etwas nie wieder tun werden, bei niemandem. Sie haben die Wahl. Was soll's sein?«

Er antwortete sofort. Seine Stimme war ein erstickter Schrei. »Ich verspreche, ich werde es nie wieder tun. Bitte, lassen Sie mich gehen.«

»Ich möchte, dass Sie sich die Narbe ansehen, die von dem hier zurückbleiben wird, wann immer Sie in Versuchung kommen, jemand anderen zu verletzen. Und damit aufhören.«

Ein anderes Mal gingen Yuriko und ich durch die

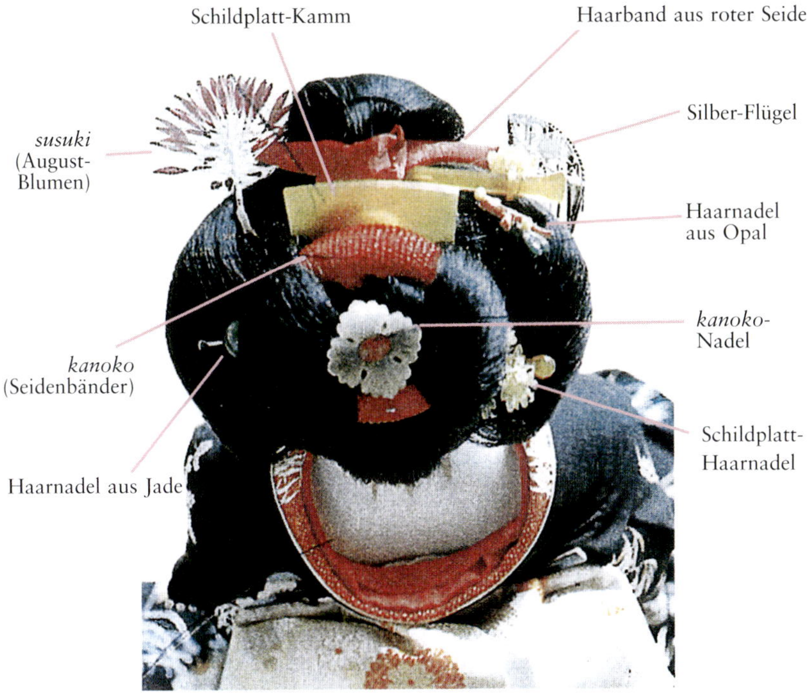

Die *wareshinobu*-Frisur (erste Maiko-Frisur)

Mineko vor der Iwasaki-Okiya

Mineko mit ihrem
Ankleider Suehiroya

mit dem
Philosophen
Dr. Tanigawa

Im April 1970 wird
Mineko zu einem
informellen Bankett
mit Prince Charles
eingeladen

Als begehrteste Maiko in Gion Kobu ist Mineko für eineinhalb Jahre im Voraus ausgebucht.

An dem Tag, an dem Mineko eine Geiko wird, bekommt sie zahlreiche handgeschriebene Gratulationskarten, die sie im Eingang der *okiya* dekoriert

Auf der Bühne während des *Miyako Odori* (Kirschtanz)

Jeder Kimono einer Geiko ist ein Kunstwerk

Zwischen den Vorstellungen am
Kaburenta-Theater
mit dreiundzwanzig Jahren

Als Murasaki Shikibu
mit achtzehn Jahren

Im Garten einer *ochaya* (Teehaus)

Aufführung einer Teezeremonie beim *Miyako Odori*

Mineko mit Toshio in Atlantic City

... mit Yuriko in Hakata

Probeaufnahmen für den Suntory-Old-Whisky-Werbespot

Mineko in einem
Sommer-Kimono

Minekos letzte Vorstellung mit neunundzwanzig Jahren

Hanamikoji-Straße. Aus dem Augenwinkel sah ich, wie drei Männer näher kamen. Sie sahen betrunken aus. Ich hatte kein gutes Gefühl. Bevor ich etwas tun konnte, packte mich einer der Männer von hinten und hielt mir die Arme auf dem Rücken fest. Die beiden anderen gingen auf Yuriko los, und ich schrie ihr zu, sie solle weglaufen. Sie rannte davon und verschwand in einer schmalen Gasse.

Inzwischen beugte sich der Mann, der mich umschlungen hielt, nach vorn und fing an, meinen Nacken zu lecken. Ich fand es ekelhaft. »Keine gute Idee, sich mit den Frauen von heute anzulegen. Von jetzt an sind Sie besser vorsichtig«, sagte ich und suchte nach einem Ausweg. Ich zwang mich, ganz schlaff zu werden. Sein Griff lockerte sich. Ich packte seine linke Hand und schlug meine Zähne in sein Handgelenk. Er schrie auf und ließ mich los. Blut tropfte von seiner Hand. Die beiden anderen Männer starrten mich verblüfft mit großen Augen an. Sie flohen.

Meine Lippen waren voller Blut. Ich war noch ein paar Schritte von der Okiya entfernt, als eine Gruppe von Männern die Straße entlanggeschwankt kam. Offenbar wollten sie Eindruck auf die Frauen in ihrer Begleitung machen. Die Männer umringten mich mit lüsternen Blicken und kicherten. Sie begannen mich anzufassen. Ich hatte einen Korb bei mir, aus dessen Boden ein gebrochener Bambusstreifen ragte. Mit der freien Hand zog ich ihn heraus und schwenkte ihn vor den Angreifern.

Ich schrie sie an: »Ihr haltet euch wohl für cool, was? Ihr Arschlöcher!« Dann nahm ich das spitze Ende des Bambusstreifens und stach damit nach dem Gesicht des aufdringlichsten Mannes. Die anderen wichen zurück, und ich rannte schnell ins Haus.

Ein andermal versuchte ein Mann an der Ecke von

Shinbashi- und Hanamikoji-Straße, mich zu belästigen. Ich riss mich aus seiner Umklammerung los, schlüpfte aus einem *okobo* und warf damit nach ihm. Ich landete einen Volltreffer. Einmal, als ich von einer Ochaya zur nächsten unterwegs war, verfolgte mich ein anderer Betrunkener, packte mich und warf eine brennende Zigarette in den Nackenausschnitt meines Kimonos. Ich konnte an sie nicht herankommen, also rannte ich dem Mann nach und sorgte dafür, dass er sie selbst herausholte. Es tat wirklich weh. Dann eilte ich nach Hause und zog den Kimono aus. Ich schaute in den Spiegel und sah, dass ich eine dicke Brandblase im Nacken hatte. Mit einer Nadel stach ich sie auf, damit die Flüssigkeit abfließen konnte. Dann überschminkte ich sie, bis sie nicht mehr zu sehen war. Ich schaffte es noch rechtzeitig zu meinem nächsten Termin. Aber genug war genug. Ich fing an, alle Wege im Taxi zurückzulegen, selbst wenn meine Engagements nur wenige hundert Meter voneinander entfernt waren.

Gelegentlich hatte ich nicht nur außerhalb, sondern auch innerhalb der Ochayas Probleme. Die weitaus meisten unserer Kunden sind perfekte Gentlemen, doch hin und wieder trifft man auf einen faulen Apfel.

Es gab einen Mann, der fast jeden Abend nach Gion Kobu kam und ein Vermögen für Ozashikis ausgab. Er hatte bei den Maikos und Geikos einen schlechten Ruf, und ich versuchte, ihm möglichst aus dem Weg zu gehen. Eines Abends wartete ich neben der Küche auf eine Flasche heißen Sake, als dieser Mann auf mich zukam und anfing, die Vorderseite meines Kimonos abzutasten. »Wo sind deine Titten, Mine-chan? Vielleicht hier?«

Ich hatte keine Ahnung, ob er mit diesem Verhalten bei den anderen Mädchen durchkam, aber bei mir ganz bestimmt nicht.

Der Altarraum lag direkt neben der Küche, und ich sah

ein Bündel Holzklötze auf einem Kissen liegen. Man benutzt sie, um beim Singen von Sutras den Takt zu schlagen, und sie sind ziemlich schwer. Ich hinein, nahm einen dieser Klötze und wandte mich dem widerlichen Kerl zu. Ich muss bedrohlich ausgesehen haben, denn er lief den Korridor hinunter davon. Ich rannte ihm nach. Er sprintete in den Garten, und ich folgte ihm, ohne Schuhe, die Schleppe hinter mir herziehend.

Ich jagte ihn treppauf und treppab bis in den ersten Stock der Ochaya. Wie diese Szene auf die anderen Gäste gewirkt haben muss, kümmerte mich nicht. Endlich, wieder in der Nähe der Küche, holte ich ihn ein. Ich schlug ihm den Klotz auf den Kopf. Es gab ein dumpfes Geräusch. »Hab ich dich erwischt!«, schrie ich.

Zufällig wurde der Mann bald darauf kahl.

25. Kapitel

Ich brauchte keine Zahlen, um zu wissen, dass ich die populärste Maiko in Gion Kobu geworden war. Ich brauchte nur in meinen Terminkalender zu sehen. Ich war für eineinhalb Jahre ausgebucht.

Mein Terminplan war so voll, dass ein potenzieller Kunde jede vorläufige Buchung einen Monat vor dem Engagement bestätigen musste, und obwohl ich immer etwas Freiraum für Notfälle ließ, war auch der stets eine Woche im Voraus ausgefüllt. Wenn ich zwischen meinen abendlichen Verpflichtungen zufällig ein paar freie Minuten hatte, vergab ich sie auf dem Heimweg von der Nyokoba, indem ich fünf Minuten hier oder zehn Minuten dort versprach. Während ich zu Mittag aß, ließ ich diese zusätzlichen Termine von Kuniko in meinen Kalender eintragen.

Im Grunde war ich in den ganzen fünf Jahren, die ich Maiko war, ausgebucht. Im Alter zwischen fünfzehn und einundzwanzig arbeitete ich sieben Tage in der Woche und 365 Tage im Jahr. Ich nahm nie einen Tag frei. Ich arbeitete jeden Samstag und Sonntag. Ich arbeitete am Silvesterabend und am Neujahrstag.

Ich war die einzige Person in der Okiya Iwasaki, die in

dieser Zeit keinen einzigen freien Tag hatte, und soviel ich weiß, war ich auch die einzige in Gion Kobu. Immerhin war das besser, als nicht zu arbeiten.

Eigentlich wusste ich gar nicht, wie man sich amüsiert. Manchmal, wenn ich ein bisschen freie Zeit hatte, ging ich mit Freundinnen aus, aber ich fand es sehr anstrengend, mich in der Öffentlichkeit zu bewegen. In dem Moment, als ich aus der Tür trat, wurde ich »Mineko aus Gion Kobu«. Bewunderer umringten mich, wo immer ich hinging, und ich fühlte mich verpflichtet, meine Rolle zu spielen. Ich war immer im Dienst. Wenn jemand ein Foto von mir machen wollte, ließ ich ihn. Wenn jemand ein Autogramm wollte, gab ich es. Es hörte nie auf.

Ich hatte Angst, wenn ich in diesem professionellen Verhalten nachließe, würde ich einfach auseinander brechen. In Wirklichkeit war ich viel glücklicher, wenn ich allein zu Hause war, meinen eigenen Gedanken nachhing, ein Buch las oder Musik hörte. Nur so konnte ich mich richtig entspannen.

Es ist schwer, sich vorzustellen, wie es ist, wenn man in einer Welt lebt, in der jeder – Ihre Freundinnen, Ihre Schwestern, sogar Ihre Mutter – eine Rivalin ist. Ich fand es sehr verwirrend. Ich konnte Freund und Feind nicht unterscheiden; ich wusste nie, wem oder was ich glauben sollte. Wie nicht anders zu erwarten, nahm mich das alles ziemlich mit, und ich bekam psychische Probleme. Ich litt unter periodischen Angstanfällen, Schlaflosigkeit und hatte Schwierigkeiten beim Sprechen.

Ich fürchtete krank zu werden, wenn meine Stimmung sich nicht aufhellte. Also beschloss ich, lustiger zu sein. Ich kaufte ein paar Platten mit komischen Geschichten und hörte sie mir jeden Tag an. Ich dachte mir eine kleine Übung aus und probierte sie bei den Ozashikis aus.

Ich redete mir ein, der Bankettraum wäre ein Spielplatz und ich wäre dort, um meinen Spaß zu haben.

Es half tatsächlich. Ich fing an, mich besser zu fühlen, und konnte dem mehr Beachtung schenken, was sich im Raum abspielte. Tanz und andere Kunstformen lassen sich lehren, wie man ein Ozashiki mit Leben füllt, nicht. Das erfordert eine gewisse Begabung und die Erfahrung von Jahren.

Jedes Ozashiki ist anders, sogar innerhalb derselben Ochaya. Wie der Raum hergerichtet ist, verrät viel über den Status des Gastes. Wie wertvoll ist die Bildrolle, die in der Tokonoma-Nische hängt? Welche Speisen stehen auf dem Tisch? Woher kommen die Gerichte? Eine erfahrene Geiko erfasst diese Nuancen in dem Moment, in dem sie zu einem Ozashiki kommt, und richtet ihr Verhalten danach aus. Das ästhetische Training, das ich bei meinen Eltern erhielt, war mir in dieser Hinsicht sehr nützlich.

Als Nächstes müssen wir wissen, wie man die Unterhaltung steuert. Hat der Gast Freude an Tänzen, geistreicher Konversation oder amüsanten Spielen? Wenn wir einen Kunden kennen lernen, prägen wir uns seine oder ihre persönlichen Vorlieben und Abneigungen ein, um ihn oder sie in Zukunft besser bedienen zu können.

Ochayas dienen nicht nur der Unterhaltung. Man wickelt dort auch schwierige Geschäfte oder politische Verhandlungen ab. Ein Ozashiki bietet eine abgeschlossene Umgebung, in der die Teilnehmer wissen, dass sie sich wohl fühlen und ihre Privatsphäre geschützt wird.

Tantchen Oima hat mir gesagt, unsere Haarnadeln hätten spitze Enden, damit wir sie benutzen könnten, um unsere Kunden vor Angriffen zu schützen. Und diejenigen aus Koralle, die in den kälteren Monaten getragen werden, könne man verwenden, um zu prüfen, ob der Sake unschädlich sei: Koralle zerfällt, wenn Gift im Sake enthalten ist.

Manchmal besteht der wertvollste Dienst, den eine Geiko leisten kann, darin, ein Teil der Wand, also unsichtbar zu werden. Wenn es sich so ergibt, nimmt sie in der Nähe der Eingangstür Platz und gibt dem Gast ein unauffälliges Zeichen, wenn sich jemand nähert. Oder sie teilt, falls sie dazu aufgefordert wird, jedem Ankömmling mit, dass die Gäste nicht gestört werden möchten.

Zu den speziellen Aufgaben im Teehaus gehört das Sake-Erwärmen. Der Sake-Erwärmer oder *okanban* füllt eine Flasche mit Sake und stellt sie zum Erhitzen in einen Topf mit siedendem Wasser. Das hört sich einfach an, aber jeder Gast möchte seinen oder ihren Sake speziell temperiert haben. Der Okanban muss berechnen können, wie stark der Sake auf seinem Weg von der Küche zum Bankettraum abkühlt, damit er genau die richtige Temperatur hat, wenn er serviert wird. Das ist gar nicht so leicht. Ich übernahm gern die Aufgabe, den Sake zu holen, weil es mir Spaß machte, mich mit den Okanbans zu unterhalten. Sie hatten stets eine Menge interessanter Hintergrundinformationen auf Lager.

Wie ich schon erwähnte, haben Teehäuser zu ihren besten Kunden häufig Beziehungen, die über mehrere Generationen gewachsen sind. Eine Möglichkeit, eine solch starke Bindung zur Ochaya zu schaffen, besteht darin, die Söhne des Kunden zeitweilig als Angestellte zu beschäftigen. Eine beliebte Stellung ist die des Okanban-Assistenten.

So bewirbt sich vielleicht ein junger Mann, der in Kioto eine Collegeausbildung beginnt, auf Empfehlung seines Vaters um diesen Job, um etwas dazuzuverdienen. Dieses Arrangement ist für alle Beteiligten nützlich. Der junge Mann lernt aus erster Hand, wie die Kultur der Ochaya funktioniert. Er sieht, wie viel Anstrengung auch hinter dem schlichtesten Ozashiki steckt, und lernt die örtlichen Maikos und Geikos kennen. Der Vater trägt dazu bei, dass sein Sohn in die kultivierte Welt der Erwachsenen eingeführt wird. Und die Ochaya investiert in einen zukünftigen Kunden.

Ich widmete meinem Tanzunterricht weiterhin so viel Energie wie nur möglich. Jetzt, da ich eine professionelle Tänzerin war, hatte ich das Gefühl, endlich echte Fortschritte zu machen. Deshalb war es ein Schock, als ich mein zweites Otome erhielt.

Es war während der Proben für die Yukatakai, die Sommertänze, an denen alle Geikos von Gion Kobu teilnehmen. Ich war siebzehn. Wir probten einen Gruppenauftritt. Plötzlich unterbrach uns Große Meisterin, rief meinen Namen und sagte mir, ich solle die Bühne verlassen. Ich konnte es nicht glauben. Nicht ich, sondern das Mädchen neben mir hatte einen Fehler gemacht.

Ich suchte Mama Masako und tobte: »Jetzt reicht's! Ich höre auf! Ich habe schon wieder ein Otome bekommen, und auch diesmal war es nicht meine Schuld!«

Mama Masako reagierte sofort und sagte gleichmütig: »Gut. Nur zu. Ich meine, wenn du doch gar keinen Fehler gemacht hast ... Wie kann sie es wagen, dich vor allen anderen so in Verlegenheit zu bringen? Du Ärmste!«

Sie spornte mich noch an. Meine Güte, wie sie mich durchschaute! Sie wusste, dass ich immer das Gegenteil von dem tat, was sie mir riet.

»Nein, Mama, ich meine es ernst. Ich werde wirklich aufhören.«

»Vollkommen richtig. Ich würde genau dasselbe tun, wenn ich an deiner Stelle wäre.«

»Aber wenn ich wirklich aufhöre, verliere ich das Gesicht. Vielleicht sollte ich alle zum Narren halten und weitermachen. Ich weiß nicht …«

»Na ja, das wäre auch eine Möglichkeit …«

In diesem Moment kam Yaeko herein. Sie hatte unser Gespräch belauscht.

»Diesmal hast du es wirklich geschafft, Mineko. Du hast Schande über uns alle gebracht.«

Sie wollte damit sagen, dass mein Missgeschick für alle Geikos unserer Verwandtschaft einen Gesichtsverlust bedeutete.

Aber Mama Masako ließ sie abblitzen. »Das geht dich nichts an, Yaeko. Würdest du bitte für einen Moment in das andere Zimmer gehen?«

Yaekos Lippen verzogen sich zu einem dünnen Lächeln. »Natürlich geht mich das etwas an. Ihr schlechtes Benehmen ist auch für mich peinlich.«

Mama erwiderte knapp: »Sei nicht albern, Yaeko. Würdest du bitte verschwinden?«

»Seit wann hast du mir Befehle zu erteilen?«

»Das hier geht nur Mineko und mich etwas an. Ich möchte, dass du dich da heraushältst.«

»Na, wenn das so ist, dann tut es mir furchtbar Leid, euch gestört zu haben. Nichts liegt mir ferner, als mich zwischen dich und deine ›kostbare‹ Mineko zu drängen. Als ob sie das wert wäre!«

Yaeko huschte aus dem Zimmer, aber ihre Worte gingen mir nach. Vielleicht war ich so schlecht, dass ich wirklich aufhören sollte.

»Verzeih mir, Mama, es tut mir wirklich Leid. Vielleicht ist es besser, wenn ich aufgebe.«

»Was immer du beschließt, ich bin einverstanden.«

»Aber was ist, wenn Yaeko Recht hat? Wenn ich Schande über das Haus gebracht habe?«

»Das reicht als Grund nicht aus. Du hast es eben selbst

gesagt. Der Gesichtsverlust wäre noch größer, wenn du aufgibst. Wenn ich du wäre, würde ich mit Große Meisterin reden. Sehen, was sie zu sagen hat. Ich wette, sie möchte, dass du weitermachst.«

»Meinst du? Danke, Mama. Das werde ich tun.«

Mama Masako rief Mutter Sakaguchi an, die sofort mit einem Taxi herbeigeeilt kam.

Wie üblich saß unsere Gruppe der anderen Gruppe gegenüber. Alle verneigten sich.

Ich wartete darauf, dass Mutter Sakaguchi meine Unschuld verteidigte.

»Meisterin Aiko, ich muss Ihnen sagen, wie dankbar ich bin, dass Sie Mineko so zurechtgewiesen haben. Sie braucht diese Art Kritik, um eine wahre Tänzerin zu werden. Ihr zuliebe bitte ich Sie demütig, ihr weiterhin Aufmerksamkeit und Anleitung zu schenken.«

Wie aufs Stichwort verbeugte sich die Iwasaki-Abordnung von neuem. Ich tat dasselbe, nur mit einer Sekunde Verzögerung, in der ich dachte: *Was ist denn nun los?* Dann begriff ich. Blitzartig. Große Meisterin testete mich erneut. Sie benutzte das Otome, um mich anzuspornen. Ich sollte begreifen, dass es das Wichtigste war, weiterhin zu tanzen. Ein gelegentlicher Tadel war nichts im Vergleich zu dem, was ich vielleicht erreichen konnte oder im Begriff stand zu verlieren. Meine Arroganz und mein Schulmädchenstolz hatten da nichts zu suchen. Und in diesem Augenblick veränderte sich etwas. Ich fing an, alles in einem größeren Rahmen zu sehen. Ich empfand eine neue, eine stärkere Verpflichtung gegenüber dem, was ich tat. Ich wurde eine Tänzerin.

Ich habe keine Ahnung, was Mama Masako zu Mutter Sakaguchi sagte, als sie sie anrief, wie Mutter Sakaguchi reagierte oder was Mutter Sakaguchi zu Meisterin Aiko sagte, bevor wir uns alle versammelten. Doch durch ihre demonstrative Demut übermittelte Mutter Sakaguchi auch mir eine entscheidende Botschaft. Sie zeigte mir, wie echte Profis mit ihren Meinungsverschiedenheiten umgehen, nämlich ohne es persönlich zu nehmen und so, dass alle Beteiligten einen Nutzen davon haben. Ich hatte dafür schon zahllose Beispiele gesehen, es aber nie wirklich begriffen. Ich war überaus stolz, wie geschickt Mutter Sakaguchi die Situation handhabte. Große Meisterin mochte mir den Tadel gegeben haben, der alles auslöste, aber die wahre Lektion kam von Mutter Sakaguchi.

Ich hatte noch einen langen Weg vor mir, bis ich erwachsen sein würde, aber in diesem Moment wusste ich, dass ich auch ein so guter Mensch werden wollte wie die Frauen, die sich in diesem Raum befanden. Große Meisterin dankte Mutter Sakaguchi für ihr Kommen und geleitete sie, zusammen mit ihrem Gefolge, zur Eingangstür, um sich von ihr zu verabschieden.

Unmittelbar bevor sie in den Wagen stieg, beugte Mutter Sakaguchi sich zu mir und flüsterte mir leise ins Ohr:

»Arbeite fleißig, Mine-chan.«

»Ja, das verspreche ich.«

Als wir nach Hause kamen, trug ich alle Spiegel, die ich in der Okiya finden konnte, in mein Zimmer. Ich stellte sie an den Wänden auf, sodass ich mich von allen Seiten sehen konnte, und begann zu tanzen. Von diesem Augenblick an übte ich wie eine Verrückte. Sobald ich nachts nach Hause kam, zog ich meine Tanzkleidung an und übte, bis mir die Augen zufielen. In manchen Nächten bekam ich nur eine Stunde Schlaf.

Ich versuchte, mich selbst so kritisch zu sehen, wie ich nur konnte. Ich bemühte mich, jede kleinste Bewegung zu analysieren und jede Geste zu vervollkommnen. Aber etwas fehlte. Eine Art Ausdruck. Ich dachte lange und gründlich darüber nach. Was mochte das sein? Schließlich dämmerte mir, dass das Problem nicht physischer, sondern psychischer Natur war.

Das Problem war, dass ich nie verliebt gewesen war. Meinem Tanz fehlte die Gefühlstiefe, die sich erst einstellen würde, nachdem ich Liebe und Leidenschaft erlebt hätte. Wie konnte ich echte Liebe oder Verlust darstellen, ohne sie zu kennen?

Diese Erkenntnis machte mir große Angst, denn immer, wenn ich an körperliche Liebe dachte, fiel mir ein, wie mein Neffe mich zu vergewaltigen versucht hatte, und mein Denken setzte aus. Das Entsetzen dieses Augenblicks war tief in mir noch immer lebendig. Ich fürchtete, dass mit mir etwas ernstlich nicht in Ordnung war. War ich so verletzt, dass ich nie eine normale Beziehung würde haben können? Und das war nicht das einzige Hindernis, das Nähe und Intimität im Wege stand. Da war noch etwas, und das war möglicherweise noch tückischer.

Tatsache ist, dass ich Menschen nicht mochte. Ich hatte sie nicht gemocht, als ich ein kleines Mädchen war, und ich mochte sie noch immer nicht. Mein Abscheu gegen andere Menschen behinderte mich beim Ausüben meines Berufs und auch persönlich. Er war mein größter Schwachpunkt als Maiko. Aber ich hatte keine Wahl. Ich musste mich zwingen, so zu tun, als möge ich jedermann.

Ich spüre eine schmerzliche Trauer, wenn ich zurückblicke und mich selbst vor mir sehe, diese weltfremde junge Frau, die sich solche Mühe gibt zu gefallen, aber keinen in ihre Nähe lassen will.

Die Beziehung zwischen den Geschlechtern, immer ein Geheimnis, ist für die meisten Jugendlichen verwirrend, aber ich war wirklich ahnungslos. Ich hatte so wenig Erfahrung mit Männern oder Jungen, dass ich kein Gespür dafür besaß, wie man Herzenswärme übermittelt, ohne zu Intimitäten einzuladen. Ich war gezwungen, zu jedermann freundlich zu sein. Aber wenn ich zu nett war, kam der Kunde auf falsche Gedanken, und das war das Letzte, was ich wollte. Ich brauchte Jahre, bis ich lernte, wie man den Mittelweg beschreitet und Männer glücklich macht, sie sich aber gleichzeitig vom Leib hält. Am Anfang, bevor ich begriffen hatte, wie man die richtigen Signale aussendet, machte ich viele Fehler.

Einmal sagte ein Kunde, ein sehr reicher junger Mann, zu mir: »Ich gehe zum Studium ins Ausland. Ich möchte, dass du mitkommst. Irgendwelche Einwände?«

Ich war sprachlos. Er verkündete seine Pläne für mich, als wären sie schon beschlossene Sache. Ich wusste nicht, was ich sagen sollte.

Männer, die sich in Gion Kobu auskennen, wissen um die ungeschriebenen Regeln und brechen sie selten. Doch manchmal, vor allem, wenn ein Mann so naiv war wie dieser junge Bursche, deutete jemand meine Freundlichkeit falsch und nahm sie zu persönlich. Ich hatte keine andere Wahl, als ihm unverblümt zu antworten. Ich erklärte ihm, ich täte nur meinen Job. Ich fände ihn zwar sehr nett, habe ihm aber nicht den Eindruck vermitteln wollen, ich sei an ihm interessiert.

Ein anderes Mal brachte ein junger Kunde mir eine teure Puppe aus seiner Heimatstadt mit. Er brannte so darauf, mir das Geschenk zu überreichen, dass er sein nächstes Ozashiki nicht abwarten konnte. Er kam damit zur Okiya und klopfte an die Tür.

Das war ein totaler Verstoß gegen die Etikette, aber er tat mir Leid, wenn mir das Ganze auch irgendwie unheimlich war. Ich konnte nicht glauben, dass er so naiv war anzunehmen, er hätte das Recht, zu mir nach Hause zu kommen. Trotzdem versuchte ich höflich zu sein.

»Vielen Dank, aber ich mache mir nicht viel aus Puppen. Bitte schenken Sie sie jemand anderem, der sie mehr zu schätzen weiß.«

Bald verbreitete sich unter meinen Stammkunden das Gerücht, ich würde Puppen hassen.

Einmal hatte ich ein Engagement in Tokio, und mein Kunde ging mit mir in ein Geschäft, das nur teure Luxusmarken führte.

»Such dir aus, was immer du willst«, sagte er.

Ich nahm selten Geschenke von Kunden an, daher lehnte ich ab und sagte, es mache mir Spaß, mich einfach nur umzusehen. Ich entdeckte eine Uhr, die mir gefiel, und murmelte unwillkürlich vor mich hin: »Hübsche Uhr.« Am nächsten Tag ließ der Kunde die Uhr in mein Hotel liefern. Ich gab sie sofort zurück. Das erinnerte mich nachhaltig daran, dass ich nie vergessen durfte, auf der Hut zu sein.

All das ereignete sich, als ich etwa siebzehn war, und beweist meine Unreife und Unerfahrenheit. Es zeigt, wie viel ich noch zu lernen hatte.

Manchmal brachte mich meine Naivität in wirklich peinliche Situationen.

Am ersten Neujahrstag nach meinem Debüt als Maiko war ich zum *Hatsugama* (erste Teezeremonie des Jahres) in der Teeschule Urasenke eingeladen, der obersten Bastion ästhetischer Korrektheit in Japan. Diese Einladung war eine Ehre, und vor den distinguierten Gästen legte ich mein allerbestes Benehmen an den Tag.

Geikos erlernen die Teezeremonie, um sich die damit verbundene Anmut zu Eigen zu machen, aber wir müssen auch in der Lage sein, sie beim jährlichen Miyako Odori öffentlich zu zelebrieren.

Im Kaburenjo gibt es einen riesigen Teeraum, der dreihundert Gäste fasst. An dem Tag, an dem sie an der Reihe ist, vollzieht eine Geiko die Zeremonie fünf Mal vor jeder Vorstellung, und zwar alle fünfzehn Minuten, um alle 1450 Besucher zu bedienen. Sie selbst bereitet den Tee nur für zwei Personen, die als Ehrengäste geladen sind. Die anderen 298 Personen werden von Serviererinnen bedient, die den Tee in einem Vorzimmer bereitet haben. Jede Geiko muss die Teezeremonie erlernen, daher gibt es eine enge Verbindung zwischen der Teeschule Urasenke und Gion Kobu.

Beim Hatsugama saßen wir in einer langen Reihe an den Seiten eines großen Raums, und eine Serviererin begann, eine interessant aussehende Tasse von Gast zu Gast zu reichen. Die Tasse hatte unten einen spitz zulaufenden Stiel wie ein Golf-T oder ein Pilz. Es gab also keine Möglichkeit, sie abzustellen. Man musste trinken, was immer sie enthielt. »Wie lustig«, dachte ich, und als ich an der Reihe war, trank ich die Tasse mit einem Schluck aus.

Es war widerlich. Ich hatte noch nie etwas so Ekelhaftes geschmeckt. Ich dachte, ich müsste mich übergeben. Mein Gesicht muss verraten haben, was ich empfand, denn Frau Kayoko Sen, die Gattin des vorigen Direktors der Teeschule Urasenke, die immer sehr nett zu mir war, lachte und sagte: »Was ist los, Mine-chan? Schmeckt dir der Sake nicht?«

SAKE? Zuerst zog ich eine Grimasse. Und dann geriet ich in Panik. *Ich hatte soeben gegen das Gesetz verstoßen! O mein Gott, wenn ich nun verhaftet würde?* Mein Vater hatte mir solche Furcht vor dem Gesetz eingeimpft, dass ich entsetzliche Angst hatte, etwas Unrechtes zu tun. *Was soll ich jetzt machen?* Aber ich war schon wieder an der Reihe, und niemand schien etwas dabei zu finden. Ich wollte vor all diesen wichtigen Leuten keine Szene machen, also hielt ich die Luft an und trank die Tasse wieder leer. Bis die Party zu Ende war, hatte ich eine Menge Sake getrunken.

Allmählich fühlte ich mich sonderbar, aber ich schaffte es, meinen Tanz ohne Zwischenfälle vorzuführen. Am Abend besuchte ich die übliche Anzahl Bankette und stand auch die durch. Aber in dem Moment, in dem ich nach Hause kam und die Okiya betrat, fiel ich flach aufs Gesicht. Alle machten viel Aufhebens um mich und halfen mir, mein Kostüm auszuziehen und mich in mein Futonbett zu legen.

Am nächsten Morgen erwachte ich wie üblich um sechs Uhr früh, doch sofort schämte ich mich entsetzlich. Ich war voller Selbstverachtung. *Was hatte ich letzte Nacht getan?* Ich konnte mich an nichts erinnern, was nach dem Verlassen der Teeschule passiert war. Ich hatte keinerlei Erinnerung an irgendeines der Ozashikis, die ich besucht hatte.

Am liebsten hätte ich mich in ein Loch verkrochen, aber ich musste aufstehen und zum Unterricht gehen. Ich hatte nicht nur das Gesetz gebrochen, sondern mich möglicherweise auch noch schändlich benommen. Es war nahezu unerträglich. Ich wollte keinem ins Gesicht sehen.

Ich zwang mich, aufzustehen und zum Unterricht zu gehen. Ich hatte meine Stunde bei Große Meisterin, war aber überzeugt, dass alle mich merkwürdig ansahen, und ich war schrecklich verlegen. Ich bat, mich vom Rest des Unterrichts zu befreien, und floh heim in die Okiya. Kaum eingetreten, flüchtete ich mich sofort in den Schrank. Ich wiegte mich vor und zurück und sang lautlos vor mich hin: »Es tut mir Leid. Verzeiht mir. Ich werde es nie wieder tun.« Immer und immer wieder, wie ein Mantra.

Es war schon eine ganze Weile her, seit ich zuletzt im Wandschrank Zuflucht gesucht hatte. Ich blieb den ganzen Nachmittag darin und kam erst heraus, als es Zeit war, mich für die Arbeit anzukleiden.

Dies war das letzte Mal, dass ich mir gestattete, am

Zufluchtsort meiner Kindheit Trost zu suchen. Ich ging nie wieder in den Schrank.

Ich frage mich, warum ich mir selbst gegenüber so hart war. Es hatte etwas mit meinem Vater zu tun, damit, dass ich mich so allein fühlte. Ich war vollkommen davon überzeugt, dass Selbstdisziplin die Antwort auf alles war.

Ich glaubte, Selbstdisziplin sei der Schlüssel zur Schönheit.

26. Kapitel

Nachdem ich mehr als zwei Jahre Maiko gewesen war, nahte die Zeit für meine *mizuage*, eine Zeremonie, mit der der Aufstieg einer Maiko begangen wird. Die Maiko ändert fünfmal ihre Frisur, um die Schritte zu symbolisieren, die sie auf dem Weg zum Status einer Geiko vollzieht. Bei der Mizuage wird der obere Haarknoten symbolisch aufgeschnitten, um den Übergang vom Mädchen zur jungen Frau zu kennzeichnen; danach trägt die Maiko eine erwachsenere Frisur. Der ganze Vorgang ähnelt ein wenig den »Sweet Sixteen«-Partys im Westen.

Ich fragte Mama Masako, ob ich meine Kunden darum bitten solle, die Kosten der Mizuage-Zeremonie zu übernehmen. Sie lachte nur und sagte: »Wovon redest du? Ich habe dich zu einer unabhängigen, berufstätigen Frau erzogen. Wir brauchen dabei keine Hilfe. Die Okiya kann das sehr gut allein leisten.«

Mama Masako ging überaus vorsichtig mit Geld um. Obwohl ich mich auf diesem Gebiet nicht auskannte, wollte ich doch immer das Gefühl haben, meinen Teil beizutragen.

»Was muss ich denn nun machen?«

»Nicht viel. Du brauchst eine neue Frisur. Dann werden wir, um den Anlass entsprechend zu würdigen, ein *sakazuki* abhalten und den wichtigsten Familien und den verwandten Häusern Geschenke machen, darunter auch diese kleinen Süßigkeiten, die dich so in Verlegenheit gebracht haben, als du vierzehn warst.«

Meine Mizuage fand im Oktober 1967 statt. Ich war siebzehn Jahre alt. Wir absolvierten eine Runde formeller Besuche, um alle davon in Kenntnis zu setzen, und überreichten all unseren »Beziehungen« in Gion Kobu Geschenke.

Ich verabschiedete mich von der *wareshinobu*-Frisur, die ich während der letzten zweieinhalb Jahre getragen hatte, und wurde jetzt im *ofuku*-Stil frisiert; das ist die Alltagsfrisur der älteren Maiko. Es gab noch zwei weitere Frisuren, die ich bei besonderen Gelegenheiten tragen musste: *yakko* zum formellen Kimono und *katsuyama* einen Monat vor und nach dem Gion-Festival im Juli.

Die veränderte Frisur bedeutete, dass ich in die letzte Phase meiner Laufbahn als Maiko eingetreten war. Für meine Stammkunden war es das Zeichen, dass ich mich dem heiratsfähigen Alter näherte, und sie begannen mir Anträge zu machen. Nicht für sich selbst natürlich, sondern für ihre Söhne und Enkel.

Die Geikos von Gion Kobu sind berühmt und hoch geschätzt als Ehefrauen für reiche und mächtige Männer. Man kann sich keine schönere oder kultiviertere Gastgeberin wünschen, vor allem, wenn man sich in diplomatischen oder internationalen Geschäftskreisen bewegt. Außerdem bringt eine Geiko die ganze Fülle ihrer Beziehungen mit, die sie im Laufe ihrer Karriere geknüpft hat, und das kann für einen jungen Mann, der am Beginn seiner Laufbahn steht, sehr wichtig sein.

Aus Sicht der Geiko ist es so, dass sie einen Partner braucht, der ebenso interessant ist wie die Männer, die sie an jedem Abend der Woche trifft. Die meisten Geikos haben nicht den Wunsch, Glamour und Freiheit zugunsten einer Mittelklassenexistenz aufzugeben. Und sie sind es gewöhnt, viel Geld zu haben. Ich habe Fälle gesehen, in denen berufstätige Geikos aus Liebe geheiratet und ihre Ehemänner dann praktisch ausgehalten haben. Diese Beziehungen waren selten erfolgreich.

Und was ist mit den Frauen, die Geliebte verheirateter Gönner sind? Mit diesen Geschichten könnte man ein weiteres Buch füllen. Die klassische geht so: Eine Ehefrau liegt auf dem Sterbebett. Sie ruft die Geiko zu sich und dankt ihre tränenreich dafür, dass sie sich so gut um ihren Mann gekümmert hat. Dann stirbt sie, die Geiko wird die zweite Ehefrau des Mannes, und sie leben glücklich bis an ihr seliges Ende.

Doch so glatt läuft es selten.

Ich erinnere mich an einen besonders bestürzenden Vorfall. Zwei Geikos hatten ein Verhältnis mit demselben Mann, einem bedeutenden Sake-Händler. Beide besuchten unaufgefordert die Ehefrau dieses Mannes und flehten sie an, sich von ihm zu trennen. Der Mann, den der ganze Tumult vor ein unlösbares Dilemma stellte, nahm sich das Leben.

Ich bekam mehr als zehn ernsthafte Anträge von Männern, die mich baten, ihren Sohn oder Enkel als potenziellen Ehemann in Erwägung zu ziehen, aber ich lehnte sie ohne nachzudenken ab. Ich war gerade achtzehn geworden und weit davon entfernt, ernsthaft an eine Ehe zu denken. Vor allem konnte ich mir ein Leben ohne Tanz nicht vorstellen.

In den nächsten paar Jahren hatte ich eine Reihe von Verabredungen mit vielversprechenden jungen Männern. Aber ich war an so kultivierte Gesellschaft gewöhnt, dass die im Alter zu mir passenden Männer mir ziemlich fade und langweilig vorkamen. Nach dem Kino und einer Tasse Tee konnte ich es nie erwarten, endlich nach Hause zu kommen.

Nach der Mizuage ist der nächste große Übergangsritus im Leben einer Maiko ihre *erikae*-Zeremonie oder das »Wenden des Kragens«. Diese findet statt, wenn die Maiko den bestickten roten Kragen der »kindlichen« Tänzerin mit dem weißen Kragen der erwachsenen Geiko vertauscht. Das ist normalerweise mit etwa zwanzig Jahren der Fall. Danach muss eine Geiko fähig sein, aufgrund ihrer künstlerischen Leistungen zu bestehen.

Ich wollte meine Erikae an meinem zwanzigsten Geburtstag (im Jahre 1969) abhalten. Doch Osaka plante für das folgende Jahr eine Weltausstellung, und die maßgeblichen Leute wollten so viele Maikos wie möglich zur Verfügung haben, um die zahlreichen Würdenträger zu unterhalten, die erwartet wurden. Sie baten also um die Kooperation des Kabukai, und der Kabukai seinerseits bat alle in meiner »Klasse«, die Erikae noch um ein Jahr aufzuschieben.

Ich unterhielt in diesem Jahr viele wichtige Personen. Im April 1970 wurde ich zu einem informellen Bankett für Prinz Charles eingeladen. Die Gesellschaft fand im Restaurant Kitcho in Sagano statt, das allgemein als das beste Restaurant Japans gilt.

Es war ein schöner, sonniger Nachmittag, und Prinz Charles schien sich sehr gut zu unterhalten. Er aß alles, was man ihm anbot, und erklärte alles für köstlich. Wir saßen im Garten. Der Herr des Hauses briet auf dem Gartengrill winzige Fische, eine lokale Spezialität. Ich fächelte mich mit einem meiner Lieblingsfächer. Prinz Charles lächelte mich an und sagte: »Darf ich ihn kurz anschauen?« Ich reichte ihm den Fächer.

Ehe ich mich versah, zückte Prinz Charles einen Füllfederhalter und schrieb die Jahreszahl und sein Autogramm, *70 Charles*, quer über meinen Fächer. »O nein«, dachte ich entsetzt. Ich liebte diesen Fächer. Ich konnte nicht glauben, dass er das getan hatte, ohne mich zu fragen. *Ganz egal, wer er ist*, dachte ich, *das ist wirklich ungezogen*. Er wollte ihn mir zurückgeben, offensichtlich in der Annahme, ich würde mich über seine Geste freuen.

In meinem besten Englisch sagte ich: »Es wäre mir eine Ehre, wenn Sie diesen Fächer als Geschenk von mir annehmen würden. Es ist einer meiner Lieblingsfächer.«

Er sah verblüfft aus. »Sie möchten mein Autogramm nicht?«

»Nein, vielen Dank.«

»Das habe ich noch nie jemanden sagen hören.«

»Dann nehmen Sie bitte diesen Fächer und geben ihn jemandem, der Ihr Autogramm möchte. Wenn ich von hier fortgehe, muss ich noch ein anderes Bankett besuchen, und es wäre unhöflich dem Gastgeber gegenüber, wenn ich einen Fächer mit dem Namenszug von jemand anderem bei mir hätte. Wenn Sie ihn nicht mitnehmen möchten, werde ich ihn gern für Sie aufbewahren.«

»Eh, ja, vielen Dank.« Er sah immer noch verwirrt aus. Ich behielt den ruinierten Fächer.

Ich hatte keine Zeit mehr, nach Hause zu laufen und einen anderen zu holen, also rief ich in der Okiya an und ließ mir von einer Dienerin einen Fächer zu meinem nächsten Engagement bringen. Ich gab ihr Charles' Fächer und sagte, sie solle ihn wegwerfen. Später traf ich eine andere Maiko, die auch auf der Gartenparty gewesen war.

»Mine-chan, was ist aus diesem Fächer geworden?«

»Ich weiß es nicht. Warum?«

»Wenn du ihn nicht willst, würde ich ihn wirklich gerne haben.«

»Das hättest du früher sagen sollen. Ich glaube, er ist schon im Müll gelandet.«

Sie rief sofort an, um sich danach zu erkundigen, aber leider war es schon zu spät. Die Dienerin hatte getan, wie ihr geheißen war, und den Fächer weggeworfen. Meine Freundin beklagte den Verlust des Souvenirs, aber das konnte ich nicht nachempfinden. Ich hatte bloß das Gefühl, dass Charles etwas Kostbares ruiniert hatte.

27. Kapitel

Ich hatte nie so viel zu tun wie im Jahr der Weltausstellung in Osaka. Ich hatte so viele Engagements bei ausländischen Besuchern, dass ich mir vorkam wie eine Angestellte des Außenministeriums oder des Kaiserlichen Hofamtes. Dann wurde eine meiner Freundinnen krank, und ich erklärte mich bereit, beim Miyako Odori für sie einzuspringen. Damit war mein Terminkalender bis zum Platzen gefüllt. Und obendrein brannte auch noch eine der Maikos der Okiya Iwasaki mit Namen Chiyoe durch. Wir mussten uns sehr bemühen, die Lücke auszufüllen, die ihr plötzliches Verschwinden hinterließ.

Außerdem hatten wir noch eine weitere Geiko, die uns Probleme bereitete. Sie hieß Yaemaru und war einfach unmöglich. Sie war eine von Yaekos weiteren jüngeren Schwestern (obwohl sie älter war als ich). Diese beiden hatten einander verdient. Yaemaru war eine starke Trinkerin, die fast jeden Abend betrunken zusammenbrach. Die Dienerinnen mussten sie aufsammeln, wo immer sie gerade umgekippt war, und mit wirrem Haar und verrutschtem Kimono nach Hause schleppen. Sie war wahrhaftig ein Original.

Immer, wenn Tantchen Oima oder Mama Masako ihr

mit Konsequenzen drohten, bat sie um Verzeihung und versprach sich zu bessern. Dann war ungefähr eine Woche lang Ruhe, und danach begann es von neuem. So ging es jahrelang.

Sie werden sich vermutlich fragen, warum Tantchen Oima und Mama Masako dieses undisziplinierte Verhalten hinnahmen. Ganz einfach. Yaemaru war die beste *taiko*-Trommlerin in Gion Kobu, eine der besten, die es überhaupt je gegeben hat. Beim Miyako Odori war sie unentbehrlich, und alle brauchten sie für ihre Auftritte, aber wir waren nie sicher, ob sie es schaffen würde. Sie kam zu spät ins Theater geschwankt und wirkte völlig verkatert, aber in dem Moment, in dem sie ihre Trommelstöcke zur Hand nahm, machte sie eine wundersame Verwandlung durch. Sie war überragend. Niemand konnte ihr das Wasser reichen.

Obwohl Yaemaru ihnen ständig Kopfschmerzen verursachte, hatten Tantchen Oima und Mama Masako über ihre Fehler hinweggesehen und sich gut um sie gekümmert. Doch in diesem Frühjahr machte sie eine Menge Ärger. Und dann verschwand Chiyoe. Eines Tages machte sie sich mit ihrem Liebhaber davon und hinterließ nichts als Schulden. Genau wie Jahre zuvor Yaeko.

Als Atotori war ich mir über meine finanzielle Verantwortung für die Okiya völlig im Klaren. Wenn Yaemaru zu betrunken zum Arbeiten war oder Chiyoe uns im Stich ließ, dann fühlte ich mich verpflichtet, noch härter zu arbeiten. Ich verstand zwar wenig von Geld, aber ich wusste, dass ich es war, die zum Haushalt am meisten beitrug.

In diesem Frühjahr sollte ich an achtunddreißig von den vierzig Tagen des Miyako Odori auftreten. Ich war so erschöpft, dass ich mich kaum aufrecht halten konnte. Eines Tages legte ich mich im Zimmer der Dienerinnen neben dem Teeraum ein wenig hin. Große Meisterin kam herein, um nach mir zu sehen.

»Mine-chan, geht es dir gut? Du siehst schlecht aus. Ich glaube, du solltest zum Arzt gehen.«

»Danke für Ihre Sorge, aber ich bin ganz in Ordnung, wirklich. Nur ein bisschen müde. Ich bin sicher, dass es mir gleich wieder gut gehen wird.«

In Wirklichkeit fühlte ich mich entsetzlich. Ich stöhnte auf dem Weg zur Bühne und legte mich in den Kulissen auf ein Kissen, während ich auf meinen Auftritt wartete. Merkwürdigerweise ging es mir gut, war ich erst einmal auf der Bühne.

Mir geht es gut, dachte ich. *Wahrscheinlich bin ich bloß müde. Die heutige Vorstellung wird bald vorbei sein, und dann gehe ich nach Hause und mache ein Nickerchen. Es wird schon wieder werden.*

Ich tat mein Bestes, um mir Mut zu machen. Ich stand den Rest des Tages durch, ging nach Hause und legte mich ein Weilchen hin. Dann stand ich auf, ließ mich ankleiden und machte mich auf den Weg zu meinen abendlichen Terminen.

Ich wollte gerade den Raum betreten, in dem ein Ozashiki stattfand, als ich mich plötzlich ganz leicht und heiter fühlte. Von irgendwoher hörte ich ein lautes Krachen.

Das Nächste, was ich wahrnahm, war, dass ich in einem Bett lag. Dr. Yanai starrte auf mich nieder. Ich wusste, dass er zu dem Ozashiki geladen war.

»Was machen Sie hier?«, fragte ich. »Warum sind Sie nicht auf der Gesellschaft?«

»Weil du ohnmächtig geworden bist und ich dich hierher in meine Klinik gebracht habe.«

»Ich? Unmöglich.«

Das Einzige, woran ich mich erinnern konnte, war dieses leichte, heitere Gefühl. Ich hatte kein Empfinden für die Zeit, die vergangen war.

»Doch, Mineko. Ich fürchte, du hast ein Problem. Du hast einen Blutdruck von 160.«

»Wirklich?«

Ich hatte keine Ahnung, was das bedeutete.

»Ich möchte, dass du morgen in die Universitätsklinik von Kioto gehst und dich gründlich untersuchen lässt.«

»Nein, es geht mir gut. Ich habe bloß sehr hart gearbeitet und mich ein bisschen übernommen. Ich denke, ich werde jetzt zu dem Ozashiki zurückgehen. Würden Sie gern mitkommen?«

»Mine-chan, jetzt hör mal auf mich alten Quacksalber. Du musst dich schonen. Ich möchte, dass du nach Hause gehst und dich ins Bett legst. Versprich mir, dass du morgen ins Krankenhaus fährst.«

»Aber es geht mir gut.«

»Mine-chan, du hörst mir nicht zu.«

»Weil es mir gut geht.«

»Es geht dir nicht gut. Du könntest sterben, wenn du so weitermachst.«

»Ach, die Schönen sterben immer jung.«

Jetzt wirkte er ärgerlich. »Das ist kein Spaß.«

»Tut mir Leid, Doktor. Ich weiß Ihre Freundlichkeit zu schätzen. Würden Sie mir bitte ein Taxi rufen?«

»Und wo willst du hin?«

»Ich muss nur rasch für einen Moment zu dem Ozashiki zurück, damit ich mich bei allen entschuldigen kann.«

»Mach dir darüber keine Gedanken, Mine-chan. Du fährst nach Hause. Ich gehe zu dem Ozashiki zurück und entschuldige dich.«

Ich fuhr für ein Weilchen nach Hause, aber dann war Zeit für das nächste Ozashiki. Da ich mich wohl fühlte, beschloss ich hinzugehen. Kaum war ich dort angekommen, wurde mir wieder schwach und zittrig. Da begann ich mir Sorgen zu machen. Vielleicht stimmte wirklich etwas nicht, und ich musste mich doch untersuchen lassen. Aber ich wusste nicht, wann ich das auch noch einschieben sollte.

Am nächsten Tag sprach ich mit Mama Masako. »Mama, ich bin nicht sicher, aber womöglich stimmt etwas nicht mit mir. Ich möchte der Okiya keine Probleme machen, aber meinst du, es wäre möglich, dass ich mir ein paar Tage frei nehme?«

»Natürlich, Mine-chan. Mach dir um die Arbeit keine Sorgen. Nichts ist wichtiger als deine Gesundheit. Gleich morgen früh fahren wir als Allererstes ins Krankenhaus und lassen nachsehen, was los ist. Und dann entscheiden wir, wie es weitergeht.«

»Aber ich will nicht zu lange ausfallen. Ich meine, ich will meinen Unterricht nicht versäumen, und wenn ich nicht mehr zu den Ozashikis gehe, verliere ich meinen Status. Dann wird eine andere die Nummer eins sein.«

»Es wäre doch nett, wenn zur Abwechslung mal eines von den anderen Mädchen eine Chance bekäme.«

»Du hättest nichts dagegen?«

»Ganz und gar nicht.«

So weit kamen wir mit unserer Unterhaltung, bevor mir wieder schwarz vor Augen wurde.

Am nächsten Morgen brachte Kuniko mich zur Universitätsklinik von Kioto. Der Name des Leiters der internistischen Abteilung lautete Dr. Nakano. Er ließ mich einen ganzen Krug Wasser trinken, um meinen Urin zu untersuchen. Doch es dauerte ewig, bis ich Wasser lassen konnte, mehr als drei Stunden. Dann tauchte er einen Laborstreifen in die Flüssigkeit. Das Papier wurde dunkelgrün. Ich erinnere mich daran, weil es eine meiner Lieblingsfarben war.

Sie brachten mich in ein Untersuchungszimmer. Dr. Nakano kam mit ungefähr zehn anderen Ärzten herein. »Ziehen Sie Ihre Bluse aus.«

Der einzige Mann, der mich jemals nackt gesehen hatte, war mein Vater, und das war viele Jahre her. Ich würde mich doch nicht vor all diesen Fremden ausziehen! Dr. Nakano bemerkte mein Zögern und blaffte mich an: »Tun Sie, was ich sage, junge Dame. Diese Leute hier sind lauter angehende Ärzte und sollen das Procedere lernen. Tun Sie so, als wäre ich der einzige Mensch im Raum, und machen Sie Ihren Oberkörper frei.«

»Das würde ich auch dann nicht tun, wenn Sie wirklich der Einzige wären«, sagte ich.

Er verlor allmählich die Geduld. »Hören Sie auf, meine Zeit zu vergeuden, und tun Sie, was ich sage.«

Ich nahm mich zusammen und folgte seinem Befehl. Nichts geschah. Ich weiß nicht recht, was ich erwartet hatte, aber der Doktor und die Assistenten fuhren mit der Untersuchung fort.

Nachdem ich gemerkt hatte, dass sie sich nicht für meinen Körper interessierten, vergaß ich sie und sah mich im Raum um. Da gab es eine seltsam aussehende Maschine, aus der viele Drähte heraushingen. Eine Krankenschwester kam herein und bepflasterte meinen Oberkörper mit runden Aufklebern, die an die Maschine angeschlossen wurden.

Der Doktor schaltete den Apparat ein. Er spuckte einen langen Streifen Papier aus, auf dem zwei Linien verliefen. Die eine war gerade, die andere ging auf und ab.

»Das ist eine hübsche Linie«, sagte ich. »Die gerade.«

»Ich fürchte, für Sie ist sie nicht sehr hübsch. Sie bedeutet, dass Ihre linke Niere nicht arbeitet.«

»Warum nicht?«

»Das müssen wir herausfinden. Es kann allerdings bedeuten, dass Sie operiert werden müssen. Ich muss noch ein paar weitere Tests machen.«

Ich hörte nur das Wort »operiert«.

»Entschuldigen Sie, aber ich denke, ich sollte besser nach Hause gehen und das mit meiner Mutter besprechen.«

»Können Sie morgen wiederkommen?«

»Ich weiß nicht genau, was ich morgen für Termine habe.«

»Fräulein Iwasaki, wir müssen uns sofort um diese Sache kümmern. Sonst könnten Sie wirklich ein Problem bekommen.«

»Was für ein Problem?«

»Es könnte sein, dass wir Ihnen eine Niere entfernen müssen.«

Ich begriff den Ernst der Lage noch immer nicht.

»Ich habe gar nicht gewusst, dass ich zwei Nieren habe. Ist eine nicht genug? Brauche ich wirklich beide?«

»Ja, allerdings. Das Leben mit nur einer Niere ist nicht leicht. Es bedeutet Dialyse und die mögliche Schädigung anderer innerer Organe. Das ist sehr ernst. Ich muss so bald wie möglich weitere Tests machen.«

»Könnten Sie das auch gleich tun?«

»Ja, wenn Sie bereit sind, im Krankenhaus zu bleiben.«

»Zu bleiben? Sie meinen, dass ich über Nacht bleiben muss?«

»Natürlich. Sie werden ungefähr eine Woche hier bleiben müssen.«

Ich fühlte mich, als hätte ich einen Schlag in den Magen bekommen.

»Doktor, ich fürchte, so viel Zeit habe ich nicht. Ich könnte vielleicht drei Tage für Sie erübrigen, aber für mich wäre es besser, wenn Sie in zwei Tagen fertig würden.«

»Es dauert, so lange es eben dauert. Und nun melden Sie sich an, sobald Sie können.«

Ich fühlte mich machtlos wie ein Karpfen, der auf dem Schneidbrett liegt und darauf wartet, zu Sashimi zerkleinert zu werden.

Die Ärzte führten eine ganze Reihe von Tests durch. Sie stellten fest, dass meine Mandeln stark entzündet waren und die vielen Bakterien in meinem Organismus zum Versagen der Niere geführt hatten. Bevor sie etwas anderes unternahmen, sollten mir die Mandeln herausgenommen werden, um zu sehen, ob das die Probleme verringern würde. Der Termin für die Operation wurde festgesetzt.

Das Erste, was ich sah, als ich in den Operationssaal gefahren wurde, war ein Mann in weißem Kittel, der eine Kamera auf mein Gesicht richtete. Ohne nachzudenken, gönnte ich ihm ein breites Lächeln.

Der Arzt sagte in scharfem Ton: »Bitte, beachten Sie die Kamera nicht und hören Sie auf zu lächeln. Ich brauche Bilder von dieser Operation für einen Chirurgenkongress. Und jetzt machen Sie weit den Mund auf…«

Die Krankenschwester, die neben mir stand, unterdrückte ein Kichern. Ich konnte die Augen nicht von der Kamera abwenden – eine Folge meines Berufes. Zumindest für ein paar Minuten. Ich hatte eine örtliche Betäubung erhalten, doch als der Arzt zu operieren begann, setzte sofort eine starke allergische Reaktion ein. Ich bekam am ganzen Körper Ausschlag, der juckte und schrecklich unangenehm war. Ich konnte nur daran denken, dass ich hier weg und nach Hause wollte.

Nach der Operation weigerte ich mich zu bleiben. »Mit meinen Beinen ist doch alles in Ordnung«, beharrte ich und vereinbarte, dass die weitere Behandlung ambulant durchgeführt wurde.

Ich ging nach Hause, fühlte mich aber noch immer sehr krank. Ich hatte schreckliche Halsschmerzen. Ich konnte nicht schlucken. Ich konnte nicht reden. Geschwächt durch die Schmerzen und das Fieber, lag ich drei Tage lang bewegungslos im Bett. Als ich endlich wieder genug Kraft zum Aufstehen hatte, brachte Kuniko mich zur Nachuntersuchung ins Krankenhaus. Auf dem Heimweg kamen wir an einem Café vorbei, und der köstliche Duft von Pfannkuchen stieg mir in die Nase. Ich hatte mehr als eine Woche lang nur Flüssignahrung zu mir genommen und verspürte zum ersten Mal wieder Hunger. Ich glaubte, das sei ein Zeichen dafür, dass es mir besser ginge. Ich konnte noch immer nicht sprechen, deshalb schrieb ich für Kuniko auf einen Zettel: »Ich habe Hunger.«

»Das ist ja wunderbar«, antwortete sie. »Lass uns nach Hause gehen und allen die gute Neuigkeit berichten.«

Meine Nase wollte dem Duft der Pfannkuchen folgen, aber ich ließ mich nach Hause bringen. Kuniko berichtete Mama Masako, dass ich wieder Hunger verspüre, und Masako meinte: »Dann ist es sicher gut, dass es heute kein Sukiyaki gibt.« Sie grinste dabei boshaft. Zur Essenszeit drang aus der Küche der Duft von gebratenem Rindfleisch in mein Zimmer. Ich polterte nach unten und schrieb auf meinen Block: »Etwas stinkt hier.«

»Ach ja?«, kicherte Mama Masako. »Für mich riecht das köstlich.«

»Du bist noch immer eine böse Alte«, kritzelte ich auf den Block. »So etwas Leckeres zu machen, wo du weißt, dass ich nichts essen kann.«

Unser kleiner Streit machte ihr solchen Spaß, dass sie ihre nächste Antwort ebenfalls aufschreiben wollte.

Ich riss ihr den Block aus der Hand. »Du brauchst nicht zu schreiben«, schrieb ich. »Meine Ohren funktionieren einwandfrei.«

»Oh, du hast Recht.« Sie musste über ihre eigene Albernheit lachen.

Ich bat um ein Glas Milch. Ich trank einen Schluck, und der Schmerz fuhr mir bis in die Haarspitzen. Ich ging hungrig zu Bett. Meine Freundinnen waren so nett, mich zu besuchen, aber ich war frustriert, weil ich nicht mit ihnen sprechen konnte. Es war eine unangenehme Zeit. Eine Freundin kam mit einem riesigen Strauß Kosmos-Blüten vorbei, für die eigentlich gar keine Saison war.

»Danke«, sagte ich. »Aber was ich wirklich gern hätte, wäre etwas Leichtes (ein Euphemismus für Geld).«

»Das ist ziemlich undankbar von dir. Nachdem ich mir solche Mühe gegeben habe, diese Blumen für dich aufzutreiben.«

»Nein, ich meine etwas Leichtes zu essen. Ich bin am Verhungern.«

»Warum isst du dann nichts?«

»Wenn ich essen könnte, wäre ich ja nicht am Verhungern.«

»Du Arme. Aber ich wette, diese Blumen können dafür sorgen, dass du dich besser fühlst«, sagte sie geheimnisvoll. »Ich habe sie nicht selbst gekauft. JEMAND hat mich gebeten, sie dir zu bringen. Also konzentriere dich auf die Blumen und schau, was passiert.«

»Das werde ich tun«, sagte ich. »Als kleines Mädchen habe ich mit ihnen geredet.«

Ich hatte ein ernsthaftes Gespräch mit den Blumen, und sie sagten mir, woher sie kamen. Ich hatte Recht. Sie waren von dem Mann, den ich heimlich im Herzen trug.

Ich vermisste ihn so sehr. Ich konnte es gar nicht erwarten, ihn wiederzusehen. Doch gleichzeitig hatte ich Angst vor ihm. Immer, wenn ich an ihn dachte, schlug eine kleine Tür in meinem Herzen zu, und mir war nach Weinen zumute. Ich hatte keine Ahnung, was eigentlich los war.

Hatte mein Neffe mich für alle Ewigkeit kaputtgemacht? Hatte ich zu viel Angst, um jemals eine körperliche Beziehung zu einem Mann zu haben? Immer, wenn ich daran dachte, jemandem nahe zu kommen, erinnerte ich mich, wie schrecklich sich Mamorus Umarmung angefühlt hatte, und mein Körper wurde starr vor Angst. *Mein wirkliches Problem sind nicht die Nieren oder der Hals. Die Ärzte hätten besser mein Herz operieren sollen.*

Es gab niemanden, mit dem ich über meine Gefühle sprechen konnte.

28. Kapitel

Sein Künstlername lautete Shintaro Katsu. Ich lernte ihn kennen, als ich fünfzehn war, und zwar bei einem der ersten Ozashikis, die ich nach meinem Debüt als Maiko besuchte. Er hatte eine der älteren Maikos gebeten, mir zu sagen, ich solle vorbeikommen, damit er mich kennen lernen könne.

Sie stellte ihn mir unter seinem richtigen Namen vor, Toshio. Toshio war der größte Filmstar Japans. Ich kannte seinen Namen, aber da ich kaum je ins Kino ging, erkannte ich ihn selbst nicht. Jedenfalls war ich nicht besonders beeindruckt. Er war sehr nachlässig gekleidet. Er trug einen *yukata* (Baumwollkimono), der für ein Ozashiki zu zwanglos und außerdem noch zerknittert war. Sein Hals wies noch Spuren von Schminke auf.

Ich war nur ungefähr fünf Minuten bei dem Ozashiki und sprach nicht direkt mit ihm. Ich erinnere mich noch, dass ich dachte: »Was für ein unangenehmer Mensch.« Ich hoffte, er würde nicht wieder nach mir verlangen.

Ein paar Tage später ging ich auf dem Heimweg von der Schule bei der Ochaya vorbei. Ich traf dort Toshio, der mit seiner Frau gekommen war und uns miteinander bekannt machte. Sie ist eine berühmte Schauspielerin, und ich freute mich, sie kennen zu lernen.

Toshio kam fast jeden Abend nach Gion Kobu. Er bestellte mich häufig. Ich weigerte mich, so oft ich konnte, doch die Etikette der Karyukai verlangte es, dass ich ab und an erschien. Ich bat die Okasan der Ochaya ausdrücklich, mich von ihm fern zu halten, doch sie konnte nicht sehr viel tun. Hier ging es schließlich ums Geschäft, und sie musste die Bitten ihrer Kunden, sofern sie nicht aus dem Rahmen fielen, erfüllen.

Einmal fragte Toshio die Shamisen-Spielerin, ob sie ihm für einen Augenblick ihr Instrument leihen könne. Sie gab es ihm, und er fing an, eine Ballade namens *Nagare* (Fließen) zu spielen. Ich konnte es nicht fassen! Er war unglaublich begabt. Ich bekam am ganzen Körper Gänsehaut.

»Wo haben Sie gelernt, so zu spielen?«, fragte ich. Das war der erste richtige Satz, den ich je zu ihm sagte.

»Mein Vater ist Iemoto der Kineya-Schule für Shamisen-Balladen, und ich spiele schon seit meiner Kindheit.«

»Ich bin tief beeindruckt. Was haben Sie sonst noch für Geheimnisse?«

Mir fiel es wie Schuppen von den Augen, und ich sah ihn in einem ganz neuen Licht. Hinter ihm steckte mehr, als man auf den ersten Blick erkannte.

Zum Spaß verkündete ich, ich würde seine Ozashikis nur besuchen, wenn er dann für mich Shamisen spielte. Das war ziemlich frech von mir, aber von da an gab es immer, wenn ich zu einem Ozashiki kam, dessen Gastgeber er war, ein spielbereites Shamisen. So ging das drei Jahre lang. Er fragte ständig nach mir, ich ging gelegentlich hin, und wenn, dann hauptsächlich, um ihn spielen zu hören.

Eines Abends, ich war achtzehn Jahre alt, trug ich aus

der Küche Sake zu einem Ozashiki. Ich wollte gerade die Treppe in den ersten Stock hinaufgehen, als ich ihn herunterkommen sah. Mir war es peinlich, von ihm erwischt zu werden, weil ich mich geweigert hatte, an diesem Abend sein Ozashiki zu besuchen. Er kam die Treppe heruntergelaufen und nahm mir das Tablett aus der Hand.

»Mineko, komm eine Minute her«, sagte er und drängte mich in eines der Dienstbotenzimmer.

Ehe ich mich versah, hatte er die Arme um mich gelegt und mich mitten auf den Mund geküsst.

»Halt! Stopp!« Ich riss mich los. »Das einzige Wesen, das das darf, ist Big John, mein Hund.«

Es war mein erster Kuss. Und ich fand ihn überhaupt nicht angenehm. Ich dachte, ich hätte eine allergische Reaktion. Ich bekam eine Gänsehaut, die Haare standen mir zu Berge, und mir brach der kalte Schweiß aus. Erst war ich schockiert und ängstlich gewesen, aber bald war ich nur noch ungeheuer wütend.

»Was erlauben Sie sich!«, zischte ich. »Rühren Sie mich nie wieder an. Niemals!«

»Ach, Mine-chan, magst du mich denn kein bisschen?«

»Mögen? Was meinen Sie damit? Mögen hat damit nichts zu tun!«

Heute schäme ich mich, es zuzugeben, aber mit achtzehn glaubte ich noch, man könne vom Küssen schwanger werden. Ich war zu Tode erschrocken.

Ich rannte ins Büro und erzählte der Okasan empört alles. »Ich möchte ihn nie wieder sehen. Ganz gleich, wie oft er nach mir fragt. Er ist widerlich und hat erbärmliche Manieren.«

Sie sagte mir, ich würde überreagieren.

»Mine-chan, du musst ein bisschen erwachsener werden. Das war nur ein unschuldiger Kuss. Nichts, worüber man sich so aufregen müsste. Er ist ein wichtiger Kunde, und ich möchte, dass du ein wenig nachsichtiger mit ihm umgehst.«

Sie redete mir meine Ängste aus und überzeugte mich im Laufe der nächsten paar Wochen, dass es ungefährlich wäre, eine seiner wiederholten Bitten um mein Erscheinen zu erfüllen.

Ich ging mit Vorbehalten zu dem Ozashiki, aber Toshio bereute sein Verhalten eindeutig. Er versprach, mich nicht mehr anzurühren. Und ich ging wieder dazu über, ungefähr jede fünfte seiner Anfragen anzunehmen.

Eines Abends fragte er scherzhaft: »Ich weiß, dass ich dich nicht anrühren darf, aber würdest du einen, nur einen einzigen Finger auf mein Knie legen? Als Lohn für all meine harte Arbeit auf dem Shamisen?«

Ich tat so, als müsse ich etwas Vergiftetes berühren, und tippte ihm mit der Spitze meines Zeigefingers aufs Knie. Es war wie ein Spiel.

Nach drei Monaten unseres Zeigefinger-Spiels sagte er: »Wie wär's mit drei Fingern?«

Und dann: »Wie wär's mit fünf Fingern?«

Und noch später: »Wie wär's mit der ganzen Hand?«

Dann wurde er eines Abends ernst. »Mineko, ich glaube, ich fange an, mich in dich zu verlieben.«

Ich war zu unerfahren, um den Unterschied zwischen Flirt und wirklicher Verliebtheit zu erkennen. Ich dachte, er mache bloß Spaß.

»Ach bitte, Toshio-san, wie kann das sein? Sind Sie nicht verheiratet? Ich interessiere mich nicht für verheiratete Männer. Außerdem – wenn Sie verheiratet sind, dann sind Sie ja schon verliebt.«

»Das stimmt nicht unbedingt, Mineko. Liebe und Ehe gehen nicht immer Hand in Hand.«

»Nun, davon verstehe ich nichts. Aber Sie sollten nicht

solchen Unsinn reden, nicht einmal im Scherz. Es wäre schrecklich für Ihre Frau, wenn sie Sie hören könnte, und ich bin sicher, Sie würden ihr niemals wehtun wollen. Oder Ihren Kindern. Ihre wichtigste Verantwortung ist es, sie glücklich zu machen.«

Der einzige erwachsene Mann, den ich jemals näher gekannt hatte, war mein Vater. Alle meine Vorstellungen über Liebe und Verantwortung stammten von ihm.

»Mineko, ich habe das nicht gewollt. Es ist einfach passiert.«

»Nun ja, dagegen können wir nichts tun. Es wäre also besser, wenn Sie die ganze Sache gleich vergessen würden.«

»Und wie soll ich das machen?«

»Ich habe keine Ahnung. Das ist nicht mein Problem. Aber ich bin sicher, Sie werden es schon schaffen. Außerdem sind Sie nicht das, was ich suche. Ich suche die große Leidenschaft, jemanden, der mich hinreißt und mir alles über die Liebe beibringt. Und dann werde ich eine wirklich große Tänzerin.«

»Und wie ist er so, der Mann, der deine große Leidenschaft weckt?«

»Ich weiß es nicht genau. Ich habe ihn ja noch nicht gefunden. Aber ich weiß ein paar Dinge über ihn. Er ist nicht verheiratet. Er weiß eine Menge über Kunst, sodass ich mit ihm über das reden kann, was ich tue. Er wird nie von mir verlangen, mit dem Tanzen aufzuhören. Und er ist sehr klug, weil ich so viele Fragen habe. Ich denke, dass er vielleicht ein Experte auf irgendeinem Gebiet ist.«

Und so zählte ich die ganze Liste meiner Wünsche auf. Ich hatte eindeutig jemanden im Sinn, der so kultiviert war wie mein Vater oder Dr. Tanigawa.

Toshio-san sah niedergeschlagen aus.

»Aber was ist mit mir?«

»Was soll mit Ihnen sein?«

»Habe ich eine Chance?«

»Sieht nicht so aus, oder?«

»Du willst damit also sagen, dass du mich nicht sehr magst. Ist es das?«

»Natürlich mag ich Sie. Aber ich rede von etwas anderem. Ich rede von der Liebe meines Lebens.«

»Und wenn ich mich scheiden ließe?«

»Das ist keine Antwort. Ich möchte niemanden verletzen.«

»Aber meine Frau und ich, wir lieben uns nicht.«

»Warum haben Sie dann geheiratet?«

»Sie war in einen anderen verliebt. Ich betrachtete das als Herausforderung und beschloss, sie ihm wegzunehmen.«

Jetzt wurde ich allmählich ärgerlich.

»Das ist das Dümmste, was ich je gehört habe.«

»Ich weiß. Du verstehst also, warum ich eine Scheidung möchte.«

»Was ist mit Ihren Kindern? Ich könnte niemals jemanden lieben, der seine Kinder so behandelt.«

Toshio war doppelt so alt wie ich. Aber je mehr wir redeten, desto mehr hatte ich das Gefühl, ich wäre die Erwachsene von uns beiden.

»Ich glaube nicht, dass wir noch länger darüber sprechen sollten. Wir drehen uns bloß im Kreis. Die Diskussion ist beendet.«

»Es tut mir Leid, Mineko, aber ich will nicht aufgeben. Ich werde es weiter versuchen.«

Ich beschloss, ihn jetzt meinerseits herauszufordern. Ich malte mir aus, dass er, zeigte ich ihm konsequent die kalte Schulter, das Spiel satt bekommen und mich vergessen würde.

»Wenn Sie mich wirklich lieben, dann möchte ich, dass

Sie es mir beweisen. Erinnern Sie sich an die Dichterin Nonono Komachi? Wie sie sich von dem Offizier Fukakusa an hundert Abenden besuchen ließ, bevor sie bereit war, ihm die Hand zu geben? Nun, ich möchte, dass Sie in den nächsten drei Jahren jeden Abend nach Gion Kobu kommen. Jeden Abend. Ohne Ausnahme. Die meiste Zeit werde ich Ihre Ozashikis nicht besuchen, aber ich werde immer nachprüfen, ob Sie gekommen sind oder nicht. Wenn Sie diese Aufgabe erfüllen, können wir weiterreden.«

Nie im Leben hätte ich gedacht, dass er das wirklich tun würde.

Aber er tat es. Er kam in den folgenden drei Jahren jeden Abend nach Gion Kobu, sogar an hohen Feiertagen wie Neujahr. Und er verlangte immer nach mir bei seinen Ozashikis. Ich erschien ein- oder zweimal in der Woche. In diesen Jahren entstand zwischen uns eine sehr gesittete Freundschaft. Ich tanzte. Er spielte Shamisen. Wir redeten meistens über Kunst.

Toshio war ein Mann mit vielen Talenten. Seine Erziehung hatte ihm eine feste Basis in den ästhetischen Prinzipien gegeben, die ich zu beherrschen versuchte. Wie sich herausstellte, war er ein freundlicher und anregender Lehrer, und nachdem er mich erst einmal ernst nahm, war er auch ein perfekter Gentleman. Er überschritt nie wieder die Grenzen des Anstands, und ich fühlte mich in seiner Gegenwart auch nie mehr sexuell bedroht. Er wurde zu einem meiner Lieblingskunden.

Im Laufe der Zeit erlag ich langsam, aber sicher seinem Zauber. Schließlich wurde mir klar, dass ich für ihn etwas empfand, das ich noch nie für jemanden empfunden hatte. Ich wusste nicht genau, was das war, aber ich hegte so einen Verdacht, dass es sich um sexuelle Anziehung handelte. Ich fühlte mich zu ihm hingezogen. Das war es also, wovon die Leute redeten.

So standen die Dinge, als er meine Freundin bat, mir den Strauß Kosmos-Blumen ans Krankenlager zu bringen. Es war seine liebenswerte Art, sein Versprechen zu erfüllen, mich jeden Tag zu besuchen.

Als mir klar wurde, dass die Blumen von Toshio waren, war ich tief gerührt. Ich wusste nicht, ob das Liebe war. Aber irgendetwas war es eindeutig. Mein Herz zog sich zusammen, wann immer ich an ihn dachte, und ich dachte dauernd an ihn. Das machte mich scheu und verlegen. Ich wollte mit ihm über das reden, was da vorging, aber ich hatte keine Ahnung, was ich sagen sollte. Ich glaube, die kleine Tür zu meinem Herzen bekam allmählich Risse. Und dagegen kämpfte ich pausenlos an.

Nach zehn Tagen fühlte ich mich wohl genug, um wieder zu tanzen. Ich konnte noch immer nicht sprechen, aber Mama verkündete, ich könne wieder auftreten, und rief den Ankleider.

Ich bereitete ein Päckchen Karten vor, auf die ich kurze Sätze schrieb. »Wie schön, Sie zu sehen.« »Es ist lange her.« »Danke, es geht mir gut.« »Ich würde gern tanzen.« »Alles ist in Ordnung bis auf meine Stimme.« Mithilfe dieser Karten schlug ich mich zehn Tage lang durch. Es machte sogar Spaß. Die Karten und meine Pantomime gaben den Ozashikis einen zusätzlichen Reiz, der den Gästen zu gefallen schien.

Es dauerte zehn Tage, bis die Schmerzen in meinem Hals aufhörten. Endlich konnte ich wieder ohne Beschwerden schlucken. Meine Niere meldete sich aus dem Urlaub zurück und fing an, wieder richtig zu funktionieren. Es ging mir besser.

Die lästigste Nachwirkung der ganzen Krankheit bestand darin, dass ich so stark abgenommen hatte. Ich wog nur noch neununddreißig Kilo. Wie schon gesagt, wiegt ein komplettes Maiko-Ensemble etwa fünfzehn bis zwanzig Kilo, also können Sie sich vorstellen, wie schwer es mir fiel, mich zu bewegen und zu tanzen, wenn ich das Kostüm trug. Aber ich war so glücklich, wieder auf den Beinen zu sein, dass ich durchhielt und so viel aß, wie ich nur konnte. Wenn ich das Gewicht des Kimonos nicht tragen konnte, konnte ich nicht arbeiten.

Obwohl ich noch schwach war, schaffte ich in dieser Zeit einiges, weil so viel los war. Im Rahmen der Weltausstellung trat ich mehrmals auf der Bühne des Plaza auf. Und ich wirkte in einem Film unter der Regie von Kon Ichikawa mit (geschrieben von Zenzo Matsuyama, einem meiner ersten Kunden). Der Film spielte in Kioto im Monopoly-Theater der Regierung, aber ich hatte so viel zu tun, dass ich nie dazu kam, ihn mir anzusehen.

29. Kapitel

Zu Beginn der Siebzigerjahre begann Japan als Wirtschaftsmacht auf der internationalen Bühne zu erscheinen. Diese Veränderung spiegelte sich auch in meiner Arbeit wider. Als Repräsentantin traditioneller japanischer Kultur hatte ich das Glück, führende Persönlichkeiten aus der ganzen Welt zu treffen und kennen zu lernen. Nie werde ich eine Begegnung vergessen, die meine Vorstellung von unserem Insel-Dasein nachhaltig erschütterte.

Ich war zu einem Ozashiki im Restaurant Kyoyamato eingeladen. Gastgeber waren der japanische Botschafter in Saudi-Arabien und seine Gattin, und als Ehrengäste waren der arabische Ölminister Yamani und seine vierte Ehefrau geladen. Frau Yamani trug den größten Diamanten, den ich je gesehen hatte. Er war riesig. Sie sagte mir, er habe dreißig Karat. Niemand im Raum konnte den Blick davon wenden. Unsere Gastgeberin trug einen kleinen Diamanten am Finger, und ich bemerkte, wie sie den Ring umdrehte, damit der Stein nach innen zeigte, als schäme sie sich wegen seiner geringen Größe. Das störte mich. Auf Japanisch sagte ich unverblümt:

»Madame, Ihre Gastfreundschaft heute, so üppig sie

auch sein mag, ist doch charakterisiert durch die bescheidenen ästhetischen Ideale der Teezeremonie. Bitte, verstecken Sie die Schönheit Ihres Diamanten nicht. Es gibt keinen Grund, seinen Glanz vor unseren Gästen zu verbergen, deren größter Trumpf ihr Öl ist. Und vielleicht ist ja auch Frau Yamanis Stein nur ein Stück Kristall. Auf jeden Fall strahlt er nicht so wie Ihrer.«

Herr Yamani, dem kein Wort entgangen war, lachte und sagte: »Wie klug von Ihnen, einen Kristall zu erkennen, wenn Sie einen sehen!«

Er sprach Japanisch! Ich war beeindruckt. Seine Erwiderung bewies nicht nur, dass er den tieferen Sinn dessen begriffen hatte, was ich gesagt hatte (und das in einer Sprache, von der die meisten Japaner glauben, es wäre für Ausländer praktisch unmöglich, sie zu verstehen), sondern auch, dass er genug Verstand besaß, um mit Witz und Humor zu reagieren. Was für ein scharfer Geist! Ich hatte das Gefühl, die Klingen mit einem Meister gekreuzt zu haben.

Ich habe nie herausgefunden, ob dieser Diamant echt war oder nicht.

Die Weltausstellung in Osaka endete am 30. September 1970. Jetzt hatte ich Zeit für den nächsten Übergangsritus, das »Wenden des Kragens«, mit dem ich von einer Maiko zu einer Geiko wurde. Es war an der Zeit, erwachsen zu werden.

Ich fragte Mama Masako: »Ich habe gehört, dass es eine Menge Geld kostet, ein Erikae vorzubereiten. All die neuen Kimonos und die anderen Sachen. Was kann ich tun, um dabei zu helfen?«

»Du? Nun, nichts. Unser Haus kann sich das leisten, also überlass nur alles mir.«

»Aber alle meine Kunden haben mich gefragt, wie viel sie mir für mein Erikae geben sollen, und da habe ich gesagt, mindestens 3000 Dollar. War das falsch von mir? Tut mir Leid.«

»Nein, Mineko, das ist schon in Ordnung. Deine Stammkunden sind darauf eingestellt, etwas beizusteuern. Das gehört zur Tradition und macht ihnen Freude. Außerdem können sie damit vor ihren Freunden prahlen. Also mach dir keine Sorgen. Wie Tantchen Oima zu sagen pflegte: Man kann gar nicht genug Geld haben. Obwohl – ich muss schon sagen, billig lässt du sie nicht gerade davonkommen.«

Ich habe keine Ahnung, wie ich auf diese Zahl gekommen war. So etwas rutschte mir einfach heraus. »Ich denke, dann werde ich das auf sich beruhen lassen und sehen, was passiert.«

Mama zufolge trugen meine Kunden ein kleines Vermögen zu meinem Erikae bei. Die Details habe ich nie erfahren.

Am 1. Oktober änderte ich meine Frisur zu *sakko*, der Haartracht, die eine Maiko im letzten Monat ihrer Laufbahn trägt. Dann, am 1. November um Mitternacht, schnitten Mama Masako und Kuniko das Band auf, das meinen oberen Haarknoten hielt. Meine Zeit als Maiko war vorbei.

Die meisten Mädchen empfinden bei diesem Schnitt viel Wehmut und Rührung, aber ich nahm ihn kühl hin. Meine Gefühle am Ende meiner Karriere als Maiko waren so ambivalent wie zu Beginn, aber die Gründe waren jetzt andere. Noch immer liebte ich es, Tänzerin zu sein. Aber ich war unzufrieden mit der altmodischen, konservativen Organisation des ganzen Geikosystems. Schon als Teenager hatte ich mit meinen Ansichten nicht hinter dem Berg gehalten und war wiederholt zum Kabukai gegangen, um mich zu beschweren. Bisher hatte niemand meine Belange ernst genommen. Vielleicht würden sie mir jetzt, da ich erwachsen wurde, endlich zuhören.

Ich nahm mir den Tag frei, um mein Erikae vorzubereiten. Es war ein kalter Tag. Mama Masako und ich saßen am Kohlenbecken und legten letzte Hand an mein neues Ensemble.

»Mama?«

»Ja?«

»Ach, nichts.«

»Was, nichts? Was wolltest du sagen?«

»Nein, vergiss es. Ich habe bloß nachgedacht.«

»Worüber? Nun lass mich nicht so hängen. Das ist ärgerlich.«

Ich wollte sie nicht ärgern. Ich brachte bloß die Worte nicht heraus.

»Ich bin nicht sicher, ob du diejenige bist, mit der ich darüber reden möchte.«

»Aber ich bin deine Mutter.«

»Ich weiß, und ich respektiere dich wirklich, wenn es um die Arbeit geht, aber das hier ist etwas anderes. Ich weiß nicht, ob ich darüber reden sollte.«

»Mineko, ich bin Fumichiyo Iwasaki. Du kannst mich alles fragen.«

»Aber alle Männer, mit denen du dich einlässt, sehen aus wie vertrocknete alte Tintenfische. Und dann verlassen sie dich, und du klammerst dich an den Laternenpfahl vor dem Lebensmittelgeschäft und weinst. Es ist so peinlich. Und jeder in der Nachbarschaft sieht dich und sagt: ›Die arme Fumichiyo ist schon wieder sitzen gelassen worden.‹«

Das stimmte. Mama Masako war siebenundvierzig Jahre alt und hatte noch immer keine feste Beziehung. Nichts hatte sich verändert. Sie verliebte sich dauernd und verschreckte ihre Liebhaber dann mit ihrer bösen Zunge. Und sie klammerte sich tatsächlich an den Laternenpfahl und weinte. Dafür hatte ich eine Menge Zeugen.

»Es ist nicht sehr nett, so etwas zu sagen. Ich schätze, ich bin hier in der Gegend nicht die Einzige, die ein bisschen boshaft ist. Aber genug von mir. Was ist mit dir los?«

»Ich frage mich bloß, wie es sich anfühlt, wenn man sich verliebt.«

Ihre Hand hielt mitten in der Arbeit inne, und ihr Körper straffte sich aufmerksam.

»Warum, Mineko? Hast du jemanden gefunden?«

»Vielleicht.«

»Wirklich? Wer ist er?«

»Es tut zu weh, darüber zu reden.«

»Es hört auf wehzutun, wenn du darüber sprichst.«

»Es tut schon weh, bloß an sein Gesicht zu denken.«

»Das hört sich ernst an.«

»Meinst du?«

»Ich würde ihn gern kennen lernen. Warum machst du uns nicht bekannt?«

»Kommt nicht in Frage. Erstens kannst du Männer überhaupt nicht beurteilen, und zweitens könntest du versuchen, ihn mir wegzunehmen.«

»Mineko, ich bin nicht Yaeko. Ich verspreche dir, ich würde nie etwas mit einem deiner Freunde anfangen.«

»Aber du machst dich immer so schön, wenn du irgendeinen Mann treffen willst. Wärest du damit einverstanden, ganz normal auszusehen, falls ich euch bekannt mache?«

»Ja, mein Liebes. Natürlich. Wenn es dich glücklich macht, werde ich ganz gewöhnliche Alltagskleider anziehen.«

»Dann werde ich sehen, was ich tun kann.«

Wir schlossen die Vorbereitungen für meinen Übertritt von einer Maiko zu einer Geiko ab.

Mein Erikae fand am 2. November 1970 statt, meinem einundzwanzigsten Geburtstag.

Der erste Kimono, den ich als Geiko trug, war ein formelles, mit Wappen versehenes Gewand aus schwarzer Seide, verziert mit einem eingefärbten und bestickten Muster aus Muscheln. Mein Obi bestand aus weißem Seidendamast und hatte ein geometrisches Muster in Rot, Blau und Gold.

Wir gaben noch zwei weitere Kimonos für mich in Auftrag, die ich in der Anfangszeit tragen sollte. Einer war aus gelber Seide und mit Phönixen verziert, die mit Fäden aus Blattgold aufgestickt waren. Der Obi, aus Brokat in einem dunklen Zinnoberrot, hatte ein Muster aus Päonien (Pfingstrosen). Der andere Kimono, ebenfalls aus Seide, war in einem gedämpften Grünton gehalten und mit in Gold aufgestickten Pinien und kaiserlichen Kutschen geschmückt. Der Obi bestand aus schwarzem Brokat mit einem Muster aus Chrysanthemen.

Die Krägen, die an mein Nagajuban angenäht waren, waren nun weiß, was bedeutete, dass ich die kindlichen Eigenschaften einer Maiko hinter mit gelassen hatte. Ich war erwachsen. Es war Zeit, Verantwortung für mein Leben zu übernehmen.

Um die Zeit meines Erikae herum trat Dr. Tanigawa mit einem sehr aufregenden Vorschlag an mich heran. Kunihito Shimonaka, der Chef des Verlagshauses Heibon, wollte eine ganze Ausgabe seiner Zeitschrift *The Sun* der Geschichte und den Traditionen von Gion Kobu widmen. Dr. Tanigawa schlug Herrn Shimonaka vor, ich solle an dem Projekt mitarbeiten. Ich stimmte bereitwillig zu, ebenso wie etliche meiner Freundinnen.

Wir arbeiteten unter der redaktionellen Aufsicht von Takeshi Yasuda, und schon bald fühlte ich mich wie eine richtige Journalistin. Unser Team traf sich einmal im Monat, und wir brauchten ein ganzes Jahr, um das Projekt zu Ende zu bringen. Die Sonderausgabe erschien als

Juninummer im Mai 1972. Sie war sofort ausverkauft und wurde zahllose Male nachgedruckt.

Dieses Projekt erfüllte und befriedigte mich zutiefst. Ich merkte allmählich, dass es möglicherweise auch ein Leben außerhalb der seidenen Grenzen von Gion Kobu für mich gab. Doch ich arbeitete als Geiko genauso hart wie vorher als Maiko und hatte außer der redaktionellen Arbeit noch genug mit nächtlichen Ozashikis und regelmäßigen öffentlichen Auftritten zu tun.

Eines Abends wurde ich in die Ochaya Tomiyo gerufen. Herr Motoyama, Chef des Modekonzerns Sun Motoyama, gab ein Ozashiki für Aldo Gucci, den italienischen Modedesigner.

An diesem Abend kleidete ich mich mit besonderer Sorgfalt. Mein Kimono bestand aus schwarzem Seidencrêpe, und der Saum trug ein exquisites Muster von Kranichen im Nest. Mein Obi war mattrot und hatte ein eingefärbtes Muster aus Ahornbäumen.

Als ich neben Herrn Gucci saß, verschüttete er versehentlich etwas Sojasauce auf meinen Kimono. Ich wusste, dass ihm das schrecklich peinlich war, und versuchte mir rasch etwas auszudenken, um ihm die Verlegenheit zu nehmen. Ich wandte mich ihm zu und sagte, als sei das gar nichts Besonderes: »Herr Gucci, es ist solch eine Ehre für mich, Sie kennen zu lernen. Dürfte ich mir die Kühnheit erlauben, Sie um Ihr Autogramm zu bitten?«

Er willigte ein und griff nach einem Stift.

»Könnten Sie meinen Kimono signieren? Hier, am Futter des Ärmels?«

Herr Gucci signierte die rote Seide mit Schnörkeln aus schwarzer Tinte. Da der Kimono ohnehin ruiniert war, spielte es keine Rolle mehr, dass er noch weiter verunziert wurde. Wichtig war nur, dass Herr Gucci einen guten Eindruck von unserer Begegnung hatte.

Ich besitze diesen Kimono noch immer. Ich hatte immer gehofft, ihn ihm eines Tages geben zu können, hatte aber leider keine Gelegenheit mehr, ihn zu treffen.

Der Kimono einer Geiko ist ein Kunstwerk, und ich hätte niemals einen Kimono angezogen, der nicht absolut vollkommen war. Alle von Maikos und Geikos getragenen Kimonos sind so. Viele von ihnen haben Namen, wie Gemälde, und werden auch wie solche geschätzt und behütet. Deswegen habe ich eine so lebhafte Erinnerung an alles, was ich jemals getragen habe.

In meiner aktiven Zeit als Maiko und Geiko bestellte ich jede Woche einen Kimono und trug keinen häufiger als vier oder fünf Mal. Ich habe keine Ahnung, wie viele Kimonos ich während meiner Laufbahn wirklich besaß, aber ich vermute, es waren über dreihundert. Jeder einzelne davon, die enorm teuren Gewänder für besondere Gelegenheiten nicht eingerechnet, kostete zwischen 5000 und 7000 Dollar.

Kimonos waren meine Leidenschaft, und ich wirkte selbst an Entwurf und Herstellung mit. Es war mein größtes Vergnügen, mich mit dem verehrungswürdigen Herrn Iida von Takashimaya, mit Herrn Saito von Gofukya oder mit dem erfahrenen Team von Eriman und Ichizo zu treffen, um über meine Ideen für neue Muster und Farbkombinationen zu sprechen.

Sobald ich in einer neuen Aufmachung erschien, wurde diese unweigerlich von anderen Geikos kopiert, und ich reichte meine getragenen Kimonos freigebig an ältere und jüngere Schwestern weiter, wann immer sie darum baten. Wir sind von Kindheit an darin geübt, Kimonos so in Erinnerung zu behalten, wie man sich auch ein Kunstwerk einprägen würde. Daher wussten wir immer, wann jemand einen Kimono trug, der vorher einer anderen gehört hatte, und konnten genau die Stellung in der Hierarchie ablesen.

All das mag sich extravagant anhören, aber es ist tatsächlich das Herzstück einer wesentlich größeren Industrie.

Das Geschäft mit den Kimonos gehört zu den wichtigsten Erwerbszweigen in Kioto. Ich war vielleicht in der Lage, mehr Kimonos zu bestellen als andere Geikos, aber wir alle mussten ständig beliefert werden. Können Sie sich vorstellen, wie viele Kimonos die Maikos und Geikos von Gion Kobu und aus den anderen vier Karyukais zusammen jedes Jahr bestellen? Der Lebensunterhalt tausender von Künstlern, von den Färbern der Yuzen-Seide bis zu den Designern von Haarschmuck, hängt von diesen Aufträgen ab. Die Kunden, die Gion Kobu besuchen, mögen selbst zwar keine Kimonos kaufen, doch ein großer Prozentsatz des Geldes, das sie dalassen, fließt direkt weiter an diese Kunsthandwerker. Deswegen hatte ich immer das Gefühl, dass wir einen wesentlichen Beitrag zur Erhaltung dieser traditionellen Industrien leisteten.

Ich dachte bei den Kimonos nicht an Geld. Sie waren ein wesentlicher Bestandteil meiner Arbeit, und je edler der Kimono war, den ich trug, desto besser konnte ich die Verpflichtungen meines Berufes erfüllen. Die Kunden kommen nach Gion Kobu, um sich am Auftreten der Maikos und Geikos und an deren künstlerischen Leistungen zu erfreuen. Und ganz gleich, wie tüchtig man ist, die harte Arbeit nutzt nichts, wenn man nicht die richtigen Kleider für einen öffentlichen Auftritt hat.

Überhaupt hatte ich von Geld nur eine etwas verschwommene Vorstellung. Ich sah es selten, bekam es selten in die Hand und bezahlte nie etwas selbst. Ich bekam diese ganzen Umschläge, die Trinkgelder in bar enthielten. Heute ist mir klar, dass ich jede Nacht tausende von Dollars erhielt, aber offen gesagt, achtete ich nicht darauf. Oft zog ich einen Umschlag aus dem Ärmel und gab ihn meinerseits als Trinkgeld, etwa an den *kanban* in der Küche oder an den Schuhmann am Eingang der Ochaya.

Doch es waren immer noch welche übrig. Wenn ich nachts nach Hause kam und meinen Kimono auszog, flatterten zahlreiche kleine, weiße Umschläge auf den Boden. Ich machte sie nie auf, um zu sehen, wie viel sie enthielten, sondern gab die Einnahmen gleich an die Bewohnerinnen der Okiya weiter. Das war meine Art, ihnen zu danken, da ich ohne sie alle meine abendliche Verwandlung in die »Mineko aus dem Hause Iwasaki« nicht hätte vollziehen können.

Ich wusste, dass der Begriff 100 000 Yen (ca. 1000 Dollar) häufig fiel, wenn Leute über finanzielle Angelegenheiten sprachen. Das machte mich neugierig, und eines Tages fragte ich Mama Masako: »Wie sehen 100 000 Yen aus?« Sie zog eine Brieftasche aus ihrem Obi und zeigte mir zehn Banknoten zu 10 000 Yen (so viel wie zehn 100-Dollar-Scheine).

»Das sieht wirklich nicht nach sehr viel aus«, sagte ich. »Ich schätze, ich sollte härter arbeiten.«

30. Kapitel

Ich war in vieler Hinsicht weltfremd, aber jetzt, da ich erwachsen war, hatte ich das Gefühl, ich sollte aus der Okiya ausziehen und versuchen, allein zu leben. Ich sagte es Mama. Sie war skeptisch, versuchte aber nicht, mich zurückzuhalten. »Das ist eine interessante Idee. Du kannst es gern versuchen, obwohl ich bezweifle, dass du das schaffen wirst.«

Im Februar 1971, ich war einundzwanzig, mietete ich eine große Wohnung in der Kitashirawa Avenue. Die Miete betrug 1100 Dollar im Monat, was damals eine exorbitante Summe war. Für den Umzug und die Inneneinrichtung heuerte ich Profis an. Kaum war ich eingezogen, kam eine meiner Freundinnen zu Besuch.

»Das ist ja fabelhaft, Mineko. Meinen Glückwunsch.«

»Danke, Mari. Darf ich dir eine Tasse Tee anbieten?«

»Das wäre schön, vielen Dank.«

Ich fühlte mich so erwachsen. Ich ging in die Küche, um den Tee zu bereiten. Ich goss Wasser in den Teekessel und stellte ihn auf den Herd. Nichts geschah. Der Brenner ging nicht an. Ich wusste nicht recht, was ich machen sollte. Mir wurde klar, dass ich tatsächlich noch nie einen Herd benutzt hatte.

»Was dauert denn so lange?« Mari streckte den Kopf in die Küche.

»Oh, es tut mir Leid«, sagte ich. »Es strömt kein Gas aus, und die Flamme geht nicht an.«

»Das musst du so machen«, sagte sie und zündete die Flamme an.

Ich war sehr beeindruckt. *Es ist wie Zauberei.*

Mari erzählt diese Geschichte bis heute. Sie erntet damit noch immer großes Gelächter.

Eines Tages beschloss ich, die Wohnung sauber zu machen, und holte den Staubsauger aus dem Wandschrank. Ich schob ihn vor mir her, aber er ging nicht an. Ich dachte, er müsse kaputt sein, und rief zu Hause an. Der Mann, der bei uns für die Elektrogeräte zuständig war, kam herbeigeeilt, um nachzusehen, was nicht stimmte. Er merkte schnell, was los war.

»Mine-chan, bei Elektrogeräten ist es so, dass du den Stecker in eine Steckdose stecken musst, sonst funktionieren sie nicht.«

»Sie meinen, er ist nicht kaputt?«

Sogar mir war diese Geschichte peinlich.

Als Nächstes beschloss ich, etwas zu kochen. Zuerst den Reis. Ich war bereits im Reisladen gewesen und hatte meine Bestellung aufgegeben. Ich ging zu dem glänzenden neuen Reiskocher, der auf dem Küchentresen stand, und öffnete ihn. Er war leer! Ich rief zu Hause an.

»Meine Bestellung bei Tomiya ist nicht gekommen. Habt ihr vergessen, die Rechnung zu bezahlen?«

Mama rief in dem Geschäft an, und der Besitzer, bei dem wir seit Jahren einkauften, kam sofort angelaufen.

Sobald ich ihn sah, fing ich an, mich zu beschweren.

»Also wirklich, Sie sollten mir nicht solche Streiche

spielen. Ich brauche das, was ich bestellt habe, wirklich.«

»Es steht gleich hier im Flur. In diesem Sack, auf dem Reis steht.«

»Aber warum ist er nicht im Topf? Ich habe den Deckel abgenommen, und er war leer.«

»Mine-chan, mein Job ist es, den Reis bis an deine Tür zu liefern. In den Topf musst du ihn selber tun.«

Bevor ich umzog, ging ich in ein großes Kaufhaus und bestellte alles, was ich brauchte: Möbel, Bettzeug, Kochtöpfe und Geschirr. Die Rechnung ließ ich an die Okiya schicken. Ich schaute niemals auf die Preisschilder. Mama war entsetzt, als sie die Rechnungen bekam, bezahlte sie aber trotzdem.

Aber damals, als es noch keine Kreditkarten gab, bezahlten wir kleine Einkäufe immer noch in bar. Lebensmittel konnte ich nicht auf die Rechnung setzen lassen. Ich würde sie selbst kaufen müssen. Daher gab Mama mir Geld für solche Fälle. »Du wirst Geld für Lebensmittel brauchen«, sagte sie und händigte mir 5000 Dollar aus. Ich steckte das Geld in meine Börse und ging in der Nachbarschaft einkaufen. Ich machte den Metzger ausfindig, den Lebensmittelhändler, den Fischladen. Ich hatte keine Ahnung, was irgendetwas kostete, nahm aber an, ich hätte genug für das, was ich wollte.

Das erste Geschäft, in das ich ging, war ein Gemüseladen. Ich kaufte Kartoffeln und Karotten und einen *daikon*-Rettich. Ich nahm einen 10 000-Yen-Schein (100 Dollar) und gab sie dem Ladenbesitzer. Mein Herz raste. Es war das erste Mal, dass ich jemandem richtiges Geld gab, um etwas zu bezahlen.

Nachdem ich ihm den Schein gegeben hatte, nahm ich meine Einkäufe und verließ stolz den Laden. Doch der Inhaber lief mir nach und rief etwas. Ich war sicher, irgendeinen schrecklichen Fauxpas begangen zu haben, und begann mich wortreich zu entschuldigen. »Es tut mir so Leid. Ich bin das einfach nicht gewöhnt. Ich wollte nichts falsch machen. Bitte verzeihen Sie mir.«

Der Mann muss geglaubt haben, ich wäre nicht ganz bei Verstand.

»Ich weiß nicht, wovon Sie reden, Fräulein. Aber Sie haben Ihr Wechselgeld vergessen.«

»Wechselgeld? Was für Wechselgeld?«

»Ihr Wechselgeld, Fräulein. Tut mir Leid, aber bitte, nehmen Sie es. Ich habe zu tun. Ich habe keine Zeit für solche Spielchen.«

So lernte ich, dass es Wechselgeld gibt.

Nun kaufte ich wirklich ein!

Nachdem ich wieder zu Hause war, stolz auf meine Leistung, beschloss ich, etwas zu kochen. Das Erste, was ich zubereitete, war ein riesiger Topf *nikujaga*, eine Art Eintopf aus Fleisch und Kartoffeln. Ich machte genug für zehn Leute und brauchte dafür von Mittag bis vier Uhr nachmittags. Als ich fand, es sähe aus, als sei es jetzt fertig, packte ich den Topf ein, rief ein Taxi und trug ihn vorsichtig in die Okiya.

»Ich habe für euch alle gekocht«, verkündete ich stolz. »Kommt alle her und lasst es euch schmecken!«

Meine Familie setzte sich pflichtschuldig um den Tisch und kostete von dem Gericht. Jeder nahm einen Bissen, und dann sahen sich alle an. Niemand sagte ein Wort, keiner kaute.

Endlich meldete sich Kuniko zu Wort. »Für deinen ersten Versuch ist es nicht schlecht.«

Mama und Tante Taji schauten auf ihre Teller. Sie hatten noch immer nichts gesagt. Ich ließ nicht locker.

»Genießt und seid dankbar für alles, was man euch serviert. Ist es nicht das, was Buddha lehrt?«

Mama sagte: »Das stimmt schon, aber alles hat seine Grenzen.«

»Was genau willst du damit sagen?«

»Mineko, hast du dir nicht die Mühe gemacht, das Essen zu kosten, bevor du es uns serviert hast?«

»Das war nicht nötig. Ich habe am Geruch gemerkt, dass es gut war.«

Woran Sie sehen, was ich über das Kochen wusste.

»Hier, nimm einen Bissen.«

Es war das absolut Seltsamste, was ich je gekostet hatte. Ich war tatsächlich von mir selbst beeindruckt, weil ich es geschafft hatte, etwas zusammenzubrauen, das so eigenartig schmeckte.

Mein erster Impuls war, den Bissen auszuspucken, aber ich hielt an mich. Wenn es den anderen gelungen war, ein oder zwei Bissen hinunterzubringen, dann konnte ich das auch. Ich erinnerte mich an den Spruch meines Vaters: »Der Samurai zeigt keine Schwäche, auch wenn er Hunger leidet.« Aber diesmal wandelte ich ihn ab zu: »Der Samurai zeigt keine Schwäche, wenn er isst.« Ich schluckte schwer.

Im Aufstehen sagte ich: »Man könnte noch daran arbeiten.« Dann schickte ich mich an zu gehen.

»Was sollen wir mit dem Rest machen?«, rief Kuniko mir nach.

»Werft ihn weg«, sagte ich und eilte aus der Tür.

Meine Aussichten auf ein unabhängiges Leben waren nicht gerade rosig.

Ich kam jeden Tag in die Okiya, um mich für die Arbeit ankleiden zu lassen. Mama fragte dauernd, wann sie meinen Verehrer kennen lernen würde. Ich hatte mich noch immer nicht außerhalb der Ochaya mit Toshio getroffen, aber unser Dreijahresvertrag würde in diesem Mai auslaufen. Ich beschloss, Mamas Meinung einzuholen und traf Vorbereitungen, die beiden bekannt zu machen.

Hundertmal rief ich ihr in Erinnerung: »Versprich mir, dass du dich so einfach kleiden wirst wie möglich.«

Als sie herauskam, sah sie aus, als ginge sie zu einer Hochzeit. Sie trug einen formellen, schwarzen Kimono.

»Mama! Was machst du in diesem Aufzug! Du hattest es mir doch versprochen. Bitte geh noch einmal in dein Zimmer und zieh etwas Einfacheres an.«

»Aber warum? Willst du nicht, dass ich gut aussehe, wenn ich deinen Freund treffe?«

»Zieh dich um. Bitte.«

»Was soll ich denn anziehen?«

»Irgendetwas Altes.«

»Ich verstehe dich nicht, Mineko. Die meisten Mädchen wollen, dass ihre Mütter hübsch aussehen.«

»Kann sein, aber ich nicht. Besonders, wenn du hübscher aussiehst als ich.«

Wir zankten uns schon, bevor wir überhaupt das Haus verlassen hatten.

Wir trafen uns in Toshios gewohnter Ochaya.

Es lief nicht gut. Ich war völlig durcheinander. Toshio als Kunden zu betrachten war eine Sache. Ihn als meinen Freund zu sehen eine ganz andere. Ich war entsetzlich verlegen. Mir fiel nichts ein, was ich sagen konnte. Ich errötete von Kopf bis Fuß, und mein Kopf war so leer wie ein weißes Blatt Papier. Es war qualvoll.

Meine Hand zitterte, als ich den Sake servierte. Meine professionelle Gelassenheit war vollkommen verschwunden. Als wir nach Hause kamen, kritisierte Mama mich gnadenlos. »Mine-chan, ich habe dich noch nie so nervös gesehen. Du warst ja völlig außer dir. Unsere kühle Prinzessin ist rot geworden bis an die Haarwurzeln. Sie hat so gezittert, dass sie kaum den Sake einschenken konnte. Und sie wusste nichts zu sagen. Das ist fabelhaft. Ich glaube, ich habe endlich deinen schwachen Punkt gefunden.«

Ich hatte ja gewusst, dass es ein Fehler sein würde, die beiden miteinander bekannt zu machen.

31. Kapitel

Am 23. Mai 1971, auf den Tag genau drei Jahre nachdem ich ihm meine Bedingung genannt hatte, erhielt ich durch die Okasan seiner Ochaya eine Nachricht von Toshio, in der er mich bat, ihn im Ishibeikoji Inn zu treffen. Ich bräuchte nicht im Kostüm zu kommen. Das bedeutete, dass es sich um ein privates Treffen und nicht um ein Ozashiki handelte. Außerdem fand es zur Mittagszeit statt.

Ich trug also einen einfachen Kimono aus schwarzer Oshima-Rohseide mit einem Muster von roten Rosen und einen rotweißen Obi mit aufgestickten Ahornblättern in Schwarz.

Als ich dort ankam, spielte Toshio mit einigen seiner Freunde Mahjongg. Das Spiel war bald zu Ende und die anderen Leute gingen.

Bis auf den einen gestohlenen Kuss war dies das erste Mal, dass ich mit ihm allein in einem Zimmer war.

Er kam gleich zur Sache.

»Ich bin in den letzten drei Jahren jeden Abend gekommen, um dich zu sehen, ganz so, wie du verlangt hast. Jetzt möchte ich über uns reden. Habe ich eine Chance? Was meinst du?«

Ich dachte nicht. Ich fühlte. Ich wusste, dass er eine Frau und Kinder hatte, aber in diesem Moment schien das keine Rolle zu spielen. Ich konnte nicht anders, als ihm ehrlich zu antworten:

»Ich bin nicht sicher. Ich meine, das ist mir noch nie passiert. Aber ich glaube, ich habe mich in Sie verliebt.«

»In dem Fall«, sagte er, »denke ich, wir sollten entsprechende Vorkehrungen treffen, damit wir zusammen sein können.«

Sittsam schlug ich die Augen nieder und nickte schweigend. Wir standen auf und gingen gleich zur Okasan der Ochaya. Sie hörte zu, während er die Situation erklärte. Ich kann mir nicht vorstellen, dass sie von dem, was er zu sagen hatte, überrascht wurde.

»Toshio-san, Sie sind einer meiner meistgeschätzten Kunden«, antwortete sie. »Und ihr beide scheint einander wirklich gern zu haben. Deswegen bin ich bereit, bei den Verhandlungen einen Part zu übernehmen. Aber die Dinge müssen ihren üblichen Gang gehen. Wenn Sie mit Mineko zusammen sein möchten, müssen Sie zuerst die Erlaubnis ihrer Familie einholen.«

Ich kannte die Regeln. Ich war nur so durcheinander, dass ich sie vergessen hatte.

Die »Welt der Blumen und Weiden« ist eine Gesellschaft für sich, die ihre eigenen Regeln und Vorschriften, ihre eigenen Riten und Rituale hat. Sie gestattet sexuelle Beziehungen außerhalb der Ehe, aber nur, wenn diese Beziehungen gewissen Regeln folgen.

Die meisten langfristigen Beziehungen in Japan, etwa die zwischen Ehemann und Ehefrau oder zwischen Lehrer und Schüler, werden von einer dritten Partei arrangiert, die auch nach dem Zusammenkommen der beiden Beteiligten noch als Vermittler auftritt. So arrangierte Mutter Sakaguchi meine Lehrzeit bei der Iemoto und war immer bereit einzugreifen, wenn es ein Problem gab. Die Okasan der Ochaya ging eine ernsthafte Verpflichtung ein, als sie sich bereit erklärte, »bei den Verhandlungen einen Part« zu übernehmen. In der Praxis bedeutete es, dass sie die Rolle der Vermittlerin akzeptierte. Sie riet uns, sofort zur Okiya zu gehen und mit Mama zu sprechen.

»Ich glaube daran, dass Menschen, die sich lieben, zusammen sein sollten«, sagte Mama, romantisch wie immer.

Toshio versprach Mama, sich von seiner Frau scheiden zu lassen. Mama Masako gab uns ihren Segen.

Ich schützte Krankheit vor, sagte alle meine Termine für den Rest des Tages ab und kehrte mit Toshio ins Ishibeikoji Inn zurück. Wir gingen auf sein Zimmer. Zuerst sagte keiner von uns viel. Wir saßen einfach da und ruhten uns in Gegenwart des anderen aus. Schließlich begannen wir ein wenig Konversation zu machen. Aus alter Gewohnheit drehte sich unser Gespräch um Ästhetik. Langsam ging der Nachmittag in den Abend über.

Eine Dienerin servierte uns das Abendessen im Zimmer. Ich bekam kaum etwas hinunter. Dann kam die Dienerin wieder und sagte uns, das Bad sei bereit. Ich hatte an diesem Tag schon zweimal gebadet, einmal nach dem Aufstehen und einmal, bevor ich mich ankleidete, um Toshio zu treffen, daher lehnte ich ab.

Ich hatte nicht vor, die Nacht hier zu verbringen, und war überrascht, als die Dienerin zwei Futons ausbreitete, Seite an Seite. Ich wusste nicht recht, was ich tun sollte, also redete ich weiter. Da ich sein stetes Interesse an den Künsten kannte, brachte ich ein Thema nach dem anderen auf: Musik, Tanz, das Theater. Ehe ich mich versah, war Mitternacht vorbei.

Toshio sagte: »Mineko, möchtest du nicht etwas schlafen?«

»Danke«, sagte ich, so munter ich konnte, »aber ich schlafe nicht viel. Ich bin immer noch hellwach, aber bitte, legen Sie sich doch hin, und ruhen Sie sich aus.«

Ich gab mir die größte Mühe, die Augen offen zu halten, und hoffte, Toshio würde einfach einschlafen, damit ich keine Entscheidung treffen musste. Er streckte sich auf einem Futon aus, ohne sich zuzudecken, und redete weiter. Ich blieb, wo ich war, an dem niedrigen Tisch sitzend. Keiner von uns veränderte seine Position, bis der Himmel hell zu werden begann.

Ich konnte den Kopf nicht mehr aufrecht halten. Ich beschloss, mich für ein Weilchen hinzulegen, schwor mir aber, nicht einzuschlafen. Vorsichtig legte ich mich auf den zweiten Futon. Ich fand es unhöflich, Toshio den Rücken zuzukehren, also lag ich mit dem Gesicht zu ihm, zusammengerollt wie eine Krabbe. Er bat mich, näher zu rücken.

»Es tut mir schrecklich Leid«, sagte ich, »aber ich glaube, das kann ich nicht.«

Also tat er den ersten Schritt. Er rückte näher. Dann legte er die Arme um mich und zog mich dicht an sich. Ich lag da, steif wie ein Brett, obwohl ich innerlich zitterte und mir Mühe gab, nicht zu weinen. Wir regten uns kaum, bis die Sonne aufgegangen war.

»Ich muss zum Unterricht«, sagte ich und stand auf, um zu gehen. So endete unsere erste gemeinsame Nacht.

Jetzt, da ich eine richtige Geiko war, fing ich an, mir ab und an frei zu nehmen, eine Woche im Februar nach dem Feiertag Setsubun, eine weitere Woche im Sommer. Für dieses Jahr plante ich einen kurzen Urlaub, wenn das Gion Matsuri vorbei war. Toshio musste beruflich nach Brasilien. Wir beschlossen, diese unerwartete Gelegenheit zu nutzen und uns in New York City zu treffen, wenn er fertig war.

Toshio landete auf dem Heimweg nach Japan auf dem Kennedy-Flughafen, und ich nahm einen Flug der Pan Am, um ihn dort zu treffen. Er musste sechs Stunden auf mich warten. Toshio war es nicht gewohnt, auf irgendetwas warten zu müssen, obwohl er durchaus die Angewohnheit hatte, andere auf sich warten zu lassen. Ich rechnete halb damit, dass er nicht da sein würde, wenn ich ankam. Doch er war da. Ich war überglücklich, ihn dort stehen zu sehen, als ich aus dem Flugzeug stieg.

Wir gingen ins Waldorf-Astoria. In der Hotelhalle trafen wir, als wir uns an der Rezeption eintrugen, auf Elizabeth Taylor, und wir plauderten ein paar Augenblicke. Doch wir konnten es nicht erwarten, nach oben in unser Zimmer zu kommen, und eilten davon, so schnell es die Höflichkeit zuließ.

Endlich war ich mit ihm allein. Der Page schloss die Tür, und ich wandte mich Toshio zu. Plötzlich brach er in Tränen aus. Ich hatte noch nie einen erwachsenen Mann so weinen sehen.

»Ach, mein Liebling, was ist denn los? Was ist passiert?«

»Ich habe alles versucht, was mir einfiel, aber meine Frau weigert sich strikt, sich scheiden zu lassen. Ich weiß nicht, was ich noch machen soll. Es scheint keine Rolle zu spielen, was ich tue oder sage.«

Toshio schien am Rand der Verzweiflung. Er redete stundenlang auf mich ein. Über seine Frau. Über seine Kinder. Über die Qual, die die ganze Situation ihm bereitete. Ich war zu besorgt, um an mich selbst zu denken. Ich konnte seinen Schmerz nicht mit ansehen und streckte schließlich die Arme nach ihm aus. Zum ersten Mal. Ich nahm ihn in die Arme und spürte, wie er in meiner

Umarmung versank. *Diese intensive Nähe*, dachte ich, *das ist die Liebe. Das ist sie.*

Ich stellte zwei strikte Bedingungen für unsere Beziehung.

»Ich bleibe bei dir, solange du brauchst, um sie zu überzeugen. Aber du musst mir zwei Dinge versprechen. Du wirst nie Geheimnisse vor mir haben, und du wirst mich nie belügen. Wenn du es doch tust, ist es vorbei. Ohne Fragen zu stellen. Du gehst deinen Weg, ich gehe meinen.«

Er versprach es, und ich war sein.

Ich staunte über die Macht der animalischen Lust, die wir ineinander entfesselten. Ich öffnete mich ihm hungrig, ohne Scheu oder Scham. Das Gespenst des Überfalls meines Neffen wurde auf diesem Bett begraben.

Als ich nach unten schaute und das Blut auf dem Laken sah, hüpfte mein Herz vor Freude. Ich hatte Toshio meinen kostbarsten Besitz geschenkt, und ich hatte es in Liebe getan. In gewisser Hinsicht war es für uns beide das erste Mal. Er sagte mir, dass er noch nie ein Mädchen entjungfert habe. Ich war unbeschreiblich glücklich.

An diesem Abend gaben einige von Toshios Fans einen Empfang für ihn. Er war früher fertig als ich, und ich sagte ihm, er solle schon vorgehen, während ich mein Bad nahm. Ich musste mich noch schminken und meinen Kimono anlegen, und daher sagte ich ihm, ich würde in einer halben Stunde nachkommen.

Nach meinem kurzen Bad stieg ich aus der Wanne und wollte die Tür des Badezimmers öffnen. Der Knopf drehte sich nicht. Er war kaputt. Ich zog und drückte, doch er rührte sich nicht von der Stelle. Ich schlug gegen die Tür. Toshio war schon gegangen, und sonst war niemand da, der mich hören konnte. Ich sah mich um, und siehe da, neben dem Spiegel hing ein Telefon. Ich nahm den Hörer ab. Kein Freizeichen. Ich drückte ein paar Mal die

Gabel nieder. Immer noch nichts. Ich konnte es nicht fassen, dass sowohl der Türknopf als auch das Telefon defekt waren, und das ausgerechnet im Waldorf-Astoria.

Ich saß drei Stunden in diesem Badezimmer. Ich fror und fühlte mich elend. Endlich hörte ich im Zimmer ein Geräusch. Toshio klopfte an die Tür.

»Mineko, was machst du da drinnen?«

Zumindest einer von uns bewahrte die Ruhe!

Er hörte die Hysterie in meiner Stimme und fand rasch jemanden, der die Tür öffnete. Ich war selig, ihn zu sehen. Aber all das, was sich an diesem Tag ereignet hatte, hatte mich zu sehr erschöpft. Ich konnte nicht mehr ausgehen. Armer Toshio! Bei der Party war er so abgelenkt gewesen, dass er völlig das Gefühl für die Zeit verloren hatte. Er fühlte sich schrecklich. Es war ganz süß. Er war wirklich ein sehr rücksichtsvoller Mann. Doch abgesehen von diesem kleinen Vorfall verbrachten wir in New York City vier herrliche Tage.

Ich hatte gefunden, wonach ich gesucht hatte. Ich war wahnsinnig verliebt und die Intensität unserer Leidenschaft veränderte mein ganzes Leben grundlegend. Mehr als alles andere beeinflusste sie meinen Tanz, der jetzt die Ausdrucksstärke erreichte, nach der ich so lange gesucht hatte. Die Gefühle strömten aus meinem Herzen in jede Bewegung, jede Geste und machten sie tiefer und anrührender.

Toshio spielte bei diesem Prozess eine bewusste und aktive Rolle. Er war ein ernsthafter Kritiker. Unsere Leidenschaft wurzelte in der Hingabe an künstlerische Vollendung, und dies blieb bis ganz zum Schluss ihre Quelle. Wir hatten nicht die Art von Beziehung, bei der man herumschmust und Süßholz raspelt.

Als Schauspieler erforschte Toshio die Grenzen des Selbstausdrucks schon seit vielen Jahren, länger, als ich

Tänzerin war. In dieser Hinsicht war er mir weit voraus. Obwohl unsere Disziplinen sich unterschieden, war er fähig und willens, mir genaue, pointierte Ratschläge zu geben.

Der Inoue-Stil ist dafür bekannt, dass er große Gefühle durch kleine, zarte Gesten auszudrücken vermag. Das ist die größte stilistische Herausforderung, und Toshio wusste, wie man damit umgehen muss. Große Meisterin war meine Lehrerin innerhalb der Schule, Toshio konnte mich dagegen von außen anleiten.

Manchmal, wenn ich an einem Spiegel vorbeiging, machte ich unbewusst irgendeine kleine Bewegung. Toshio ertappte mich dann und sagte: »Warum machst du es nicht so?« Häufig waren seine Vorschläge genau richtig. Ich ließ alles stehen und liegen, was ich gerade tat, nahm seine Idee auf und probte die Bewegung gleich an Ort und Stelle, immer und immer wieder.

Wir lebten wie ein Paar, doch wir mussten unsere Beziehung vor allen außer den uns am nächsten stehenden Menschen geheim halten. Er war noch immer ein verheirateter Mann. Wir zeigten nie auch nur die geringste Intimität, wenn wir zusammen in der Öffentlichkeit waren. Das war schwierig, und deshalb reisten wir ins Ausland, wann immer wir konnten. Wir ließen uns nie zusammen fotografieren, nicht einmal, wenn wir als Touristen irgendeinen exotischen Urlaubsort besuchten. (Bis auf das eine, seltene Foto auf Seite 15.)

1973 machten wir wieder Urlaub in New York. Diesmal wohnten wir im Hilton. Herr R. A. gab eine Party für uns, und Toshio stellte mich als seine Verlobte vor. Ich freute mich; ich war sicher, dass es nur eine Frage der Zeit war, bis ich seine Frau wurde. Die Presse bekam Wind davon, dass ich eine Affäre mit einem berühmten Mann hatte, und ich wurde wochenlang von Paparazzi gejagt. Das Komische daran war, dass sie meinten, ich träfe jemand anderen. Sie hatten den falschen Mann im Visier. Toshio hatte ein riesiges Haus in einem Vorort von Kioto und ein weiteres in Tokio, aber er verbrachte seine Nächte bei mir, wann immer er konnte. Meine Wohnung wurde zu unserem »Liebesnest«.

Er fühlte sich dort ganz zu Hause. Bald entdeckte ich eine Seite an Toshio, die ich nie erwartet hätte. Er war außergewöhnlich sauber, geradezu pingelig. Angesichts meiner hausfraulichen Fähigkeiten war das ein Glück für uns beide. Wenn er etwas freie Zeit hatte und allein daheim war, putzte er die Wohnung tatsächlich von oben bis unten. Er wischte alle Oberflächen, auch in der Küche und im Bad, zuerst mit einem feuchten und dann mit einem trockenen Tuch ab, genau so, wie meine Mutter es mir beigebracht hatte. Meine häuslichen Anstrengungen beschränkten sich gewöhnlich darauf, den Staubsauger über den Boden des Wohnzimmers zu schieben und den Couchtisch mit einem Lappen abzuwischen.

Zu meiner Verteidigung muss ich sagen, dass ich sehr viel zu tun hatte. Mein Terminkalender war genauso voll wie zu meiner Zeit in der Okiya, doch jetzt musste ich mich auch um meine Wohnung kümmern. Ich ging jeden Nachmittag in die Okiya, um mich auf die Arbeit vorzubereiten, doch zu Hause hatte ich keine Dienerinnen mehr, die hinter mir aufräumten.

Die meiste Zeit kam ich ganz gut zurecht. Doch dann tat Toshio manchmal etwas, das meine hausfraulichen Fähigkeiten auf eine harte Probe stellte, etwa zu der Zeit, als er in einem Studio in Kioto einen Film drehte. Er fing an, spätabends mit etwa zehn seiner Kumpels im Schlepptau nach Hause zu kommen. Ich meinerseits hatte auch einen vollen Arbeitstag hinter mir, und Toshio sagte dann: »Was haben wir für diese Leute zu essen?«

Ich warf alles, was wir im Haus hatten, in einen großen Topf und kochte es. Meine ersten Versuche waren alles andere als großartig, aber mit der Zeit wurde es besser. Toshio sorgte dafür, dass jeder stets ein volles Glas hatte. Niemand ging hungrig oder durstig nach Hause. Nach und nach fing ich an, unsere improvisierten Partys zu lieben.

Toshio war rührend warmherzig und gesellig. Er machte sich wunderbar im Haus nützlich und sprach liebevoll von seinen Kindern. Ich konnte nicht verstehen, warum es bei ihm zu Hause nicht besser für ihn gelaufen war.

32. Kapitel

Anfang Mai jeden Jahres hält die Stadt Hakata in Kyushu ein Festival ab, das als *Dontaku* bekannt ist. Gewöhnlich wurde ich jedes Jahr eingeladen, und eine Gruppe von uns reiste zusammen von Kioto aus dorthin. Ich wohnte immer im selben Hotel, aß in denselben Restaurants und freute mich, meine dortigen Geisha-Freundinnen zu sehen. Ich teilte das Zimmer stets mit meiner lieben Freundin Yuriko.

Eines späten Nachmittags unterhielten wir uns und kamen auf das Thema der »stillen Pilgerreise«. Die stille Pilgerreise ist etwas, das beim Festival von Gion stattfindet, obwohl nur wenige Menschen davon wissen. Ich hatte das Gerücht gehört, Yuriko würde die »stille« Pilgerreise machen, und ich wollte wissen, ob das stimmte.

Das Festival von Gion findet in Kioto seit über tausend Jahren statt und gilt als eines der drei wichtigsten in Japan. Es beginnt Ende Juni und dauert bis zum 24. Juli und umfasst eine Reihe von Shinto-Zeremonien und -Ritualen. Am 17. Juli werden die örtlichen Götter eingeladen, sich in ihre geheiligten Sänften *(omikoshi)* zu begeben, und für die letzte Woche des Festivals trägt man sie hinaus in die Gemeinde. Kurz gesagt, die Götter werden von den Trägern auf den Schultern aus ihrer Hauptresidenz im Yasaka-Schrein die Shijo-Straße hinunter zu ihren zeitweiligen Schreinen in der Shinkyogoku Avenue getragen. Die stille Pilgerreise findet während dieser einen Woche statt.

»Ich möchte auch an der Pilgerreise teilnehmen. Was muss ich machen, um dabei zu sein?«, fragte ich Yuriko.

»Das ist nichts, wobei man mitmacht. Du entscheidest selbst, dass du es tun willst, und du machst es allein, ganz privat. Aber wenn du wirklich willst, dass dein Gebet in Erfüllung geht, heißt es, dass du es drei Jahre hintereinander tun musst«, antwortete sie. »Und du darfst keinem anderen sagen, dass du das tust. Das gehört zur Macht dieser Pilgerreise. Du musst es in aller Stille tun. Den Blick gesenkt halten. Keinen Augenkontakt zu irgendjemandem aufnehmen. Du musst dich vollkommen auf das konzentrieren, was in deinem Herzen verborgen ist, und die ganze Zeit dein Gebet im Sinn behalten, denn das ist der Grund für die Pilgerreise.«

Was sie da beschrieb, bewegte mich sehr. Yuriko hatte ein für japanische Verhältnisse ungewöhnlich scharf geschnittenes Gesicht. Ihre Augen waren unglaublich schön. Sie waren groß und von einem weichen Braun. Sie sagte mir nicht ausdrücklich, was ich wissen wollte, aber sie schenkte mir ein Lächeln, das die Wahrheit enthüllte.

Ich fragte mich ständig, weshalb Yuriko die Pilgerreise machte. Was war es, das sie sich so dringend wünschte? Ich brachte die Rede darauf, wann immer ich konnte, aber sie schaffte es stets, das Thema zu wechseln. Doch am Ende zahlte sich meine Hartnäckigkeit aus, und sie gab auf. Sie erzählte mir ihre Geschichte.

Es war das erste Mal, dass ich etwas über ihre Kindheit hörte.

Sie sei, so Yuriko, im Januar 1943 in einer Stadt namens Suzushi an der Küste des Japanischen Meeres geboren worden. Die Familie ihres Vaters war seit Generationen im Fischereigeschäft. Außerdem hatte ihr Vater ein florierendes Unternehmen, das Meeresfrüchte verkaufte. Als junger Mann war er häufig in Gion Kobu gewesen.

Ihre Mutter war kurz nach Yurikos Geburt gestorben. Noch ehe sie entwöhnt war, wurde sie zu einer ganzen Reihe von Verwandten gegeben. Während des Krieges wurde die Firma ihres Vaters vom Militär beschlagnahmt und in eine Munitionsfabrik umgewandelt. Doch ihr Vater fischte weiter. Nach dem Krieg nahm er seine Geschäfte wieder auf, und alles entwickelte sich positiv. Doch er holte seine Tochter nicht nach Hause. Sie wurde weiterhin in der Verwandtschaft herumgereicht.

Als er wieder mehr Geld hatte, begann ihr Vater erneut nach Gion Kobu zu kommen, und frischte seine Freundschaft mit einer bestimmten Geiko auf. Sie heiratete ihn und wurde Yurikos Stiefmutter. Endlich konnte Yuriko zu ihrem Vater zurückkehren und bekam bald darauf eine kleine Schwester. Ich nehme an, dass sie da zum ersten Mal die Sicherheit und Wärme einer liebenden Familie kennen lernte. Doch ihr Glück sollte nicht lange währen. Die Firma ihres Vaters ging Bankrott. Er war verzweifelt, wusste sich nicht zu helfen und verbrachte seine Tage damit, bis zur Bewusstlosigkeit zu trinken, bis er sich schließlich vor den unschuldigen Augen seiner kleinen Tochter erhängte.

Yurikos Stiefmutter war vollkommen hilflos und schickte Yuriko wieder zu Verwandten ihres toten Gatten. Die Familie, zu der sie gegeben wurde, behandelte sie wie eine lästige Bürde und gab ihr nicht einmal Schuhe. Schließlich verkaufte sie sie an einen der »Sklavenhändler« *(zegen)*, die über Land zogen und Mädchen suchten, um sie zu Prostituierten zu machen. (Dies wurde, ebenso wie die Prostitution selbst, im Jahre 1956 verboten.) Yuriko wurde an ein Etablissement im Vergnügungsviertel Shimabara in Kioto verkauft.

Früher war Shimabara ein lizenziertes Viertel, wo als *oiran* und *tayu* (Kurtisanen, hochklassige Prostituierte) bekannte Frauen, die allerdings auch in den traditionellen Künsten ausgebildet waren, ihrem Gewerbe nachgingen. Eine junge Oiran durchlief ebenfalls ein als »Mizuage« bezeichnetes Ritual, doch in ihrem Fall bestand es aus der zeremoniellen Defloration durch einen Gönner, der für dieses Privileg eine beträchtliche Summe bezahlt hatte. (Diese andere Bedeutung des Begriffs »Mizuage« hat zu einiger Verwirrung darüber geführt, was es bedeutet, eine Geisha zu sein.) Tayus und Oirans arbeiteten im Rahmen von Ausbildungsverträgen und mussten sich auf ihren Bezirk beschränken, bis ihre Dienstzeit abgelaufen war.

Yurikos Stiefmutter fand heraus, was mit Yuriko geschehen war, und setzte sich sofort mit der Okasan der Okiya Y. in Gion Kobu in Verbindung, um sie um Hilfe zu bitten. Die Okasan ihrerseits kontaktierte einen Otokoshi, der geschickt dafür sorgte, dass Yuriko aus Shimabara in die Okiya umziehen durfte. Yuriko wollte nicht zu ihrer Stiefmutter zurückkehren, und die Okiya erklärte sich bereit, sie in ihre Obhut zu nehmen.

All dies geschah, als Yuriko zwölf Jahre alt war. Yuriko war sehr gutwillig, widmete sich fleißig ihrem Unterricht und wurde eine der Spitzengeikos von Gion Kobu. Immer, wenn sie darüber sprach, wie viel besser doch ihr Leben in Gion Kobu war als ihre ersten zwölf Jahre, füllten sich ihre großen, schönen braunen Augen mit Tränen.

Zwei Jahre nachdem sie mir diese Geschichte das erste

Mal erzählt hatte, als wir uns wieder in Hakata aufhielten, vertraute sie mir schließlich an, warum sie die stille Pilgerreise machen wollte. Sie war seit vielen Jahren in einen bestimmten Mann verliebt und wollte ihn heiraten. Das war der Grund. Das war es, worum sie in jedem Sommer ihrer stillen Pilgerreise betete. Sie war fest dazu entschlossen. Sie erhielt zwar Anträge von vielen anderen Männern, doch die nahm sie überhaupt nicht zur Kenntnis.

Unglücklicherweise heiratete ihr Geliebter am Ende aus politischen Gründen eine andere Frau, doch sie setzten ihre Beziehung fort. Im Mai 1980 wurde bei Yuriko Krebs diagnostiziert. Ich weiß nicht, ob dieser Mann der Grund für ihre Krankheit war, doch ihre Liebe zu ihm wurde nach ihrer Erkrankung noch stärker. Wie als Antwort auf ihre Gebete pflegte er sie zärtlich, als sie schon sehr krank war. Doch leider hatten seine Bemühungen keinen Erfolg, und sie starb am 22. September 1981 im Alter von nur siebenunddreißig Jahren. Im Innersten glaube ich, dass ihre Liebe zu ihm nie aufhören wird, nicht in tausend Jahren, und in alle Ewigkeit fortbesteht.

Setsubun fällt in die Mitte des Februars. Es ist ein Feiertag, der im alten Mondkalender den Beginn des Frühlings kennzeichnete. Wir begehen ihn, indem wir rund ums Haus Bohnen verstreuen, um die bösen Dämonen zu vertreiben und das Glück einzuladen.

In Gion Kobu nehmen wir Setsubun zum Anlass, uns zu verkleiden und Partys zu feiern. Meine Freundinnen und ich wählten immer Kostüme, die thematisch mit Ereignissen des vergangenen Jahres zu tun hatten. 1972 gaben die Vereinigten Staaten Okinawa wieder an Japan zurück, und so trugen wir in diesem Jahr die volkstümlichen Trachten von Okinawa.

Meine Freundinnen und ich gaben die Trinkgelder, die

wir bei den Setsubun-Partys verdienten, immer für einen Urlaub auf Hawaii aus. Wir gingen auf fast vierzig Ozashikis und blieben bei jedem nur drei Minuten, um so viel wie möglich einzunehmen. In jener Nacht verdienten wir mehr als 30 000 Dollar, genug, um stilvoll zu reisen.

In diesem Jahr war ich als Reiseleiterin an der Reihe. Ich musste nicht nur die Reservierungen vornehmen, sondern auch unser ganzes Geld und unsere Pässe verwahren, die ich in meiner Tasche bei mir trug, als wir Kioto verließen. Wir wollten in Tokio übernachten und am nächsten Tag nach Honolulu fliegen.

Unglücklicherweise ließ ich auf dem Weg zu unserem Hotel meine Tasche im Taxi liegen. Meine Reisegefährtinnen waren nicht sehr mitfühlend. »Oh, Mineko, typisch für dich, dass dir so etwas passiert.« Ich gab mir große Mühe, Verantwortung zu zeigen, und ihre Reaktion erboste mich.

Bis zum folgenden Nachmittag musste ich uns neues Geld und neue Pässe besorgen. Ich rief einen meiner Kunden an und erzählte ihm von meiner Notlage. Er erklärte sich freundlicherweise bereit, mir 30 000 Dollar in bar zu leihen. Ich bat ihn, sie am nächsten Morgen ins Hotel zu bringen. Gerade überlegte ich, welchen meiner Freunde in der Regierung ich um vorläufige Ersatz-Pässe bitten sollte, als ich einen Anruf bekam und erfuhr, dass ein Geschäftsmann meine Tasche auf dem Rücksitz des Taxis gefunden hatte. Der Taxifahrer hatte sie zur Polizei gebracht, wo ich sie am nächsten Morgen abholte. Wir würden unser Flugzeug noch rechtzeitig erreichen. In dem ganzen Durcheinander vergaß ich, meinem Kunden mitzuteilen, dass ich die 30 000 Dollar nicht mehr brauchte, und er kam damit angelaufen, als wir gerade aufbrachen.

Trotz dieses unglücklichen Beginns hatten wir eine herrliche Zeit. Am Ende dankten meine Freundinnen mir und sagten, ich sei eine wunderbare Reiseleiterin gewesen. An einem Nachmittag nahmen wir bei einem Ausflug Hula-Unterricht, und die Lehrerin erkannte, dass wir Tänzerinnen waren. Sie bat uns, ihr etwas vorzuführen. Das machte solchen Spaß, dass wir schließlich an den folgenden drei Tagen bei den Ausflügen Unterricht im Inoue-Tanzstil gaben. Viele unserer Kunden hatten gute Beziehungen auf Hawaii, und sie arrangierten für uns wunderbare Dinnerpartys auf Kuai und Oahu.

Eines Tages fuhr eine sanfte Brise durch das Haar von Fräulein M. Ich hatte noch nie bemerkt, wie ausgeprägt ihre kahle Stelle war. Dann sah ich mir meine beiden anderen Freundinnen genauer an. Und dann mich selbst.

Alle vier hatten wir große, kahle Stellen oben auf dem Kopf. Das ist ein häufiges Problem, das von den Maikofrisuren herrührt, bei denen zuerst das Haar auf dem Oberkopf festgebunden wird. Es wird mit einem Bambusstreifen zusammengehalten, der einen ständigen Zug auf die Haarwurzeln ausübt. Die Frisur bleibt bis zu fünf Tage unverändert, und dadurch wird auch die Kopfhaut gereizt. Wenn sie juckt, kratzen wir uns oft mit einer Haarnadel, wodurch noch mehr Haarwurzeln brechen. Nach einigen Jahren wird die Stelle schließlich kahl.

»Wisst ihr was?«, schlug ich vor. »Wenn wir nach Japan zurückkommen und das Miyako Odori zu Ende ist, sollten wir vielleicht alle zusammen in ein Krankenhaus gehen und etwas gegen unsere kahlen Stellen unternehmen. Was meint ihr? Sollen wir einen Pakt schließen?«

Sie erklärten sich bereit, die Sache zu überdenken.

Gleich nach unserer Rückkehr nach Kioto begannen wir mit den Proben. Ich musste ein Solo einstudieren, an Gruppenproben teilnehmen und sollte außerdem noch den jüngeren Tänzerinnen beim Einüben ihrer Rollen helfen. Erst nach der Eröffnung des Odori hatten wir wieder Zeit, über die Operation zu reden.

Fräulein Y. sagte, sie habe zu viel Angst und wolle sie nicht machen lassen, doch wir drei anderen entschlossen uns dazu. Am Tag, an dem das Odori endete, fuhren wir nach Tokio und gingen in ein Krankenhaus in der Nähe der Benkei-Brücke.

Bei der Operation wird die kahle Stelle herausgeschnitten, und dann werden die Wundränder zusammengezogen und festgenäht, ähnlich wie bei einem Facelifting. Bei mir wurde der Schnitt mit zwölf winzigen Stichen genäht. In der Kopfhaut gibt es viele Blutgefäße, und die Operation verlief erstaunlich blutig, war aber erfolgreich. Nur Lachen tat wirklich weh.

Unser größtes Problem war, dass wir tagelang in diesem Krankenhaus festsaßen. Unsere Kunden aus Tokio taten ihr Bestes, um uns zu unterhalten. Sie kamen uns besuchen und schickten Essen von den besten Restaurants der Stadt. Aber es war Frühling, und wir waren in ausgelassener Stimmung. Wir langweilten uns und fingen an, uns zu zanken. Um uns auf andere Gedanken zu bringen, heckte ich ein paar Abenteuer aus. An einem Nachmittag schlichen wir uns fort, um einkaufen zu gehen. Dann fingen wir an, abends heimlich das Krankenhaus zu verlassen und unsere Lieblingsrestaurants zu besuchen, trotz unserer Verbände. Mitten in der Nacht schlichen wir ins Hospital zurück. An einem anderen Nachmittag tanzten wir in einer Reihe bis zur Tankstelle an der Straßenecke.

Die Oberschwester war wütend: »Dies ist kein psychiatrisches Krankenhaus. Hören Sie auf, sich wie Verrückte zu benehmen. Und bitte, hören Sie auch auf, all unsere Telefonleitungen zu blockieren.«

Nach ungefähr zehn Tagen zog der Arzt unsere Fäden, und wir durften gehen. Ich glaube, das Pflegepersonal war sehr froh, als wir endlich abreisten. Ich frage mich, ob Fräulein Y. ihre kahle Stelle noch immer hat. Ich wette, sie ist noch da.

Ich kehrte nach Kioto zurück und nahm mein gewohntes Leben mit Toshio mühelos wieder auf. Ich hatte ihn vermisst. Doch auf einmal schien das Alleinleben mehr Probleme zu machen, als es wert war. Ich fand es wirklich belastend, Mahlzeiten vorzubereiten und zu kochen, die Wohnung zu putzen, die Wäsche zu waschen und das Bad herzurichten, und das zusätzlich zu all meinen beruflichen Verpflichtungen. Ich hatte nie genug Zeit. Ich konnte jede Nacht nur wenige Stunden schlafen. Meine abendlichen Engagements konnte ich nicht einschränken, daher konnte ich nur Zeit einsparen, indem ich weniger probte. Ich konnte also entweder eine bessere Tänzerin oder eine bessere Hausfrau werden. Die Entscheidung war klar.

Ich ging zu Mama, um mit ihr zu reden. »Mama, meine Kocherei wird nicht besser. Und ich habe nicht genug Zeit, um so viel zu proben, wie ich eigentlich müsste. Was soll ich deiner Meinung nach tun?«

»Hast du daran gedacht, nach Hause zu kommen?«

»Ich weiß nicht. Was meinst du?«

»Ich denke, es ist eine gute Idee.«

Damit war es entschieden. Im Juni 1972 zog ich wieder in die Okiya.

Ich hatte gelernt, dass ich fähig war, unabhängig zu leben, doch auch, dass ich es nicht unbedingt musste. Außerdem besaßen Toshio und ich die Mittel, wann immer wir wollten in ein Hotel zu gehen, und das taten wir häufig. Ich war erwachsen. Ich war eine vollwertige Geiko. Ich wusste, wie man sich in der Welt bewegt. Ich konnte mit Geld umgehen und einkaufen. Und ich war verliebt. Ich bin sehr froh, dass ich genau zu diesem Zeitpunkt wieder zu Hause einzog, denn so war ich während der letzten paar Monate von Big Johns Leben bei ihm. Er starb am 6. Oktober 1972.

33. Kapitel

Am 6. Mai 1973 besuchte ich meine Eltern. Es war erst das dritte Mal, dass ich das Haus wieder betrat, seit ich es achtzehn Jahre zuvor verlassen hatte.

Ich hatte gehört, dass mein Vater im Sterben lag, und wollte ihn noch einmal sehen. Als ich ihm in die Augen sah, erkannte ich, dass das Ende nahe war und dass er es wusste. Statt falsche Trostworte anzubieten, sprach ich offen und ehrlich mit ihm.

»Papa, ich möchte dir für alles danken, was du mir in diesem Leben gegeben hast. Ich bin tüchtig und stark und werde mich immer an alles erinnern, was du mich gelehrt hast. Bitte, geh in Frieden. Du brauchst dir um nichts hier Sorgen zu machen. Ich werde mich um alles kümmern, was getan werden muss.«

Tränen strömten über sein Gesicht.

»Masako, du bist das einzige meiner Kinder, das wirklich zugehört hat. Du hast deinen Stolz nie aufgegeben, und du hast mich sehr glücklich gemacht. Ich weiß, wie hart du gearbeitet hast und wie viel dich das gekostet hat, und ich möchte dir etwas geben. Zieh die dritte Schublade meiner Kommode auf. Nimm den Shibori-Obi heraus. Ja, diesen. Ich habe ihn selbst gemacht, und er ist mein liebster. Wenn du den Mann deiner Träume findest, möchte ich, dass du ihn ihm schenkst.«

»Ja, Papa, das werde ich tun. Ich verspreche es.«

Ich nahm den Obi aus der Kommode meines Vaters mit nach Hause. Ich bewahrte ihn auf, bis ich meinen Mann kennen lernte. Ich schenkte ihn ihm. Er trägt ihn noch immer.

Mein Vater starb drei Tage später, am 9. Mai. Er war sechsundsiebzig Jahre alt. Ich saß neben seinem Leichnam und hielt seine kalte Hand in meiner. »Ich verspreche es dir, Papa. Ich werde immer daran denken:

Der Samurai verrät keine Schwäche, selbst wenn er Hunger leidet.

Stolz über alles.«

Obwohl wir nur wenige Jahre zusammen lebten, hatte ich meinen Vater immer angebetet, und er war mir in meinem Herzen sehr nahe geblieben. Sein Tod machte mich ungeheuer traurig.

Mama Masako hatte mir Geld gegeben. Ich nahm die purpurne Seidenhülle aus meinem Obi und reichte sie meiner Mutter. Ich wusste nicht, wie viel es war, aber ich nehme an, dass es sich um eine beträchtliche Summe handelte.

»Ich weiß nicht, ob das genug ist, aber ich möchte, dass du Papa so bestattest, wie er es sich gewünscht hätte. Wenn du mehr brauchst, dann wende dich bitte an Kuniko oder mich.«

»Ach, Ma-chan, vielen Dank. Ich werde mein Bestes tun. Aber nicht jeder hier hört auf das, was ich zu sagen habe.«

Sie schaute zu dem anderen Zimmer, aus dem neben dem Klicken von Mahjongg-Steinen Yaekos leises, sardonisches Lachen tönte. Das stimmte mich traurig, aber ich konnte nicht viel mehr tun.

Als adoptiertes Mitglied der Familie Iwasaki war ich nicht in der Lage, meiner Mutter in irgendeiner offiziellen Funktion zu helfen. Ich sah sie mitfühlend an und sagte:

»Mama, ich möchte, dass du weißt, dass ich nie aufgehört habe, dich und Papa zu lieben, und das werde ich auch nie tun. Ich danke dir so sehr, dass du mir dieses Leben geschenkt hast.«

Dann verneigte ich mich und ging.

Als ich nach Hause kam, fragte mich Mama Masako: »Hast du deiner Mutter Geld für die Bestattung gegeben?«

»Ja. Ich habe ihr alles gegeben, was in der purpurnen Seidenhülle war.«

»Gut. Es ist wichtig, dass du lernst, Geld klug auszugeben und zur richtigen Zeit zu nutzen. Gratulationsgeschenke kann man nach dem Ereignis schicken, Trauergeschenke aber nicht. Die muss man rechtzeitig abgeben. Dies ist ein Anlass, wo es wichtig ist, nicht geizig zu sein. Wir wollen doch nicht das Gesicht verlieren. Also vergewissere dich, ob deine Mutter genug hat. Wenn nicht, werde ich für die zusätzlichen Kosten aufkommen.«

Das war sehr großzügig von ihr. Und ich war froh, dass sie mir endlich beibrachte, wie man mit Geld richtig umgeht. Wenn man darüber nachdenkt, war das Geld, das sie mir für meine Mutter gab, allerdings Geld, das ich selbst verdient hatte.

Ein weiteres wichtiges Ereignis war 1973 meine Ernennung zur Meistertänzerin *(natori)* durch die Inoue-Schule. Der Hauptvorteil, wenn man Natori wird, besteht darin, dass man nun bestimmte Rollen einstudieren und aufführen darf, die allein den Meistertänzerinnen vorbehalten sind. Für das *Onshukai* in jenem Herbst erhielt ich eine solche Rolle, nämlich die der Prinzessin Tachibana.

Große Meisterin stand mit mir hinter dem Vorhang, als ich den *hanamichi* betreten wollte, den erhöhten Gang, der von der Rückseite des Theaters zur Bühne führt. Sie beugte sich vor und flüsterte mir ins Ohr: »Ich kann nicht mehr tun, als dich die Form zu lehren. Der Tanz, den du auf der Bühne tanzt, gehört dir allein.«

Sie hatte mir alles gegeben. Ich war frei. Der Tanz gehörte mir.

Doch die Ernennung bedeutete nicht, dass ich unterrichten durfte. Nur Lehrerinnen, die von Anfang an dazu ausgebildet worden waren, durften das tun. Und es hieß auch nicht, dass ich außerhalb der streng kontrollierten Welt der Inoue-Schule oder des Kabukai auftreten durfte. Ich musste mich noch immer an ihre Regeln halten. Die Ernennung war also schön für meine Karriere, sonst aber praktisch ohne Bedeutung. Sie trug in keiner Weise zu meiner beruflichen oder finanziellen Unabhängigkeit bei.

Im Mittsommer wird in Kioto der Allerseelentag *(Obon)* gefeiert. Auf einem Berg wird ein riesiges Feuer entzündet, um die Seelen unserer Ahnen zu ihren Wohnstätten in der anderen Welt zurückzugeleiten. Überall in der Stadt ist dieses Feuer zu sehen.

In Gion Kobu füllen wir schwarze Lacktabletts mit Wasser und stellen sie auf die Veranda der Ochaya, um die Spiegelung der Flammen einzufangen. Wer an diesem Abend ein Ozashiki besucht, nimmt einen Schluck Wasser von dem Tablett und bittet mit einem Gebet um Gesundheit. Außerdem kündigt diese Zeremonie auch den Beginn der Sommerferien an.

Ich verbrachte gewöhnlich einige Augustwochen in Karuizawa, Japans bekanntester Sommerfrische. Ich sah das nicht als Urlaub an. Es war eher eine Geschäftsreise. Viele Regierungsmitglieder und Geschäftsleute und auch

Adelige, die sich während der feuchtheißen Jahreszeit seit langem in diese Berggegend zurückziehen, besitzen dort Landhäuser. Der gegenwärtige Kaiser von Japan, Akihito, lernte Kaiserin Michiko dort in den Fünfzigerjahren auf dem Tennisplatz kennen.

Ich verbrachte meine Abende damit, von einem Landsitz zum anderen zu gehen und die Mächtigen und ihre Hausgäste zu unterhalten. Manchmal traf ich dabei Große Meisterin, die ebenfalls unterwegs war. Sie war ein ganz anderer Mensch, wenn sie sich auf dem Land aufhielt, irgendwie freundlicher und nicht so finster. Sie setzte sich dann hin, und wir unterhielten uns.

Sie erzählte mir, wie es während des Krieges gewesen war. »Es gab so wenig zu essen. Wir alle hatten Hunger. Ich ging von Ort zu Ort, breitete eine Matte auf dem Boden aus und tanzte. Die Leute gaben mir Reis und Gemüse. So konnte ich meine Schülerinnen ernähren. Es war ein hartes Leben. Ich dachte, es würde niemals enden.«

Ich hörte ihre Geschichten gern. Ich konnte noch den Geist leuchten sehen, von dem sie beseelt gewesen sein musste, als sie jünger war.

Die Vormittage in Karuizawa gehörten mir, und ich genoss es, mich zu entspannen. Ich stand um sechs Uhr früh auf und machte lange Morgenspaziergänge. Dann las ich, bis es Zeit war, um zehn Uhr Tanigawa Sensei im Café Akaneya zu treffen. Dr. Tanigawa und ich verbrachten an diesen langen Sommertagen viele kostbare Stunden miteinander. Ich durfte ihn alles fragen, was ich wollte. Er wurde es nie müde, mir auf seine wohlüberlegte Art zu antworten.

Er liebte eine gute Tasse Kaffee und bestellte jeden Tag eine andere Sorte. Das war eine praktische Lektion in Geographie. Gern schilderte er mir den Teil der Welt, aus dem der Kaffee kam. Eines führte zum anderen, und ehe wir uns versahen, war es Zeit zum Mittagessen. Gegenüber dem Café auf der anderen Straßenseite gab es ein Soba-Restaurant. Dort aßen wir häufig.

Viele meiner Freundinnen waren zur gleichen Zeit wie ich in Karuizawa. Die meisten fuhren auf Fahrrädern umher, aber ich konnte nicht Rad fahren. Es war mir peinlich, das zuzugeben, also schob ich ein Fahrrad am Lenker neben mir her. Ich weiß nicht, wen ich damit zu täuschen glaubte.

Eines Tages traf ich jemanden, den ich kannte.

»Hallo, Mineko! Wie geht es dir? Und was machst du da?«

»Sieht man das nicht? Ich schiebe dieses Fahrrad.«

»Tatsächlich. Stell dir vor, ich habe immer gedacht, dass man auf einem Fahrrad sitzen und treten muss. Ich wusste gar nicht, dass man es schieben soll.«

»Sehr komisch. Wenn ich wüsste, wie man damit fährt, würde ich es tun.«

»Du meinst, du kannst nicht Rad fahren?«

»Offensichtlich nicht.«

»Wieso fährst du dann nicht in einer Pferdekutsche herum?«

»Ach, das wäre schön!«

»Dann komm mit. Ich lade dich ein.«

Sie ging mit mir in ein nahe gelegenes Hotel und bestellte mir eine Pferdedroschke. Ich ließ das Fahrrad in der Einfahrt stehen und fuhr den ganzen Nachmittag allein mit der Kutsche herum. Ich muss sagen, ich fühlte mich wie eine Königin. Ich amüsierte mich prächtig.

Ich kam an einer meiner Freundinnen vorbei.

»Mineko«, rief sie. »Was machst du denn ganz allein in dieser Kutsche?«

»Pass auf, was du sagst«, rief ich zurück. »Bitte sprich

mich höflich an, wenn du dich mit mir unterhalten willst.«

»Sei doch nicht so zickig!«

»Darf ich daraus schließen, dass du nicht mitkommen willst?«

»Du weißt genau, dass ich mitkommen will.«

»Dann achte bitte auf den richtigen Ton. Du darfst noch mal von vorn anfangen.«

»Guten Tag, Schwester Mineko. Würdest du so freundlich sein, mir zu gestatten, dich in der Kutsche zu begleiten?«

»Aber mit Vergnügen, meine Liebe. Ich freue mich sehr über deine Gesellschaft.«

34. Kapitel

Gion Kobu ist der einzige Karyukai-Distrikt in Japan, der Staatsgäste empfangen darf. Wir werden Monate im Voraus über diese diplomatischen Missionen unterrichtet und bereiten uns sorgfältig darauf vor. Wir informieren uns genauestens über das Herkunftsland des Würdenträgers und erkunden seine oder ihre persönlichen Interessen, damit wir ein intelligentes Gespräch führen können.

Ich habe im Laufe der Jahre viele Staatsoberhäupter getroffen. Sie unterschieden sich alle ziemlich. An einen Abend kann ich mich besonders gut erinnern. Wir unterhielten Präsident Ford und Henry Kissinger. Präsident Ford war bei einem Ozashiki in einem Bankettraum im Erdgeschoss, während Dr. Kissinger sich bei einem anderen im ersten Stock aufhielt. Ich wurde aufgefordert, bei beiden zu erscheinen. Ich fand den Kontrast sehr aufschlussreich.

Präsident Ford war freundlich und liebenswürdig, aber er schien sich nicht sonderlich für die traditionelle japanische Kultur zu interessieren. Sein Ozashiki war ziemlich bieder und langweilig. Außenminister Kissinger dagegen interessierte sich für alles und stellte dauernd Fragen.

Er war sehr amüsant und machte gelegentlich sogar etwas gewagte Scherze. Die Party wurde recht ausgelassen und endete damit, dass wir alle im Raum herumtanzten und sangen.

Das Wunderbare an einem Ozashiki – vorausgesetzt, die Gäste lassen sich wirklich darauf ein, wie Dr. Kissinger es tat – besteht darin, dass es keine Rangunterschiede mehr gibt und jedermann sich entspannen und eine herrliche Zeit erleben kann.

Es gibt aber auch Veranstaltungen, so etwa die zu Ehren von Queen Elizabeth, bei denen jede Zwanglosigkeit verboten ist. Im Mai 1975 waren die Queen und ihr Gatte zu einem Staatsbesuch in Japan. Ich war zu einem Bankett eingeladen, das im Restaurant Tsuruya für sie gegeben wurde.

Obwohl es sich um ein inoffizielles Dinner handelte, war es doch mit allen Fallstricken eines wichtigen diplomatischen Ereignisses versehen. Ich musste mich bei den Geheimdienstleuten ausweisen, die die Veranstaltung bewachten, und es war klar, dass wir uns in einer besonders gesicherten Sperrzone befanden.

Wir saßen alle auf unseren Plätzen, als die Queen eintraf. Wir erhoben uns zur Begrüßung, als sie zusammen mit dem Herzog von Edinburgh majestätisch den Raum betrat. Sie trug ein schönes, bodenlanges Kleid aus blassgelbem Seidenorgandy mit einem Blumenmuster, das an Rosen erinnerte, die Nationalblumen Englands.

Wir nahmen unsere Plätze ein, und das Bankett wurde eröffnet. Der Tisch war mit feinstem französischem Porzellan gedeckt, obwohl die Gäste aus Großbritannien kamen. Die Messer, Gabeln und Stäbchen waren aus massivem Gold, und in der Mitte der Tafel standen große Gebinde aus prunkvollen Päonien. (Mir kam das Ganze ein wenig neureich vor.)

Ich saß neben der Queen. In solchen Situationen dürfen wir den Würdenträger nicht direkt ansprechen. Wenn der Besucher uns eine Frage stellt, müssen wir seine Begleitung fragen, ob es uns gestattet ist, von Angesicht zu Angesicht zu antworten. Wird die Erlaubnis erteilt, müssen wir dennoch die Hilfe des offiziellen Dolmetschers in Anspruch nehmen. Es geht also ziemlich gespreizt und umständlich zu.

Die Queen rührte nichts von dem an, was serviert wurde.

»Möchte Ihre Majestät nichts essen?«

»Fühlt Ihre Majestät sich nicht wohl?«

Ich tat mithilfe des Dolmetschers und der königlichen Begleitung mein Bestes, um eine Konversation in Gang zu bringen, doch die Queen zog es vor, nicht darauf einzugehen. Da ich im Dienst war, konnte ich selbst nichts von dem üppigen Festmahl genießen. Meine Gedanken begannen zu wandern. Eine Zeit lang studierte ich so unauffällig wie möglich die Juwelen, die die Queen trug: ihre Ohrringe, ihre Halskette, ihre Armbänder.

Eine der Serviererinnen winkte mich nach draußen. Es ist durchaus üblich, dass Maikos und Geikos während eines Banketts einmal aufstehen, um die verschiedenen Gäste zu begrüßen, und gilt auch nicht als unhöflich. Sie führte mich ins Vestibül. Der Schuhdiener, ein wunderbarer alter Mann, den ich seit Jahren kannte, rief mich zu sich. Mit einem verschmitzten Blinzeln sagte er:

»Mineko, hier habe ich etwas, von dem ich weiß, dass du es gern sehen würdest.«

Er nahm ein Paar schwarze Satinpumps aus einem Kasten aus Zedernholz. Es waren die Schuhe der Queen. Jeder war mit sieben Diamanten besetzt.

»Kann ich einen von den Diamanten haben?«, fragte ich scherzhaft. »Du kannst doch von jedem Schuh einen wegnehmen und mir geben. Ich wette, sie würde es gar nicht merken.«

»Hör mit dem Unsinn auf«, schalt er. »Ich wollte sie dir bloß zeigen.«

Ich machte meinem Ärger Luft.

»Großväterchen, Queen Elizabeth hat keinen Bissen von den Speisen gegessen, die ihr serviert wurden. Ist das nicht schrecklich? Alle haben so hart gearbeitet, um dieses wunderbare Essen zu bereiten.«

»Du willst doch sicher nicht respektlos sein, Mineko. Die Leute in fremden Ländern essen andere Sachen als wir, also kann sie vielleicht nicht essen, was man ihr bringt.«

»Aber das ergibt doch keinen Sinn. Du weißt doch, wie diese Dinge laufen. Jedes kleinste Detail wird vorher abgestimmt. Es ist mir egal, ob sie eine Königin ist, ich finde es trotzdem furchtbar unhöflich.«

Ich meine, der Chefkoch des Tsuruya war ja an diesem Morgen nicht einfach aufgestanden und hatte gedacht: »Oh, heute kommt ja die Queen. Was soll ich denn nun kochen?« Ich war sicher, dass er das Menü monatelang geplant und jede Einzelheit mit den Leuten der Queen abgestimmt hatte. Wie konnte sie sich weigern, von einer Mahlzeit, die speziell zu ihrem Genuss komponiert worden war, auch nur zu probieren? Ich verstand das nicht.

Großväterchen versuchte mich zu besänftigen. »Mineko, ich verstehe, was du meinst, aber mach bitte keinen Wind darum. Wir wollen doch jetzt keinen internationalen Zwischenfall provozieren, oder?«

Auf sein Drängen hin kehrte ich schließlich auf meinen Platz zurück. Ich saß weiter schweigend da, da es mir nicht gestattet war, ohne Erlaubnis Konversation machen, und wartete darauf, dass das Ganze zu Ende ging.

Der Dolmetscher kam zu mir. »Fräulein, der Herzog von Edinburgh wünscht mit Ihnen zu sprechen.«

Vielleicht würde das interessanter sein. Ich ging hinüber und setzte mich neben ihn. Der Herzog erlaubte mir, direkt mit ihm zu sprechen, und lauschte aufmerksam, wenn ich auf seine Fragen antwortete. Er schien sich sehr für die Tänze von Gion Kobu zu interessieren. Er fragte mich nach der Inoue-Schule, nach den Unterschieden zwischen Maiko und Geiko und nach vielen anderen Einzelheiten unseres Lebensstils. Einmal begegneten meine Augen zufällig denen der Queen. Ihr Blick war stählern und eisig. Das weckte die Teufelin in mir.

Die Queen hatte ihren Teller noch immer nicht angerührt. Ich plauderte weiter mit ihrem Gatten und rückte ganz unauffällig ein wenig näher an ihn heran. Ich täuschte eine Vertrautheit vor, von der ich annahm, dass sie nur einer einzigen Person erkennbar sein würde. Ich schaute wieder zu ihr hinüber. Sie wirkte irritiert. Es war schön zu sehen, dass auch Königinnen menschlich sind.

Am nächsten Tag bekam ich einen Anruf von Tadashi Ishikawa, dem Chef der Kaiserlichen Palastagentur.

»Mine-chan, was in aller Welt hast du gestern getan? Bei dem Ozashiki?«

»Wovon reden Sie?«

»Ich weiß nur, dass das Königspaar plötzlich beschlossen hat, letzte Nacht in getrennten Gemächern zu schlafen, und ich musste zusätzliches Sicherheitspersonal auftreiben, um sie zu bewachen.«

»Und was soll das mit mir zu tun haben?«

»Ich bin nicht sicher, aber du warst die einzige Person, die direkt mit dem Herzog gesprochen hat. Ich habe angenommen, du hast vielleicht etwas getan …«

»Aber der Herzog war derjenige, der das Gespräch begonnen hat, und er hat mir erlaubt, ihn direkt anzusprechen. Er schien unser Tête-à-tête ungeheuer zu genießen.«

»Also ist es das. Das muss der Grund für ihren Streit gewesen sein.«

»Das verstehe ich nicht. Ich habe doch bloß meine Arbeit gemacht.«

»Natürlich hast du das, aber …«

»Herr Ishikawa, darf ich Sie etwas fragen? Ich war schon oft im Ausland, und ich versuche immer zu essen, was mein Gastgeber mir freundlicherweise serviert. Eine Ablehnung wäre unhöflich, und wenn ich ein Staatsbesucher wäre, könnte sie sogar als Affront gegen die Nation betrachtet werden. Ganz zu schweigen von all den Leuten, die so hart gearbeitet haben, um die Mahlzeit zuzubereiten. Was meinen Sie? Würden Sie mir nicht zustimmen?«

»Aha, Mine-chan, ich verstehe. Jetzt ist mir alles klar. Und ich muss sagen, du bist ganz schön gerissen.«

Was mich betrifft, gibt es niemals eine Entschuldigung für schlechtes Benehmen.

35. Kapitel

Fünf Jahre lang glaubte ich, Toshio würde sich von seiner Frau scheiden lassen und mich heiraten. In dieser Zeit hat er mich zweimal belogen. Beide Lügen betrafen seine Familie. Beim ersten Mal sagte er mir, er müsse die Stadt aus beruflichen Gründen verlassen, obwohl er in Wirklichkeit in Kioto blieb und die Nacht mit seiner Frau verbrachte, die aus Tokio gekommen war, um ihn zu besuchen. Das zweite Mal war, als wir aus San Francisco nach Tokio zurückkamen. Er sagte, wir müssten jeder für sich aus dem Flugzeug steigen. Er habe gehört, es seien Reporter am Gate. Da ich immer bemüht war, einen Skandal zu vermeiden, gehorchte ich pflichtschuldig. Es waren aber keine Reporter da. Als ich aus dem Zollbereich kam, sah ich von weitem, dass seine Frau und seine Kinder zum Flughafen gekommen waren, um ihn zu begrüßen.

Ich weiß, am Anfang unserer Beziehung hatte ich gesagt, ich würde keine Lügen hinnehmen, aber das Leben ist nicht so einfach. Später, als wir zusammen waren, sah ich, dass ich Toshio Zeit geben musste, alles zu regeln, bis er diesen endgültigen Schritt unternahm.

Doch nach fünf Jahren wurde mir klar, dass er ihn nicht tun würde und ich den Tatsachen ins Auge blicken musste. Wir waren noch genauso weit davon entfernt, ein echtes Ehepaar zu sein, wie damals in jener Nacht im Waldorf. Ich beschloss, die Beziehung zu beenden, und wartete auf die richtige Gelegenheit dafür. Er war so freundlich, sie mir zu liefern.

Im März 1976 belog Toshio mich zum dritten und letzten Mal.

Ich reiste oft geschäftlich nach Tokio. Wenn ich allein war, wohnte ich in der Damenetage des New-Otani-Hotels, aber wenn ich mit Toshio zusammen war, stiegen wir immer in derselben Suite im vierten Stock des Tokyo Prince ab. Ich erinnere mich noch an unsere Zimmernummer.

Da wir beschlossen hatten, uns in Tokio an einem Abend zu treffen, nahm ich also die Suite, als ich in die Stadt kam. Ich stellte gerade meine Kosmetik- und Toilettenartikel auf den Schminktisch im Badezimmer, als das Telefon klingelte. Es war Toshio.

»Ich bin mitten in einer Produktionsbesprechung. Sieht so aus, als würde das noch Stunden dauern. Würde es dir etwas ausmachen, deine Pläne fürs Abendessen zu ändern? Ich treffe dich dann später.«

Ich rief eine gute Freundin an, die in der Nähe wohnte. Sie hatte Zeit, um mit mir zu Abend zu essen. Nach dem Essen beschlossen wir, auszugehen und uns ein bisschen zu amüsieren. Wir besuchten alle In-Lokale und Discos in Roppongi. Ich hatte schon lange keinen freien Abend mehr gehabt und unterhielt mich prächtig. Gegen drei Uhr früh kam ich ins Hotel zurück. Einer von Toshios Assistenten saß in der Halle, als ich hereinkam, und eilte mir entgegen, um mich zu begrüßen.

»Warten Sie auf mich?«, fragte ich.

»Ja, Fräulein Iwasaki, ich …«

»Ist mit Toshio alles in Ordnung?«

»Ja, ja, es geht ihm gut. Aber er ist noch immer bei einem Meeting. Er hat mir den Schlüssel gegeben und mich gebeten, Sie sicher auf Ihr Zimmer zu bringen.«

Mir erschien das nicht besonders sinnvoll, aber ich war zu müde, um mir darüber Gedanken zu machen.

Wir stiegen in den Aufzug, und er drückte den Knopf für den siebten Stock.

»Entschuldigung, aber das ist das falsche Stockwerk. Ich wohne im vierten.«

»Nein, das glaube ich nicht. Mir hat man gesagt, Sie wären im siebten untergebracht.«

Das ist aber sehr eigenartig, dachte ich, als Toshios Assistent die Tür zu einem Zimmer aufschloss, das ich noch nie gesehen hatte. Es war keine Suite. Ich drehte mich um, um etwas zu dem Assistenten zu sagen, aber der verließ unter Verbeugungen eilig den Raum. Er sagte Gute Nacht und zog die Tür hinter sich zu.

Ich schaute mich um. Da war mein Gepäck. Genau dort, wo ich es abgestellt hatte. Und da waren meine Toilettenartikel, sie standen exakt so, wie ich sie aufgereiht hatte, auf dem Schminktisch. Ich hatte das Gefühl, unter einem Zauberbann zu stehen. Zu müde, um mir Gedanken darüber zu machen, was hier ablief, nahm ich ein Bad und ging zu Bett.

Toshio rief um vier Uhr früh an. »Die Besprechung dürfte bald zu Ende sein, aber ich bin immer noch hier.«

Mit anderen Worten, ich würde ihn so bald nicht sehen.

»Wieso der Zimmerwechsel?«

»Oh, das, nun ja, weißt du, das erzähle ich dir später. Ich bin hier nicht allein ...«

Es klang so, als könne er vor den anderen Leuten nicht reden. Aber es klang nicht echt. Es hörte sich an, als würde er etwas verbergen. Am nächsten Morgen beschloss ich, der Sache auf den Grund zu gehen. Ich sagte dem

Mann am Empfang, der mich kannte, ich hätte den Schlüssel vergessen. Er rief einen Pagen, der mich zu der Suite begleitete und mir die Tür öffnete.

Niemand war im Raum, aber es war eindeutig jemand da gewesen. Das Bett war zerwühlt. Im Badezimmer lagen benutzte Handtücher auf dem Boden. Ich öffnete den Schrank. Ein Pelzmantel hing darin, und auf dem Boden stand eine Damenreisetasche. Unnötig zu sagen, dass beides nicht mir gehörte.

Da dies ja eigentlich mein Zimmer war, hatte ich keine Bedenken, die Tasche zu öffnen. Ich schaute hinein und fand zwischen den Kleidungsstücken einen Stapel Porträtfotos von Toshios Frau. Es waren Bilder, wie man sie als Autogrammkarten für Fans benutzt. Offenbar hatte Toshio, nachdem ich am vergangenen Abend ausgegangen war, meine Sachen in das andere Zimmer räumen lassen, damit seine Frau einziehen konnte. Ich explodierte. Wie konnte er das tun! Es war mir egal, dass sie seine Frau war. Das war unser Zimmer! Und ich war zuerst hier gewesen.

Später hörte ich, dass Toshio und seine Frau in letzter Minute zusammen bei einer Fernsehsendung hatten auftreten müssen. Trotzdem, als er erfuhr, dass sie kam, hätte er ein anderes Zimmer reservieren können. Er hätte meine Sachen nicht einfach in einen anderen Raum bringen lassen dürfen.

Mir schauderte, als ich erkannte, was das bedeutete. Hier hatte ich die Wahrheit vor Augen. Seine Frau kam zuerst. Sie war ihm wichtiger als ich. Warum sonst hatte er sich so etwas erlaubt? Wenn er mir einfach gesagt hätte, dass seine Frau kommen würde, wäre ich ausgezogen und ins New Otani gegangen. Ich wäre nicht im siebten Stock des Prince abgestiegen, wo die Gefahr bestand, ihr in die Arme zu laufen.

Das alles war zu viel. Ich rief beim Empfang an und ließ mir eine große Schere bringen. Dann nahm ich den Pelzmantel vom Kleiderbügel und schnitt ihn in kleine Stücke. Und schließlich drehte ich ihre Reisetasche um und kippte den Inhalt aufs Bett. Ich zerstreute die Fotos und legte die Schere mitten auf das Durcheinander.

Also gut, Toshio. Du hast deine Wahl getroffen. Jetzt lebe damit. Sayonara.

Ich ging hinauf in das Zimmer im siebten Stock, packte meine Taschen und schlenderte aus der Eingangshalle. Ich schwor mir, diese Suite und dieses Hotel nie wieder zu betreten. Toshio zeigte keinerlei Reaktion auf das, das ich getan hatte. Er behandelte mich, als sei nichts geschehen, und erwähnte das Ganze nie.

Ich erwartete, dass er mich wegen meines Willkürakts zur Rede stellen würde. In meinen Phantasien leistete ich Schadenersatz für den Mantel und erklärte meine Unabhängigkeit. Seine Weigerung, das Thema zur Sprache zu bringen, bedeutete, dass wir in einem seltsamen Abhängigkeitsverhältnis gefangen waren. Ich begann mich zu wappnen, um die Beziehung komplett zu beenden.

Im Mai lud Toshio mich zu einem Familienausflug zu den heißen Quellen von Yugawara ein. Wir reisten mit seinen Eltern, seinem Bruder (auch er ein berühmter Schauspieler) und der Freundin seines Bruders, einer Schauspielerin. Niemand fand etwas dabei, dass ich mit dieser Gruppe hervorragender Künstler zusammen war. Seine Eltern schätzten es, dass ich als Geiko das Ansehen der kleinen Gesellschaft aufwertete, und freuten sich, mich in ihren Kreis aufzunehmen. Sie waren mit meiner Beziehung zu ihrem Sohn einverstanden, und wir mochten einander recht gern.

Der Ort hatte sich auf das saisonale »Irisbad« vorbereitet, ein traditionelles Frühjahrstonikum, das Körper und Geist erfrischte. Ich suchte die Einsamkeit und ging allein ins Bad, um darüber nachzudenken, was ich tun sollte. Was ich sagen sollte. Wie ich mit Würde und Anstand aus der Situation herauskäme. Schließlich traf ich eine Entscheidung. Ich würde gar nichts sagen. Ich würde die Beziehung einfach beenden, indem ich nicht mehr zur Verfügung stand.

Toshio fuhr gern Auto. Er hatte einen goldenen Lincoln Continental und einen jagdgrünen Jaguar, und er fuhr sehr schnell. Am nächsten Morgen fuhr er mich nach Tokio zurück und setzte mich bei dem Hotel ab, in dem ich wohnen sollte. Sobald er außer Sicht war, nahm ich ein Taxi und fuhr stattdessen ins New Otani. Toshio argwöhnte, dass etwas im Busch war. Er fuhr einmal um den Block und kam dann zurück, um mich zu suchen. Aber ich war fort.

Ich trug mich im Hotel ein und warf mich dann aufs Bett. Stundenlang lag ich allein dort und weinte mir die Augen aus. Ich versuchte noch immer, die Beziehung vernünftig zu sehen: »Warum kann ich die Dinge nicht einfach lassen, wie sie sind? Welchen Unterschied macht es, ob er verheiratet ist?« Doch Tatsache war, dass es sehr wohl einen Unterschied machte. Ich weigerte mich, noch länger die Nummer zwei zu sein.

Als ich keine Tränen mehr zu vergießen hatte, rief ich eine enge Freundin an. Ich war damals so bekannt, dass ich umsonst zu Sumo-Kämpfen gehen konnte. Wie es so schön heißt: Mein Gesicht war meine Eintrittskarte. Ich lud meine Freundin ein, mich an diesem Abend zu begleiten. Sie hatte Zeit und stimmte zu.

Wir saßen auf den »Sandplätzen« in der ersten Reihe, so genannt, weil man dort mit dem Sand bespritzt wird, den die Ringer bei ihren Kämpfen von der Bühne schleudern. Wir hatten uns gerade gesetzt, als niemand anderer hereinkam als Toshio persönlich. Ich wurde nervös und machte mich schleunigst davon. Ich konnte es nicht ertragen, in seiner Nähe zu sein. Dann kehrte ich nach Kioto zurück und stattete, der Etikette folgend, der Okasan der Ochaya, die als Vermittlerin zwischen uns fungierte, einen Besuch ab, um sie von unserer Trennung zu unterrichten.

Toshio weigerte sich, sich damit abzufinden. Er versuchte mich zu sehen, aber ich lehnte ab. Sogar seine Mutter schaltete sich ein. Sie kam mehrfach in die Okiya, um mit Mama Masako und mir zu reden. Sie flehte mich an, es mir noch einmal zu überlegen. »Sie haben ihm das Herz gebrochen, Mineko. Bitte, machen Sie doch Ihre Entscheidung rückgängig.« Je mehr sie bat, desto sicherer war ich, dass ich das Richtige getan hatte.

Endlich gaben sie auf, und es war vorbei. So ging es also zu Ende. So tötete ich die Liebe meines Lebens. In meinem Herzen war »Toshio« tot. Jetzt gab es nur noch Shintaro Katsu, den Schauspieler. Nun, da ich allein war, begann ich über echte Unabhängigkeit nachzudenken.

Ich hatte das System gründlich satt. In all den Jahren hatte ich immer die Regeln befolgt, aber es war unmöglich, innerhalb des Systems zu bleiben und gleichzeitig das zu tun, was ich tun wollte. Der eigentliche Zweck des Systems und der Organisation von Gion Kobu bestand ja darin, die Würde und die finanzielle Unabhängigkeit der Frauen zu sichern, die dort arbeiteten. Doch die Einschränkungen der Inoue-Schule unterwarfen uns ihrer Autorität. Es gab keinen Raum für irgendeine Art von Eigenständigkeit.

Nicht genug damit, dass wir nicht unterrichten dürfen, wir können nicht einmal aufführen, was, und auftreten, wo wir wollen. Wir müssen für alles Erlaubnis einholen, von der Auswahl des Repertoires bis zu den Accessoires und Requisiten, die wir benutzen dürfen. Dieses obskure

System besteht seit mehr als hundert Jahren unverändert. Es bietet keine Möglichkeit für Veränderung, keinen Weg für Verbesserung oder Reform. Beschwerden oder Widerstand sind tabu. Wie gesagt, ich hatte seit meinem fünfzehnten Lebensjahr versucht, Veränderungen anzuregen. Ohne Erfolg.

Ein weiteres großes Problem besteht darin, dass wir Darstellerinnen für unsere öffentlichen Auftritte fast nichts bekommen, nicht einmal für das Miyako Odori, das so populär ist und so viele Zuschauer anzieht. Einige wenige Personen (die Lehrer) sollen angeblich ein Vermögen dabei verdienen, aber diejenigen von uns, die wirklich auf der Bühne auftreten, erhalten sehr wenig. Und das, nachdem wir einen vollen Monat lang geprobt und dafür gearbeitet haben, Eintrittskarten zu verkaufen. (Der Verkauf von Eintrittskarten gehört zu unserem Job. Ich bat meine besten Kunden oft, sie en bloc zu kaufen und an Angestellte und Klienten zu verteilen. Pro Saison verkaufte ich zweitausendundfünfhundert Karten.) Also erhalten wir den Tanz, aber er erhält uns nicht. Und wir sind keine Weisen, die oben auf einem Berg sitzen und von der Luft leben können.

Ich war jetzt sechsundzwanzig und fühlte mich für den Fortbestand der Okiya verantwortlich. Ich begann den Druck zu verstehen, unter dem Tantchen Oima gestanden hatte, als sie mich fand. Ich wollte das nicht. Aufgrund meiner Stellung wurde ich von jüngeren Maikos, die mich baten, ihre offizielle Onesan zu werden, förmlich belagert. Ich gab ihnen allen dieselbe Antwort:

»Die Nyokoba mag vom Erziehungsministerium als Fachschule anerkannt sein, aber ihr erwerbt dort keinen Oberschulabschluss. Ganz gleich, wie sehr ihr euch anstrengt, ihr endet da, wo ihr angefangen habt: mit einer Mittelschulausbildung. Ihr habt keine akademischen Grade oder Qualifikationen, um in der Außenwelt zurechtzukommen. Selbst wenn ihr sehr gut seid und von der Inoue-Schule einen Meisterbrief bekommt, werdet ihr nicht in der Lage sein, euch selbst zu ernähren. Ich habe jahrelang versucht, das zu ändern, aber keiner hat auf mich gehört. Solange das so bleibt, ist mir nicht wohl dabei, irgendwelche jüngeren Schwestern anzunehmen, so Leid mir das auch tut. Aber wenn ihr wollt, bin ich gerne bereit, euch mit einer anderen Geiko bekannt zu machen, die vielleicht bereit ist, euch zu fördern.«

Ohne jüngere Schwestern bestand keine Möglichkeit, die Geschäfte der Okiya auszuweiten. Unsere Geikos wurden älter. Die Einnahmen gingen zurück. Ich wollte keinen meiner Kunden um zusätzliche Unterstützung bitten, obwohl mir das viele anboten. Ich hatte keine Lust, solche Schulden oder Verpflichtungen auf mich zu nehmen, denn sie waren kaum vereinbar mit dem Ideal der unabhängigen Geschäftsfrau, das mir alle meine Mentorinnen eingeimpft hatten. Meine Optionen waren beschränkt. Ich musste einen anderen Weg finden, Geld zu verdienen.

Ungefähr um diese Zeit eröffnete eine Freundin von mir, die Vollzeit-Geiko war, nebenher ihren eigenen Nachtclub. Dass jemand zweigleisig fuhr, hatte es in Gion bislang noch nicht gegeben, und ihr innovatives Verhalten löste erhebliches Stirnrunzeln aus, aber ich fand es brillant.

Ich beschloss, dasselbe zu versuchen. Ich würde die Okiya renovieren und einen Teil davon in einen Nachtclub umwandeln! Wenn der Club erst einmal etabliert war, konnte ich die Einnahmen verwenden, um meine Familie zu erhalten, und hätte selbst die Freiheit, zu tun, was ich wollte. Mama Masako konnte im Club aushelfen, wenn ich sie brauchte.

Doch mir stand eine große Überraschung bevor. Wie

sich herausstellte, gehörte uns die Okiya gar nicht! Wir hatten sie all die Jahre nur gemietet, und das hatte ich nicht gewusst. Etwas, das uns nicht gehörte, konnten wir nicht renovieren. Ich versuchte, Mama Masako zum Kauf des Hauses zu überreden, aber all meine Argumente trafen auf taube Ohren. Ihre Lösung für unsere Probleme bestand darin, Geld zu horten und nicht auszugeben. Von Investitionen in die Zukunft hielt sie nichts. Sie fand Mieten ganz in Ordnung.

Ich nicht. Also ging ich hinter ihrem Rücken vor. Ich rief die Bank an, konnte aufgrund meiner Einkünfte eine Hypothek aufnehmen und das Haus mit meinem eigenen Geld kaufen. Aber dann stieß ich auf ein weiteres Hindernis. Das Haus war über hundert Jahre alt, und eine Renovierung kam somit laut Gesetz nicht mehr in Frage. Die Bauvorschriften verlangten, dass wir es abreißen und neu bauen mussten. Ich war dazu bereit, aber Mama Masako wollte nichts davon wissen.

Ich war entschlossen, nicht nachzugeben. Meine Bürde war zu schwer. Ich trat jedes Jahr in elf verschiedenen Programmen auf. Ich liebte den Tanz, aber er brachte nicht genug ein, um die Okiya zu erhalten. Der einzige Weg, wie ich das Familieneinkommen steigern konnte, war, die Zahl meiner Ozashikis zu erhöhen, aber ich war bereits vollkommen ausgebucht. Und das seit Jahren.

Ich war noch immer entschlossen, auf dem Grundstück der Okiya ein neues Haus zu bauen, aber mir war klar, dass es einige Zeit dauern würde, Mama Masako von meinen Plänen zu überzeugen. Doch wie immer konnte ich nicht warten. Also ging ich los, suchte Räumlichkeiten, die ich mieten konnte, und fand Sponsoren, die bereit waren, in einen Club zu investieren.

Im Juni 1977 eröffnete ich mein eigenes Lokal. Ich nannte es Club Hollyhock. Ich hatte einen Partner, der sich um alles kümmerte, wenn ich nicht da war. Doch jeden Nachmittag, bevor ich zur Arbeit ging, vergewisserte ich mich, dass alles in Ordnung war. Und jede Nacht, wenn meine Ozashikis zu Ende waren, ging ich in den Club und blieb dort, bis er schloss.

36. Kapitel

In den folgenden drei Jahren arbeitete ich stetig auf meinen Rückzug aus dem Beruf hin. Der Nachtclub war nur ein erster Schritt. Mein wirklicher Traum war es, ein Geschäft zu eröffnen, das Frauen schöner machte, ein Kosmetikinstitut, und ich entwickelte eine Strategie, wie ich das verwirklichen konnte.

Zuerst brauchte ich ein Haus. Ich musste Mama Masako überreden, mich eines bauen zu lassen. Ich dachte, es sollte vier Stockwerke haben. Der Club würde im Erdgeschoss untergebracht, ein Kosmetikinstitut und ein Friseursalon im ersten Stock, und die beiden obersten Etagen würden wir teilweise selbst bewohnen und teilweise vermieten. So würde ich genug einnehmen, um den Haushalt zu finanzieren.

Dann musste ich mich um die Zukunft aller Geikos und Angestellten kümmern, die unter der Obhut der Okiya standen. Den Frauen, die heiraten wollten, würde ich Ehepartner vermitteln, und den anderen würde ich helfen, neue Stellungen zu finden oder sich selbständig zu machen.

Danach konnte ich entscheiden, wie und wann ich mich zurückziehen würde. Die Presse behauptete, ich sei die erfolgreichste Geiko der letzten hundert Jahre. Das wollte ich für meine Zwecke ausnutzen. Mein Rückzug würde ein schwerer Schlag für das System sein. Ich hoffte, der Schock darüber, dass ich mich losgesagt hatte, und seine Auswirkungen würden die konservative Führung wachrütteln und ihr klar machen, dass sie etwas ändern musste. Ich wollte ihnen zu erkennen geben, dass die Organisation von Gion Kobu bedenklich der neuen Zeit hinterherhinkte und Gion Kobu keine Zukunft hatte, wenn sie nicht für Reformen sorgten.

Aus meiner Sicht war der Niedergang der Karyukais unausweichlich. Die Organisation war so veraltet, dass sie die Schätze, die sie eigentlich bewahren sollte, langsam zerstörte. Tatsache ist, dass schon damals die Zahl der Okiyas und Ochayas in Gion Kobu abnahm. Ihre Besitzer waren nur auf den unmittelbaren Gewinn aus und hatten keine gemeinsame Zukunftsvision.

Ich konnte nicht dasitzen und zusehen, wie Gion Kobu langsam in der Bedeutungslosigkeit verschwand. Vielleicht hatte ich ja noch Zeit, etwas zu verändern. Ich traf eine radikale Entscheidung: Ich würde mich vom Geschäft zurückziehen, ehe ich dreißig wurde. Ich beschloss, mich nach Möglichkeiten umzusehen, mein Einkommen aufzubessern.

Zufällig rief mich etwa um diese Zeit Keizo Saji an, der Aufsichtsratsvorsitzende von Suntory.

»Mineko, wir drehen einen Werbespot für Suntory Old, und ich wollte Sie fragen, ob Sie vielleicht mit den Maikos die Bewegungen einstudieren könnten? Hätten Sie Zeit, mich morgen Nachmittag um vier im Restaurant Kyoyamoto zu treffen?«

Herr Saji war ein sehr guter Kunde, und ich war sehr gern bereit, seiner Bitte nachzukommen.

Ich trug einen hellblauen Frühsommerkimono aus Seidencrêpe mit einem weißen Reihermuster und einen fünffarbigen Obi mit einem goldenen Prägemuster von Wasserzeichen.

Als ich ankam, bereiteten sich zwei Maikos gerade auf die Dreharbeiten vor, die in einem der privaten Tatami-Räume des traditionellen Restaurants stattfinden sollten. Auf einem niedrigen Tisch am Fenster standen eine Flasche Suntory Old Whisky, ein Eiskübel, eine Flasche Mineralwasser, ein altmodisches Glas, ein Highballglas und ein Quirl. Ich zeigte den jüngeren Frauen Schritt für Schritt, wie man richtig einen Drink mixt, und sie ahmten jede meiner Bewegungen genau nach. Der Regisseur fragte mich, ob ich mit einer Probeaufnahme einverstanden wäre.

Er ließ mich durch den langen Korridor des Restaurants gehen, extra langsam für die Kamera. Im Westen ging die Sonne unter, und am Horizont glänzte die Yasaka-Pagode. Wir drehten diese Szene mehrmals, und dann wurde ich gebeten, die Fusuma zu dem privaten Raum zu öffnen. Das Timing war perfekt. Genau in dem Moment, als ich die Schiebetür öffnete, ertönte der hallende Klang der Glocke des Chionin-Tempels.

Ich setzte mich an den Tisch und fing an, einen Drink zu mixen. Spontan und halb im Scherz sagte ich zu einem der Schauspieler: »Hätten Sie ihn gern ein bisschen stärker?« Als die Probeaufnahme vorbei war und die eigentlichen Aufnahmen begannen, entschuldigte ich mich und ging.

Ein paar Tage später war ich in meinem Zimmer und kleidete mich für den Abend an. Der Fernseher lief. Ich hörte einen Gong und dann den Satz: »Hätten Sie ihn gern ein bisschen stärker?« Das habe ich doch schon irgendwo gehört, dachte ich, aber achtete nicht weiter darauf.

Später an diesem Abend kam ich zu einem Ozashiki, und einer meiner Kunden sagte: »Wie ich sehe, haben Sie Ihre Einstellung geändert.«

»In welcher Hinsicht?«

»Ihre Einstellung bezüglich Auftritten in Werbespots.«

»Nein, das habe ich nicht. Allerdings hat Herr Saji mich gebeten, den Darstellerinnen in einem seiner Spots ein paar Ratschläge zu geben. Es hat Spaß gemacht.«

»Ich denke, da hat er Sie über den Tisch gezogen.«

Also war ich es tatsächlich gewesen!

Der alte Gauner, dachte ich lachend bei mir. Er hat mich hinters Licht geführt! Ich habe es ja gleich merkwürdig gefunden, dass er sich die Mühe machte, persönlich zu den Dreharbeiten zu erscheinen ...

Doch Tatsache ist, dass es mir nichts ausmachte und ich eigentlich nichts dagegen hatte. »Hätten Sie ihn gern ein bisschen stärker?« wurde zum Schlagwort des Tages. Und ganz nebenbei und völlig unbeabsichtigt war diese Erfahrung auch befreiend. Ich entschied, dass es nicht schaden würde, Werbeangebote anzunehmen, und erschien auf Fotos, in Fernsehspots, in Zeitungsanzeigen, in Zeitschriften und bei Talkshows. Ich freute mich über das zusätzliche Einkommen, und wann immer möglich nutzte ich meine Publizität, um meine Gedanken über das Geikosystem zu äußern.

Ich nahm die Werbetätigkeit also in meinen ohnehin vollen Terminkalender auf und blieb in dieser Tretmühle bis zum 18. März 1980, dem Tag, an dem Mutter Sakaguchi starb. Ihr Tod war ein einschneidender Moment in meinem Leben. Es kam mir vor, als sei das hellste Licht in Gion Kobu erloschen. Betrüblicherweise war sie die letzte Vertreterin eines ganz besonderen Musikstils. Diese Kunstform starb mit ihr.

Nachdem Mutter Sakaguchi tot war, verlor ich völlig

den Mut. Der letzte Rest an Begeisterung, den ich für das Leben von Gion Kobu noch aufgebracht hatte, erstarb. Mein Körper war bereits erschöpft. Jetzt holte mein Geist ihn ein. Mutter Sakaguchi vermachte mir einen prachtvollen Chalzedon und eine Obi-Spange aus Onyx. Immer, wenn ich sie ansah, fühlte ich mich nicht nur traurig, sondern regelrecht verloren, als wäre meine treueste Verbündete fortgegangen und hätte mich ganz allein zurückgelassen.

Vier Monate später, am 23. Juli, bat ich Suehiroya, mich zu einem formellen Besuch bei der Iemoto zu begleiten. Als wir das Studio betraten, war die Iemoto selbst auf der Bühne. Sie beendete ihren Tanz und setzte sich dann uns gegenüber hin. Förmlich legte ich meinen Fächer vor mir nieder.

»Ich habe beschlossen, am 25. Juli aus dem aktiven Dienst als Geiko auszuscheiden«, verkündete ich.

Große Meisterin begann zu weinen.

»Mine-chan, ich habe dich aufgezogen wie meine eigene Tochter. Ich habe so vieles mit dir zusammen erlebt, von deinen Krankheiten bis zu deinen Erfolgen. Willst du es dir bitte nicht noch einmal überlegen?«

Tausend Bilder schossen mir durch den Kopf: ihr Unterricht, ihre Proben, ihre Erlaubnis, dieses oder jenes Stück öffentlich aufzuführen. Ihre Bewegung rührte mich, aber sie konnte das eine, das Einzige, das ich ersehnte, nicht sagen. Sie konnte nicht sagen: »Was immer du tust, Mineko, bitte höre nicht auf zu tanzen.« Das ließ das System nicht zu. Wenn ich keine Geiko mehr war, musste ich auch aufhören zu tanzen.

Mein Entschluss stand fest. Ich verneigte mich vor Große Meisterin und gab mit fester Stimme meine endgültige Erklärung ab. »Tausend Dank für die vielen Jahre, in denen Sie mir Ihre Freundlichkeit erwiesen haben.

Ich werde nie vergessen, wie viel ich Ihnen schulde. Mein Herz ist voller Dankbarkeit.«

Ich berührte mit der Stirn den Boden. Der Ankleider war sprachlos. Ich ging nach Hause und sagte es Mama Masako und Kuniko. Beide brachen in Tränen aus. Ich sagte ihnen, sie sollten sich fassen; immerhin war in den nächsten achtundvierzig Stunden viel zu tun. Wir mussten Abschiedsgeschenke für alle Mitglieder unserer Gemeinschaft besorgen.

Große Meisterin muss sofort den Kabukai alarmiert haben, denn das Telefon begann zu läuten und tat es auch während der nächsten beiden Tage ununterbrochen. Jeder wollte wissen, was los war. Die Vertreter des Kabukai verlangten eine Erklärung. Sie flehten mich an, nicht aufzuhören. Aber sie boten auch nicht an, etwas zu ändern.

An diesem Abend ging ich zu meinen vorgesehenen Ozashikis. Ich tat so, als sei alles ganz normal. Alle fragten mich, was los wäre, warum ich aufhörte. Im Grunde sagte ich bloß: »Nun, euch mögen diese fünfzehn Jahre kurz vorgekommen sein, aber für mich waren sie eine Ewigkeit.«

Es war weit nach Mitternacht, als ich ins Hollyhock kam. Das Lokal war zum Bersten voll. Plötzlich war ich total erschöpft. Ich nahm das Mikrophon und verkündete, dass ich mich aus dem Beruf zurückziehen würde. Es laut auszusprechen machte es irgendwie realer. Ich bat alle, nach Hause zu gehen, und schloss das Lokal einige Stunden früher als sonst.

Am nächsten Morgen um zwanzig nach acht war ich zum Unterricht in der Nyokoba. Große Meisterin und ich arbeiteten an *Insel Yashima*, einem der Tänze, die nur lernen darf, wer das Zertifikat hat. Die Lektion dauerte viel länger als üblich. Als ich von der Bühne kam, sah sie mir in die Augen und stieß einen tiefen Seufzer aus.

Es gab nichts mehr zu sagen.

Ich zog mich ganz in mich selbst zurück und verneigte mich tief. »Jetzt ist es wirklich vorbei«, dachte ich. »Jetzt gibt es kein Zurück mehr. Es ist zu Ende.«

Ich hatte, wie üblich, eine zweite Tanzlektion bei einer der Kleinen Meisterinnen, dann eine Stunde No-Tanz und Unterricht in Teezeremonie. Ich erwies meinen Lehrerinnen Respekt, verneigte mich zum Abschied im Genkan und ging zum letzten Mal durch die Tür der Nyokoba. Ich war neunundzwanzig Jahre und acht Monate alt. Mein Leben als Geiko in Gion Kobu war zu Ende.

Wie ich erwartet hatte, erschütterte mein Rückzug das System tief. Aber nicht so, wie ich es beabsichtigt hatte. In den drei Monaten nach meinem Abschied gaben siebzig weitere Geikos den Beruf auf. Ich wusste die Geste zu schätzen, doch die Solidaritätsbekundungen kamen zu spät. Und die, die die Macht hatten, änderten überhaupt nichts.

37. Kapitel

Als ich am Morgen des 25. Juli erwachte, fühlte ich mich frei wie ein Vogel. Genüsslich streckte ich mich in meinem Bett aus und nahm ein Buch zur Hand. Ich brauchte nicht zum Unterricht zu gehen. Für die anderen Frauen im Haus war gesorgt. Ich brauchte mich nur um die zu sorgen, die wirklich von mir »abhängig« waren, Kuniko und Mama.

Kuniko träumte davon, ein Restaurant zu eröffnen. Ich versprach, sie drei Jahre lang zu unterstützen, und sie war damit beschäftigt, das neue Unternehmen zu planen. Wenn sie Erfolg hätte, sollte sie weitermachen; wenn nicht, würden wir es schließen. Sie beschloss, das Restaurant *Ofukuro no Aji*, »Mutters Hausmannskost«, zu nennen.

Die einzige Person, die keine Anstalten machte, auf eigenen Füßen zu stehen, war Mama Masako. Ich hatte ihr meine Pläne geduldig immer wieder erklärt, aber sie begriff einfach nicht. Sie war daran gewöhnt, von anderen Menschen abhängig zu sein, und hatte nicht den Wunsch, selbständig zu werden. Im Grunde gefiel ihr alles so, wie es war. Was sollte ich machen? Ich konnte sie nicht vor die Tür setzen. Als ich mit ihr vor Gericht gestanden und gesagt hatte: »Ich möchte von der Familie Iwasaki adoptiert werden«, hatte ich eine ernste Verantwortung übernommen. Es war Ehrensache, für sie zu sorgen.

Mama Masako und ich hatten etwas unterschiedliche Auffassungen darüber, was es bedeutete, die Atotori zu sein. Ich verstand meine Verpflichtung gegenüber Tantchen Oima so, dass ich den Namen Iwasaki tragen und seine künstlerische Integrität erhalten musste. Ich setzte das nicht mit einem Versprechen gleich, die Okiya für unbegrenzte Zeit zu führen. Mama Masako wollte, dass die Okiya weitergeführt wurde.

»Mine-chan, du wirst nicht jünger. Hast du schon angefangen zu überlegen, wer deine Atotori sein wird?«

Es war Zeit, Klartext mit ihr zu reden. Unverblümt sagte ich:

»Mama, bitte versteh doch. Ich möchte die Okiya nicht führen. Ich habe dieses Geschäft satt und möchte aufhören. Wenn es nur nach mir ginge, würde ich die Okiya morgen schließen. Aber es gibt noch eine andere Möglichkeit. Wenn du weitermachen willst, dann gebe ich meine Stellung auf, und du kannst eine andere Atotori finden. Ich gebe dir alles, was auf meinem Sparkonto ist. Du und deine nächste Erbin können die Okiya leiten, und ich werde wieder eine Tanaka.«

»Wovon redest du? Du bist meine Tochter. Wie könnte ich dich jemals ersetzen? Wenn du die Okiya schließen willst, dann schließen wir sie eben.«

Das war nicht ganz das, was ich mir erhofft hatte. Ich hatte mir fast gewünscht, sie würde mein Angebot annehmen und ich würde der Verantwortung für sie und die Okiya enthoben. Aber so einfach ist das Leben nie.

»Gut, Mama. Ich verstehe. Dann lass uns ein Abkommen treffen. Du kannst gerne bei mir bleiben, aber unter einer Bedingung. Ich möchte, dass du mir versprichst, meine Pläne nicht zu durchkreuzen. Selbst wenn du denkst, dass ich einen Fehler mache, musst du mich die Dinge auf meine Weise tun lassen. Wenn du mir das versprichst, werde ich für den Rest deines Lebens für dich sorgen.«

Sie willigte ein und gab mir endlich die Erlaubnis, die Okiya abzureißen und meinen Zukunftstraum zu bauen. Ich hatte wegen meiner Entscheidung, die Okiya zu schließen, keine Schuldgefühle. Ich hatte Gion Kobu alles gegeben, was ich hatte, aber Gion Kobu gab mir nicht mehr, was ich brauchte. Ich bereute nichts.

Ich kaufte eine große Wohnung, und dort lebten wir, während der neue Bau entstand. Ich verpackte all die wertvollen Kostüme und Gegenstände, die der Okiya gehörten, und lagerte sie sicher in meinem neuen Heim. Das Haus wurde am 15. Oktober 1980 fertig. Auf Mama Masakos Vorschlag hin (sprich: sie hatte sich doch eingemischt) musste ich meine Pläne ändern, und das Haus hatte schließlich nur drei Stockwerke statt vier. Aber das war immerhin besser als nichts.

Im Erdgeschoss eröffnete ich einen neuen Club Hollyhock und Kuniko ihr Restaurant »Mutters Hausmannskost«. Wir zogen in eine Wohnung im ersten Stock. Ich hoffte noch immer, im zweiten Stock ein Kosmetikinstitut unterzubringen, doch einstweilen nutzten wir die Räume als Gästezimmer und Lager.

Ich genoss die relative Bequemlichkeit meines neuen Lebens. Auf Drängen einiger meiner Kunden begann ich, Golf zu spielen. Ich nahm ein paar Wochen lang Privatstunden und spielte bald Runden mit unter neunzig Schlägen. Keiner konnte das glauben, aber ich denke, dass Golf mir – wie Basketball – leicht fiel, weil das Tanzen mein

Gleichgewichtsgefühl verbessert und für eine ungewöhnlich gute Feinmotorik gesorgt hatte.

Ich begann, mich ernsthaft mit dem Geschäft mit der Schönheit vertraut zu machen und Pläne für ein Schönheitsinstitut zu schmieden. Ich testete eine Vielzahl von Produkten und traf mich mit allen möglichen Experten. Einer meiner Kunden bot mir an, mich einem Meisterfriseur in Tokio vorzustellen, der mir vielleicht helfen könnte. Die Gattin meines Kunden arrangierte das Treffen und erklärte sich bereit, uns einander vorzustellen. Als ich in der Stadt ankam, rief ich Frau S. an, um den genauen Termin für das Treffen zu vereinbaren. Sie bat mich, auf einen Plausch vorbeizukommen, wenn ich nichts anderes vorhätte, und da ich Zeit totschlagen musste, beschloss ich, ihre Gastfreundschaft anzunehmen. Frau S. hieß mich herzlich willkommen und führte mich ins Wohnzimmer. Dort an der Wand hing das erstaunlichste Gemälde, das ich je gesehen hatte. Es war die exquisite Darstellung eines neunschwänzigen Fuchses.

»Wer hat dieses Bild gemalt?«, fragte ich und spürte, dass da gerade etwas Wichtiges geschah.

»Ist das nicht ein wunderbares Gemälde? Wir bewahren es für den Künstler auf. Er heißt Jinichiro Sato. Ich nehme Unterricht bei ihm. Er steht gerade erst am Anfang seiner Karriere, aber ich glaube, er ist sehr begabt.«

Plötzlich überkam mich eine Erkenntnis. *Ich sollte der Welt diesen Künstler vorstellen.* Ich wusste ohne jeden Zweifel: Dies war es, was ich zu tun hatte. Es war, als hätte mich jemand mit einer Mission betraut.

Ich stellte Frau S. alle möglichen Fragen über den Maler, und bald wurde es Zeit, mich mit Toshio zum Abendessen zu treffen. In den letzten paar Jahren hatten wir aus den Trümmern unserer Beziehung eine Freundschaft gerettet. Den Friseur sollten Frau S. und ich erst später am Abend treffen.

»Ich sehe Sie dann um halb elf im Pub Cardinal in Roppongi«, sagte ich, als ich ihr für ihre Gastfreundschaft dankte und ging.

Toshio und ich aßen schön zu Abend; dann nahm er mich mit in sein Büro. Er wollte meine Meinung über etwas hören, an dem er gerade arbeitete. Wir sahen ein Video von den Dreharbeiten und diskutierten darüber. Dann bestand er darauf, mich selbst nach Roppongi zu fahren. Ich kam ein paar Minuten zu spät. Ich sah jemanden, den ich für Frau S. hielt (wie Kuniko bin ich kurzsichtig), aber die Dame saß mit zwei Personen zusammen und nicht mit einer, also dachte ich, ich müsste mich irren. Doch als sie mich alle herüberwinkten, ging ich lächelnd durch den Raum auf sie zu. Einer der Männer war sehr jung und gut aussehend.

Frau S. machte mich mit dem Friseur bekannt. Das war er nicht. Dann wandte sie sich an den anderen Mann. »Und das ist Jinichiro Sato, der Künstler, dessen Gemälde Sie vorhin bewundert haben.«

»Aber Sie sind so jung!«, platzte ich heraus.

»Das bin ich ganz und gar nicht!«, erwiderte er energisch. (Er war neunundzwanzig.)

»Ich liebe dieses Gemälde«, sagte ich schnell. »Besteht vielleicht die Möglichkeit, es Ihnen abzukaufen?«

»Oh, Sie können es haben«, sagte er. »Nehmen Sie es. Es gehört Ihnen.«

Ich war völlig verblüfft.

»Nein, nein, das kann ich nicht annehmen«, sagte ich. »Es ist viel zu wertvoll. Außerdem – wenn ich nicht dafür bezahle, werde ich nicht das Gefühl haben, dass es mir gehört.«

Aber er wollte nichts davon hören. »Wenn Ihnen das

Bild so gut gefällt, möchte ich wirklich, dass Sie es nehmen.« Er klang vollkommen aufrichtig.

Frau S. war seiner Meinung.

»Seien Sie gnädig, meine Liebe, und nutzen Sie das freundliche Angebot.«

»Gut, in dem Fall nehme ich dankbar an und werde mich irgendwann in der Zukunft revanchieren.«

Ich ahnte nicht, als wie prophetisch sich diese Worte erweisen sollten. An diesem Abend kam ich so wenig dazu, mit dem Friseur zu reden, dass wir uns für den folgenden Abend erneut verabreden mussten.

In den nächsten paar Wochen sah ich Jin noch einige Male. Er schien immer aufzutauchen, wenn ich Frau S. traf. Dann wurde ich Anfang November zu einer Party im Hause S. eingeladen, und er war auch da. Er starrte mich die ganze Zeit an, aber ich dachte mir nichts dabei. Er war sehr scharfsinnig. Sehr lustig.

Am 6. November erhielt ich einen Anruf von Frau S. »Mineko-san, ich muss etwas Wichtiges mit Ihnen besprechen. Herr Sato hat mich gebeten, in seinem Namen zu sprechen. Er möchte Sie heiraten.«

Ich dachte, sie mache einen Scherz, und gab eine sarkastische Antwort. Aber sie bestand darauf, dass es ernst sei. »In dem Fall«, sagte ich, »sagen Sie ihm bitte, dass ich ablehne. Ich werde nicht einmal darüber nachdenken.«

Ab da rief sie mich jeden Morgen um zehn Uhr an, um mich zu fragen, ob ich es mir anders überlegt hätte. Allmählich wurde die Sache lästig. Und offensichtlich tat sie dasselbe bei ihm! Sie war eine schlaue Person. Schließlich rief Jin mich an und brüllte, ich solle ihn in Ruhe lassen. Ich schrie zurück, ich hatte damit nichts zu tun. Schließlich wurde uns klar, worauf Frau S. aus war. Wir waren beide verlegen. Jin fragte, ob er mich besuchen könne, um sich zu entschuldigen. Doch stattdessen machte er mir einen Antrag. Ich lehnte ab. Aber er wollte ein Nein nicht akzeptieren. Einige Tage später kam er wieder. Er brachte Frau S. mit. Wieder fragte er mich, ob ich ihn heiraten wollte. Wieder lehnte ich ab. Ich muss gestehen, dass seine selbstbewusste Hartnäckigkeit mich allmählich faszinierte. Meine Zurückweisungen schienen ihn nicht abzuschrecken. Er kam wieder und umwarb mich weiterhin.

Fast gegen meinen Willen fing ich an, es mir doch zu überlegen. Ich kannte den Mann kaum, doch er besaß die Eigenschaften, nach denen ich suchte. Ich suchte nach einer Möglichkeit, den ästhetischen Glanz des Namens Iwasaki lebendig zu erhalten. Einen großen Künstler in die Familie aufzunehmen war ein Weg dazu. Und Jin war ein exzellenter Maler. Daran hatte ich keinen Zweifel. Ich glaubte damals und glaube noch heute, dass er eines Tages zum Lebenden Nationalen Kulturgut erklärt werden wird. Und er war nicht nur begabt. Er hatte einen Mastertitel in Kunstgeschichte von der besten Kunstschule Japans, der Geidai in Tokio, und verfügte über ein profundes Wissen auf diesem Gebiet.

Ich wurde nicht jünger. Ich wünschte mir Kinder. Ich wollte sehen, wie es ist, verheiratet zu sein. Und Jin war so liebenswert. Es gab überhaupt nichts gegen ihn einzuwenden.

Wieder einmal beschloss ich, einen ganz neuen Anfang zu machen.

Seinen vierten Heiratsantrag nahm ich an, unter einer Bedingung. Ich ließ ihn versprechen, dass er sich nach drei Monaten von mir scheiden lassen würde, wenn ich nicht glücklich wäre.

Wir heirateten am 2. Dezember, dreiungzwanzig Tage nach unserer ersten Begegnung.

Nachwort

Was geschah als Nächstes?

Da ich Haushaltsvorstand werden sollte, nahm Mama Masako Jin mittels Adoption in die Familie auf, und er erhielt den Namen Iwasaki.

Ich bewarb mich um eine Lizenz als Kunsthändlerin und bekam sie. Ich sprach mit meinen Gönnern im Club und erklärte, was ich vorhatte. Alle gaben mir ihren Segen. Bei Mama Masako stieß ich auf überraschend geringen Widerstand. Dass Jin so charmant und gut aussehend war, trug sicher dazu bei. Mama hatte bald eine große Schwäche für ihn, und das blieb auch so.

Den Schönheitssalon eröffnete ich nie. In dem Augenblick, als ich Jins Gemälde sah, löste sich mein sorgfältig zurechtgelegter Plan in Luft auf, und ein anderer trat an seine Stelle. Dieses eine Gemälde gab meiner Zukunft eine völlig andere Richtung.

Ich verkaufte das neue Haus. Ich schloss den Club. Jin und ich zogen in ein Haus in Yamashina. Ich wurde schwanger.

Mama lebte weiterhin in Gion Kobu und arbeitete als Geiko. Kuniko war keine gute Geschäftsfrau und ihr Restaurant kein Erfolg. Sie nahm die veränderten Umstände dankbar hin und zog mit in mein neues Heim. Sie freute sich sehr auf die Geburt des Babys.

Meine schöne Tochter Kosuke kam im September zur Welt. Mama arbeitete weiter, kam uns aber jede Woche besuchen und gehörte ganz zur Familie.

Jin ist nicht nur ein großer Maler. Er ist auch Experte für die Restauration von Kunstwerken. Dieser Aspekt seiner Arbeit faszinierte mich wegen des profunden Wissens über Kunst und Maltechniken, das damit verbunden ist. Ich bat ihn, mich zu unterrichten, und er nahm mich als Schülerin auf. Kuniko wollte das ebenfalls und nahm an seinem Unterricht teil, wenn sie das Baby abends zu Bett gebracht hatte. Beide strebten wir einen akademischen Abschluss an.

1988 bauten wir ein geräumiges Haus in Iwakura, einem nördlichen Vorort von Kioto, mit großen Studios, in denen jeder von uns seiner Arbeit nachgehen konnte. Meine Tochter gedieh und wuchs zu einer eleganten und anmutigen Tänzerin heran.

Ich glaube, dies war die glücklichste Zeit in Kunikos Leben. Leider konnte sie sie nicht sehr lange genießen. Sie starb 1996 im Alter von dreiundsechzig Jahren.

Ende der Achtzigerjahre bekam Mama Masako Schwierigkeiten mit den Augen, und wir kamen überein, dass sie in den Ruhestand gehen sollte. Sie war Mitte sechzig und hatte lange genug gearbeitet. Auch sie genoss ihren Lebensabend und starb 1998 mit fünfundsiebzig Jahren.

Am 21. Juni 1997 erwachte ich um Viertel vor sechs morgens von einem brennenden Schmerz in meiner Kehle. Wenig später läutete das Telefon.

Es war einer von Toshios Assistenten, der mir mitteilte, dass Toshio am frühen Morgen an Kehlkopfkrebs gestorben war.

Toshios letzte Jahre waren nicht glücklich. Sie waren

überschattet von Bankrott, Drogenproblemen und Krankheit.

Ich versuchte ihm zu helfen, wo ich konnte, aber er hatte ernsthafte Schwierigkeiten. Gemeinsame Freunde rieten mir, mich da nicht mit hineinziehen zu lassen, und ich befolgte ihren Rat.

Drei Monate vor seinem Tod bat Toshio mich, ihn besuchen zu kommen. So erhielt ich wenigstens die Chance, Abschied zu nehmen. Nun war er es, der Lebewohl sagte.

Zwei oder drei Jahre nach mir setzte sich auch Yaeko zur Ruhe. Sie verkaufte ihr Haus in Kioto und gab das Geld ihrem Sohn Mamoru. Er sollte in Kobe ein Haus bauen, damit sie einen Ort hatte, wo sie leben konnte. Doch Mamoru baute das Haus mit dem Geld seiner Frau und verjubelte das Geld seiner Mutter für Frauen. Als Yaeko ihr neues Heim bezog, musste sie zu ihrem Kummer feststellen, dass sie nicht die Hausherrin war. Ihre Schwiegertochter gab ihr ein Zimmer von der Größe eines Wandschranks und setzte sie später ganz vor die Tür.

In den letzten Jahren bekam Yaeko Alzheimer und wurde unerträglicher denn je. Weder meine sechs noch lebenden Geschwister noch ich stehen mehr mit ihr in Verbindung. Ich weiß nicht einmal genau, wo sie lebt. Das ist traurig, aber ich kann mir nicht helfen, ich habe das Gefühl, dass sie nur bekommt, was sie verdient hat.

Mein eigenes Leben verläuft frei und ohne Einschränkungen. Ich unterstehe nicht mehr dem Diktat der Inoue-Schule. Ich tanze, wann ich will. Ich tanze, wie ich will. Und ich tanze, wo ich will.

Ich bin dankbar für all das Gute und das Glück in meinem Leben. Es war eine ungewöhnliche Reise. Meinem Vater verdanke ich den Stolz und die Rechtschaffenheit, die mich sicher an dieses friedliche Ufer geführt haben.

Mutter Sakaguchi, Tantchen Oima und Mama Masako danke ich dafür, dass sie mich gelehrt haben, unabhängig und frei zu sein.

Oft werde ich eingeladen, nach Gion Kobu zurückzukehren. Doch jetzt werde ich freundlich als Gast willkommen geheißen und nicht als Künstlerin, und ich genieße die verfeinerten Vergnügungen eines Ozashiki sehr. Ich empfinde Wehmut, wenn die jungen Maikos und Geikos mich nicht erkennen. Aber sie wissen sehr genau, wer ich bin. Wenn ich ihnen sage, dass ich Mineko heiße, geraten sie immer ganz aus dem Häuschen und fragen: »Sind Sie die echte Mineko? Die Legende?« Es ist wunderbar, Zeit mit ihnen zu verbringen.

Die Karyukai wandelt sich. Als ich mich zurückzog, mangelte es nicht an offenen und großzügigen Gönnern, die sich in den künstlerischen Feinheiten des Metiers gut auskannten. Leider ist das heute nicht mehr so. Wie die Zukunft der japanischen Gesellschaft aussieht, ist nicht klar, aber man kann wohl sagen, dass es nicht mehr so viele wirklich reiche Leute gibt wie einst, Leute, die die Muße und die Mittel haben, die »Welt der Blumen und Weiden« zu fördern. Ich fürchte, dass die traditionelle Kultur von Gion Kobu und den anderen Karyukais keine Zukunft hat. Der Gedanke, dass außer den äußeren Formen wenig von der glorreichen Tradition bleiben wird, erfüllt mich mit Kummer.

15. April 2002
Kioto, Japan

Danksagung

Dieses Buch wäre nie vollendet worden ohne die unerschöpfliche Geduld und Unterstützung meines Mannes Jin. Von seiner anfänglichen Überraschung, als ich ihm vor vielen Jahren sagte, ich wolle ein Buch über meine Erfahrungen als Geiko schreiben, bis zum heutigen Tag hat er mich immer ermutigt, meinen Gedanken freien Ausdruck zu geben. Ob unter Tränen, ob lachend oder streitend, ich habe seine Freundlichkeit und seine Ratschläge stets als kostbar empfunden.

Ich muss auch meiner Tochter Koko danken, denn sie hat mir geholfen, mich mit Fragen auseinander zu setzen, die ich seit Jahrzehnten mit mir herumtrug. Sie gab mir die Schlüssel für die Tore des Verstehens, und dafür bin ich wahrhaft dankbar.

Meine tiefste Dankbarkeit möchte ich auch Rande Brown aussprechen für ihre großartige Fähigkeit, die Vielschichtigkeit der japanischen Sprache und Kultur ins Englische zu übertragen. Es war eine große Freude, mit ihr zu arbeiten.

Zum Schluss geht mein herzlicher Dank an Emily Bestler von Atria Books für ihre sachkundige Hilfestellung bei der Abfassung und Gliederung des Textes. Ihre verständigen Fragen nach der traditionellen japanischen Kultur waren für die Klarheit und den Sinngehalt des Manuskripts unschätzbar wertvoll.

Glossar

Atotori	»Nachfolgerin«, die Erbin einer Okiya
-chan	wird an den Namen angehängt, wenn die betreffende Person geduzt wird
dashimashi	süße, zusammengerollte Pfannkuchen
erikae	das »Wenden des Kragens«: Zeremonie, bei der die Maiko den roten Kragen der kindlichen Tänzerin mit dem weißen Kragen der erwachsenen Geiko vertauscht
fusama	japanische Schiebetür
geiko	»Frau der Kunst«, von »gei« = Kunst und »sha/ko« = Person; wird anstelle des Begriffs »geisha« in Gion Kobu verwendet
geisha	»Frau der Kunst«, professionell ausgebildete Künstlerin
genkan	Eingangsbereich einer Okiya
Gion Kobu	berühmter Karyukai-Distrikt
goshugi	Trinkgelder für eine Geiko
hanadai	»Blumenkosten«: Zeiteinheiten, nach denen die Gebühren für eine Geiko berechnet werden
hatsugama	erste Teezeremonie des Jahres
hikizuri	Kimono einer Maiko
Iemoto	Großmeisterin, Tanzlehrerin

kabukai	Darstellerinnenverband
kago	traditionelle Handtasche
karyukai	wörtlich: »Welt der Blumen und Weiden«. Gemeinschaft, in der Geikos leben
koto	japanische Laute
kotohajime	der 13. Dezember; der Tag, an dem in Gion Kobu mit den Neujahrsvorbereitungen begonnen wird
maiko	»Frau des Tanzes«, Vorstufe zur Geiko
maiohgi	Tanzfächer
minarai	Lernmaiko (ein bis zwei Monate)
misedashi	Debüt einer Maiko
miyako odori	Kirschtanz
mizuage	eine der Zeremonien, die die Verwandlung der Maiko zur Geiko symbolisiert. Bei einer *oiran* oder *tayu* (s. dort) bezeichnet *mizuage* die zeremonielle Defloration
mon	Familienwappen
nakai	Serviererinnen bei einem *ozashiki*
natori	Meistertänzerin der Inoue-Schule
nyokoba	Schule für Geikos
obi	Kimonogürtel
ochaya	wörtlich: »Teehaus«, in dem exklusive Bankette stattfinden, bei denen Maikos und Geikos auftreten
ohayashi	japanisches Schlaginstrument
oiran	Kurtisanen, hochklassige Prostituierte
okanban	Angestellter in einer *ochaya*, für das Erwärmen des Sake zuständig
okasan	Besitzerin einer Okiya
okiya	Haus, in dem Maikos und Geikos leben und das fur ihre Ausbildung sorgt
okobos	achtzehn cm hohe, hölzerne Sandalen, die die Maiko trägt

onesan	»ältere Schwester« einer Maiko, eine Art Patin oder Vertraute
otokoshi	Ankleider
otome	Strafe in der Inoue-Schule: ein Ausschluss auf unbestimmte Zeit
otosan	Besitzer einer *ochaya*
ozashiki	Bankett oder Dinnerparty, findet in einer *ochaya* statt
rokkagai	gemeinsame Theateraufführung aller fünf *karyukai* von Kioto
-san	wird an den Namen angehängt, wenn die betreffende Person gesiezt wird
shamisen	eine Art Gitarre mit drei Saiten
shikomisan	junges Mädchen im ersten Stadium der Ausbildung zur Geiko
tabi	Socken mit abgetrennter großer Zehe
tatami	fein gewebte Reisstrohmatte
tayu	s. *oiran*
tenugi	Tanzschal
tokonoma	Nische in einem Empfangsraum mit Rollbild und Kunstgegenständen
tsutsumi	kleine Handtrommel
zegen	Sklavenhändler